JN093740

管理会計・原価計算の変革

競争力を強化する
経理・財務部門の役割

川野克典 著
KAWANO KATSUNORI

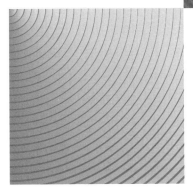

Transformation of
Management accounting
and Cost accounting

中央経済社

はじめに

　本書は，著者（川野克典）の実務経験，研究の集大成として，日本企業[1, 2]の管理会計・原価計算[3]の現状に危機感を持ち，将来への提言をまとめたものである。著者の自己紹介を兼ねて，本書執筆に至る経緯を記述したい。

　著者は，大学時代，故稲垣冨士男先生（著者が学修した当時は青山学院大学経営学部教授）の財務会計のゼミナールに所属し，卒業論文のテーマは，国際会計基準であった。

　就職先は，「鶏口となるも牛後となるなかれ」と考え，アルプス電気株式会社（現アルプスアルパイン株式会社）を選んだ。入社2年目か，3年目の時に原価計算システム開発のプロジェクトに参画することになり，その後，プロジェクトリーダーとして，通常業務を抱えながら，文字通り昼夜を問わず原価計算システムの開発に取り組んだ。この原価計算システムで採用した原価計算の1つの手法が今でいうABC（活動基準原価計算）で，クーパーとキャプランが1988年にABCを発表する前に，システムを開発していたため，櫻井通晴・専修大学経営学部教授（当時）の推薦で雑誌『企業会計』第47巻第10号（川野，1995）や，吉川武男・横浜国立大学経営学部教授（当時）が編集した『日本型ABCマネジメント』で，アルプス電気の事例（川野，1997a）を紹介させていただいた。これが，その後，コンサルタントに転職するきっかけとなった。

　また，アルプス電気では，1991年にカットオーバー（稼動開始）したGINGAと呼ばれる新しい統合的生産管理システムのプロジェクトにも参画し，原価企画を含む原価管理モジュールの開発を担当した。加えて，経営企画室異動後は，数字中心だった当時のアルプス電気の「予算管理」を「短期経営計画」と名称を改め，目標展開型，事業計画中心の制度に変革することにも取り組んだ。今でも就職先として，アルプス電気を選択したことに間違いはなかったと自信を持っていうことができるし，アルプス電気で挑戦の機会を与えてくれた早坂統行氏，小野寺覚氏，鈴木啓之氏には大変感謝している。

1996年にアーサーアンダーセン ビジネスコンサルティング部門（朝日アーサーアンダーセン株式会社）に転職し，会計を中心としたコンサルティングに従事した。最初の頃は，クライアント（顧客企業）から新規のプロジェクトを獲得できず，会計とは全く関係のないプロジェクト等にも従事した。

　また，ERP（Enterprise Resource Planning）パッケージソフトウエア[4]であるBPCS導入の外資系企業への支援も行った。しかし，当時の著者は，ERPパッケージソフトウエアについての知識が乏しかったので，クライアントには大変な迷惑をかけてしまった。このプロジェクトで，ERPパッケージソフトウエアの仕組みを理解することができ，後に，当時はまだ難易度の高かったSAP R/3（当時の名称）のABCモジュールを含むビッグバン（全モジュール一斉）導入を成功させることができた。パートナーに昇格することができたが，その直後にエンロンの粉飾決算により，アーサーアンダーセンが崩壊し，コンサルティング部門は，KPMGコンサルティング株式会社（後のベリングポイント株式会社，現PwCコンサルティング合同会社）に事業売却されてしまう。しかし，その後も会計コンサルティング部門の責任者を務めることができた。コンサルタントとして，著者を採用してくれた山本裕二氏にも大変感謝している。

　コンサルティングは，端的にいえば，企業に経営や経営管理を「教える」仕事である。また，コンサルティングに従事し，会計の理論と企業の実務には大きな乖離があることを認識するようになった。次第に大学で会計実務を教えたいと考えるようになり，2008年から日本大学商学部の専任教員として教鞭を執ることができた。「学生たちに会計の実務を教える」ことを自らの存在理由とし，その基盤として，日本企業の管理会計・原価計算実務の調査研究に取り組んだ。日本企業（主として上場企業）に対するアンケート調査を継続的に行って，個別企業のみならず，管理会計・原価計算実務の全体動向の把握にも努めてきた。

　少し長くなったが，著者は，実務家として，研究者として，会計実務の変革に一貫して拘ってきた。しかし，昨今の会計実務，特に管理会計・原価計算実務には，変革が乏しいと認識している。管理会計・原価計算実務の停滞が，日本企業の経営変革を阻害し，国際競争力を喪失させているのではないか，こうした問題提起の下で，研究し，著したのが本書である。

　はっきりいいたい。日本企業は，現状の管理会計・原価計算のままで，変化の著しい環境，競争を乗り切ることができない，と。日本企業が生き残るためにも，管理会計・原価計算の変革は必須であり，変革のために経理・財務部門の果たす役割は大きい。

　本書は6章から構成される。第1章 日本企業の管理会計・原価計算の動向では，日本企業の管理会計・原価計算において，新しい手法が採用されていない現状を明らかにする。第2章 管理会計・原価計算の理論と実務の乖離は，管理会計や原価計算の教科書と異なる企業実務の状況を明らかにする。第3章 管理会計・原価計算とICTは，管理会計・原価計算分野でのICT（Information & Communication Technology）が進展していない状況を明らかにして，ICTによる経理・財務部門の従業員数の減少や経理DX（Digital Transformation）にも触れている。第4章 経理・財務部門の現状と会計人財では，日本企業の管理会計・原価計算が進歩せず，停滞している要因を分析すると共に，今後の経理・財務部門の人財開発について提言している。第5章 日本の会計学教育の現状では，日本企業に人財を送り出す役割を担う商業高等学校，大学，大学院での会計学（簿記・会計）教育，企業における簿記・会計実務教育，そして「会計離れ」の現状を説明する。第6章 日本企業の国際競争力回復に向けた管理会計・原価計算の提案では，著者がこれまで提案してきた新しい管理会計・原価計算をとりまとめた[5]。第1章から第4章は，主として著者が2011〜2012年度と2020年度に実施した上場企業に実施したアンケート調査[6]に基づいている。

　本書の執筆に当たっては，日本大学商学部教授 新江孝先生，株式会社中央経済社執行役員の田邉一正氏には大変お世話になった。新江先生には，本書をご一読いただいたのみならず，研究面，学務面でご指導いただいた。田邉氏には，著者がコンサルタント時代からお世話になっており，この場を借りて，深謝したい。また，日本大学商学部研究事務課にも，研究の支援をいただいており，感謝を申し上げたい。

　本書が，日本企業の管理会計・原価計算の変革に結び付くことに貢献できれば，幸いである。

●注

1　本書では，日本企業とは，主として東京証券取引所上場企業を指す。

2　本書において，「会社」と「企業」は同義語であり，文脈に応じて用いている。

3　本書では，原則として，「管理会計・原価計算」と記述しているが，文脈により，「管理会計」，「原価計算・原価管理」等と記述している箇所がある。

4　ERP=Enterprise Resource Planningとは，本来，全社の経営資源の最適化計画のことを指す。残念ながら，現在のERPパッケージソフトウエアは，統合的基幹業務パッケージソフトウエアであり，全社の経営資源の最適化計画を実現できていない。従って，著者はERPパッケージソフトウエアを「ERP」と省略することに抵抗感があり，本書では，表のスペースの関係で省略せざるを得ない場合や「SAP ERP」，「ERPシステム」といった固有名詞として用いられる場合を除き，「ERP」と省略して記載していない。

5　本書は，著者の経験と研究の集大成として，これまで発表してきた下記の報告，論文，書籍を再編集，修正の上，転載している部分がある。

川野克典（2011）「BSC経営の失敗—企業での経験から」髙橋淑郎編著『医療バランスト・スコアカード研究　実務編』生産性出版，pp.106-119。

川野克典（2014a）「国際会計基準と管理会計—日本企業の実態調査を踏まえて」『商学論纂』（中央大学商学研究会）第55巻第4号，pp.41-65。

川野克典（2014b）「日本企業の管理会計・原価計算の現状と課題」『商学研究』（日本大学商学部商学研究所・会計学研究所・情報科学研究所）第30号，pp.55-86。

川野克典（2015）「管理会計と理論と実務の乖離」『経理研究』（中央大学経理研究所）第58号，pp.371-386。

川野克典（2016）「会計基準に対応した日本企業の管理会計の変革」『管理会計の理論と実務』第2版，中央経済社，pp.279-297。

川野克典（2017）「経営シミュレーションゲーム活用による会計教育の実践事例」『会計教育研究』（日本会計教育学会）第5号，pp.63-72。

川野克典（2018a）「バランス会計MFLAC」堀田友三郎・川野克典・小林静史編著『強い会社をつくる「バランス会計」入門』中央経済社，pp.37-68。

川野克典（2018b）「原価計算・管理会計教育の現状と将来—企業と商業高等学校の視点から」『原価計算研究』（日本原価計算研究学会）第42巻第1号，pp.34-44。

川野克典（2019a）「経営管理の進歩を目指せ」河田信・川野克典・柊紫乃・藤本隆宏編著『ものづくりの生産性革命—新たなマネジメント手法の考え方・使い方』中央経済社，pp.41-61。

川野克典（2019b）「財管一致の現状と課題—管理会計からの考察」『国際会計研究学会　年報 2018年度 第1・2合併号』（国際会計研究学会）第43・44合併号，p.91。

川野克典（2019c）「新収益認識基準が管理会計に与える影響」『會計』第195巻第3号，pp.232-246。

川野克典（2021a）「バランス会計MFLACとグループ経営版の開発について」『戦略MG研究』（日本戦略MG教育学会）第2号，pp.24-36。

川野克典（2022a）「遠隔方式による経営シミュレーションゲーム授業」『ICT利用による教育改善研究発表会』2022年8月，公益社団法人 私立大学情報教育協会，pp.30-33。

川野克典（2023a）「日本企業の管理会計・原価計算2020年度調査報告—ICTにより管理会計・原価計算は進歩しているのか」『メルコ管理会計研究』（牧誠財団）第14号-I，pp.61-76。

川野克典（2022b）「日本企業の管理会計・原価計算　2020年度調査〜『レレバンス・ロスト』は今なお続いている」『商学集志』（日本大学商学部）第92巻第1号，pp.13-48。

6　本書は，下記の研究助成により実施した2011〜2012年，2020年の2回の日本企業へのアンケート調査，その前後期間のインタビュー調査等に基づき，執筆したものである。研究をご支援いただいた組織体に対して改めてお礼を申し上げたい。

日本大学商学部研究費（共同研究）2011年4月〜2012年3月「管理会計・原価計算の実証的研究　2011年度調査」

日本大学商学部研究費（共同研究）2012年4月〜2013年3月「『管理会計・原価計算の実証的研究　2011年度調査』追加調査・分析」

日本大学商学部研究費（個人研究）2013年4月〜2014年3月「管理会計・原価計算実務の研究」

公益財団法人牧誠財団研究助成2020年4月〜2021年3月「日本企業の管理会計・原価計算の継続的調査　2020年度調査」（助成金交付決定番号　研究2020002号（研究助成A））

日本大学商学部研究費（個人研究）2021年4月〜2022年3月「日本企業の管理会計・原価計算の2020年度調査の考察」

日本大学商学部研究費（個人研究）2022年4月〜2023年3月「管理会計・原価計算実務の研究」

目　　次

第2章　**管理会計・原価計算の理論と実務の乖離** ──── 87

第3章 **管理会計・原価計算とICT** ──────────── 115

第 1 章

日本企業の管理会計・原価計算の動向

1 財管一致の管理会計

(1) 財管一致の状況

「財管一致」あるいは，「制管一致」，「財管融合」という言葉は，実務家の中でもコンサルタントあるいはコンサルティング会社，特にERPパッケージソフトウエア会社が提唱してきたという背景があり，セールストークとしての意味合いを否定できない。しかし，少なくとも上場企業の経理・財務部門の担当者には定着した言葉である。

著者は，2018年7月7日に開催された日本国際会計研究学会東日本部会で「財管一致の現状と課題」と題して報告を行ったが，その際に財管一致を下記のように定義した（川野，2019b）。

　　財管一致とは，経営者の意思決定を誤らせないように，同一の会計方針に基づく同一の会計データ（仕訳）を基礎として，外部公表される連結財務諸表あるいは単体財務諸表の金額と内部管理目的で作成する諸資料記載の金額を可能な限り近似値とすること，月次決算が実施されている場合には，月次決算の四半期合計額と，外部公表される四半期（連結）財務諸表の合計額を可能な限り近似値とすること，近似値とする表示科目には，少なくとも損益計算書の営業利益，経常利益，

税金等調整前当期純利益を含むことをいう。

　著者が2020年度に東京証券取引所上場企業に対して実施したアンケート調査[1]（以下，2020年度調査）では，**図表1-1**の通り，財務会計と管理会計の利益は完全に一致する（財管完全一致，制管完全一致）が54.1％，財務会計と管理会計の利益計算は同じで，特殊な会計処理のみが異なるのみで，利益額が近似値になる（財管一致，制管一致）が21.6％，両方の合計75.7％となった。2011〜2012年度の東京証券取引所第一部・第二部上場企業に対して実施した同様のアンケート調査（以下，2011〜2012年度調査）では，財管一致を採る企業が83.2％であり，清松・渡辺（2017）調査の連結決算ベースで財管一致対応済みが34.5％，単体決算ベースでは43.3％と大きな差異が生じていた。そこで，前述の通り，2020年度調査で再検証を行ったのだが，2011〜2012年度調査と同様に，清松・渡辺の調査結果よりは高い採用割合となった。

　著者は，上場企業の中でも連結売上高が相対的に大きい大規模企業は，財管一致を採ることが多く，清松・渡辺の調査の回答企業が相対的に小規模企業を対象としていたことが，差異の要因であるとの見解を持っていた。しかし，

図表1-1 ■財管一致の状況

区分	2011〜2012年度	2020年度		
	東証一部二部	東証一部	東証一部二部	東証全市場区分
財務会計と管理会計の利益計算方法が異なり，利益額も異なる	16.2％	26.3％	25.7％	23.0％
財務会計と管理会計の利益は完全一致する（財管完全一致，制管完全一致）	83.2％	48.4％	47.8％	54.1％
財務会計と管理会計の利益計算は同じで，特殊な会計処理のみが異なるのみで，利益額が近似値になる（財管一致，制管一致）		24.2％	25.7％	21.6％
その他	1.1％	1.1％	0.9％	1.4％
回答企業数	185社	95社	113社	148社

（注）管理会計を実施していないと回答した企業は，加えていない。

2020年度調査の結果は，マザーズ，JASDAQを含む東証全市場区分，東証一部二部，東証一部の順，つまり規模が大きい企業の割合が多い集計単位になるほど，わずかではあるが，財管不一致の割合が増加して，著者の見解とは逆の結果となった。

(2)　日本企業が財管一致に至った背景

クラーク（Clark, John M., 1923）は，1923年に「異なる目的には，異なる原価を」という考えを提唱し，1966年の「マックファーランド報告書」により，相対的真実原価アプローチが管理会計・原価計算の体系として確立した（岡本他，2003）。岡本（2000）は，「『異なる目的には，異なる原価を』という相対的真実原価アプローチは，現在もいぜんとして続いていると思う。ただし1950年代から60年代にかけて確立したこの接近方法は，1970年代以降，反省期にはいったと考えるのが妥当であると思われる。さらに著者の考えでは，絶対的真実原価アプローチもまだ依然として生き続けていると思う」と記述している。しかし，「異なる目的には，異なる原価を」ではなく，日本企業は，異なる目的であっても同一の原価に基づく，財管一致を採用している。

著者は，企業会計原則，法人税法，原価計算基準により，財管一致の会計が指向される基盤が築かれたと考える。

1947年改正の法人税法第18条には，「納税義務ある法人は，……その確定した決算に基づき当該事業年度の普通所得金額，超過所得金額及び資本金額を記載した申告書を政府に提出しなければならない」と記載され，いわゆる確定決算主義の採用が明文化された。

1949年制定の企業会計原則第一七には，「単一性の原則　株主総会提出のため，信用目的のため，租税目的のため等種々の目的のために異なる形式の財務諸表を作成する必要がある場合，それらの内容は，信頼しうる会計記録に基づいて作成されたものであって，政策の考慮のために事実の真実な表示をゆがめてはならない」と記載され，1962年制定の原価計算基準第一章二には「原価計算制度は財務諸表の作成，原価管理，予算統制等の異なる目的が，重点の相違はあるが相ともに達成されるべき一定の計算秩序である。かかるものとして原価計算制度は，財務会計機構のうち外において随時断片的に行なわれる原価の

3

統計的，技術的計算ないし調査ではなくて，財務会計機構と有機的に結びつき常時継続的に行なわれる計算体系である」と記載されて，これらにより，日本企業の財管一致の考え方の基盤が築かれた。

また，財管一致が日本企業に定着したのは，国際会計基準の適用，ERPパッケージソフトウエアの導入，四半期開示・報告も無縁ではない。1992年に，後にERPパッケージソフトウエア市場で大きな占有率となるSAP R/3が発表され，SAPジャパンも設立される。このSAP R/3は，財管一致を意味する「大福帳型データベース」を特徴の1つとしてアピールしていた。その後，2000年から会計ビッグバンが開始され，連結決算重視が次第に日本企業に定着し，2008年から四半期報告，2010年からセグメント開示へのマネジメント・アプローチも採用されるに至る。

著者は，企業会計原則，原価計算基準，確定決算主義が，財管一致の基盤を作ってきたと述べたが，そこにERPパッケージソフトウエアベンダーが，発生する取引データを集約せずに，明細仕訳のまま蓄積していくタイプのデータベース「大福帳型データベース」を提唱し，財管一致を日本企業に提案した。すでにこのERPパッケージソフトウエアの日本の上場企業への導入割合は，後述の通り，65.1％に達している。

また，会計ビッグバン以降，連結決算重視となり，会計基準が高度化，複雑化すると，各職能部門の代表として，経営者（取締役や執行役員等）に昇格するケースの多い日本企業の経営者は，財務会計と管理会計の数字が異なっていると，その差異理由を理解することができず，財管一致指向が強まっていく。さらには，四半期開示・報告が導入され，財務会計の数字が3カ月単位で発表されるようになったこと，財務会計と管理会計を同一の会計処理とすることで経理・財務業務の効率化が図れることも加わった。過去の日本企業は，在外子会社の経営管理を各国の会計基準により作成された財務諸表により行ってきたが，国際会計基準の任意適用や在外子会社の会計処理統一により，単一会計処理による比較可能性への認識が高まったことも財管一致を採用する理由の1つであろう。

著者が，本書の冒頭に財管一致を取り上げたことには理由がある。この財管一致こそが日本企業の管理会計・原価計算の発展の制約に他ならないからであ

る。

2　日本企業の経営目標指標

(1)　経営目標指標の変遷

　1970年代の日本経済は高度成長時代にあり，その時期の日本企業の経営目標指標は売上高であった。1980年代になると，経常利益が経営目標となったが，まだ当時はまだ間接金融が主流であったため，支払利息控除後の利益区分である経常利益を用いることは合理性があった。1990年代には日本経済新聞社等の記事でしばしば取り上げられ，また，株主重視の経営が叫ばれるようになって，ROE（自己資本利益率）が注目されることになる。その後，2014年に伊藤邦雄・一橋大学商学部教授（当時）を座長とした，経済産業省（2014）の「『持続的成長への競争力とインセンティブ～企業と投資家の望ましい関係構築～』プロジェクト」の最終報告書，通称「伊藤レポート」が公表され，ROE 8 ％以上を経営目標とする企業が増加した。また，昨今の日本経済新聞（2021，2022）は，しばしば日本企業の経営目標指標として，ROIC（投下資本利益率）を採用する企業が増加していると報じている。さらに，財務的業績評価指標のみならず，非財務的業績評価指標を活用した統合報告が注目されていることはご存じの通りである。

(2)　日本企業の経営目標指標の現状

　日本企業は，本当にROEやROICを経営目標として掲げているのだろうか。また，統合報告は管理会計に活用されているのだろうか。著者の2020年度調査に基づいて考察してみたい。

　2020年度調査で，最も多くの日本企業で用いられている管理会計上の経営目標指標は，**図表 1 - 2** の通り，売上高の79.1％であった。

　次に重視されている財務的業績評価指標は営業利益で78.4％であり，東証一部二部企業に限定すると，売上高を上回る採用率となっている。一方で，経常利益は2011～2012年度調査の51.2％から，2020年度調査では43.1％と減少して

図表1－2■財務的業績評価指標

指　　標	2011～2012年度	2020年度
売上高	69.1％	79.1％
売上高の伸び率	32.1％	35.3％
売上総利益	34.0％	35.3％
営業利益	72.8％	78.4％
経常利益	51.2％	43.1％
当期純利益	29.6％	28.8％
包括利益	3.1％	4.6％
キャッシュ・フロー	25.9％	21.6％
残余利益	1.2％	0.7％
EVA（経済的付加価値）	3.1％	3.3％
ROA（総資産利益率）	26.5％	13.1％
ROE（自己資本利益率）	24.1％	35.9％
売上高利益率	20.4％	15.7％
回答企業数	162社	153社

（注1）複数回答のため，百分率の合計は100％を超過する。
（注2）2020年度調査では，管理会計・原価計算手法と業績評価指標の両方の質問にEVAの回答欄を設定したところ，前者は4.1％，後者は3.3％の回答率であった。

おり，日本企業が最も重視する経営目標指標は，経常利益から営業利益に変わった。

ROEは，2011～2012年度調査の24.1％から2020年度調査では35.9％と増加しているが，売上高や営業利益よりは採用率が低かった。ROEは，企業内部組織では，社内資本金制度を導入する等，複雑な管理会計制度を採用しない限り，自己資本を算出することが困難なので，内部組織の業績評価指標としては，ROEから他の業績評価指標に転換する必要があり，採用率が低かったと推測される。

一方，ROICを含むROA類似指標の採用率は，2011～2012年度調査の26.5％から2020年度調査は13.1％に低下しており，日本経済新聞の報道とは異なる結果となった。

2020年度のアンケート調査の回答期間は2020年9月～11月であったが，これは，新型コロナウイルス感染症による第1回目の緊急事態宣言（2020年4月7日～5月25日）と第2回目（2021年1月8日～3月21日）の間の期間となる。第

1回目の緊急事態宣言により，感染者数が100人未満となったものの，再び増加し，2,000人を超える感染者数となる時期であった。製造業は回復傾向にあったものの，依然として非製造業の売上高は低迷し，先行きが見通せない経営環境が続いていた時期であり，売上高の回復を最優先せざるを得ない時期であったことが影響している可能性も否定できない。

(3)　オムロンのROIC経営

　日本経済新聞の報道の通り，ROIC（Return On Invested Capital）の採用は増えているかもしれない。しかし，その絶対数は少なく，全上場企業に占める割合もまだ小さいと想定される。ROICの活用企業として有名なのが，オムロン（2015）である。オムロンのROICは，「親会社株主に帰属する当期純利益÷（純資産＋有利子負債）」で算出する。オムロンのROIC経営は，「ROIC逆ツリー展開」，「ポートフォリオマネジメント」の2つの取組みから成り立っているが，ROIC逆ツリー展開は，基本的には，デュポンチャートシステムと同じであり，EVAで用いられる「Value Driver Tree」，あるいは「Performance Driver Tree」と呼ばれてきたロジックツリーである。逆ツリーと称しているのは，通常は左側にROICを書き，右側にドライバー（作用因）を書いて，KPI（Key Performance Indicator：重要業績評価指標）に展開して行くが，オムロンでは逆で，左側にドライバー，右側にROICを書いている。現場の取組みの結果が，ROICの向上に結び付くとのオムロンの「こだわり」である。

　オムロンは，ROIC経営を発展させ，「ROIC経営2.0」を2015年から開始している。ROIC経営2.0では，ROICは，「お客様への価値（V）÷（必要な経営資源（N）＋滞留している経営資源（L））」であると解釈（オムロンでは「翻訳」と呼んでいる）し，必要な経営資源を投入し，それ以上にお客様への価値を上げ，滞留している経営資源を減らすことを経営の指針としている。オムロンには各事業の経理・財務部門の担当者が中心となり，ROIC経営の浸透を図る「アンバサダー」がおり，アンバサダーが各事業部門におけるROIC経営2.0の取組み事例を紹介することで，現場，そしてグローバルに展開を図っているという。アンバサダーは，同じくROIC経営を進めているブリヂストンでも採用されている（日本経済新聞，2022）。

オムロンは，著者がアルプス電気に在籍していた当時に，経営計画の策定方法を学修させていただいた企業である。オムロンは，1990年に，社名を「立石電機」から現社名である「オムロン」へ変更し，21世紀に向けての事業展開を示した長期ビジョン「ゴールデンナインティーンズ（G'90s）」を発表，事業構造の変革を成し遂げる。オムロンは，明確なビジョン，綿密な計画，そして着実な実践を行うことができる風土を持ち続けており，「ROIC経営」もこうした風土があるからこそ，成果が生まれるのだと考える。

　ROIC経営をうたう企業は少なくないが，「かたち」だけ導入をしてもなかなか成果を生み出すことは難しい。農産物の種を蒔いても，土がよくなければ，よい，おいしい農産物が育たないのと同じある。管理会計・原価計算を導入する際にも，まずは土である企業風土の醸成が必要である。高度な管理会計・原価計算の手法を用いても，企業風土に合わなければ，結局は，「猫に小判」となってしまう。この点は，後述するアメーバ経営の導入において重要である。

　なお，ROICは，企業により計算式が異なるという問題点がある。オムロンは，親会社株主に帰属する当期純利益÷（運転資金＋固定資産）であるが，ある企業では，営業利益÷（現金＋売上債権＋棚卸資産＋固定資産－仕入債務）で計算する。ROEは計算式が明確に定められているが，ROICは企業で計算式が異なるため，企業間の比較には適していない。著者は，わざわざROICを用いるのではなく，計算式がシンプルで，かつ他社とも比較が容易なROAでよいのではないかと考えているのだが，そう考えてしまうのは著者だけであろうか。

　また，著者は，ROICではなく，本当はROCEと呼ぶべきではないかと考えている。ROCEは，Return On Capital Employedの略であり，日本語では，使用資本利益率となる。ROICは特定の案件，プロジェクトに投資し，そのリターンである利益を評価する指標である。配当せず，「再投資」していることを強調するためにROICとしているようだが，帳簿価額を用いる以上，投下ではなく，使用している資本であるので，ROCEが正しい。しかし，実務的には，どうでもよいことかもしれない。

(4)　統合報告

　統合報告はどうだろうか。2021年12月末時点で統合報告書を発行した企業は，2020年12月末時点と比較して，127社増加の718社となった（ディスクロージャー＆ IR総合研究所，2022）。上場企業数が約3,800社であることを考えると，統合報告書を発行している企業数の増加は著しい。しかし，管理会計として統合報告の活用については，疑わしい面もある。2020年度調査では，国際統合報告評議会（International Integrated Reporting Council：IIRC）の価値創造プロセス（IIRC，2013）を用いて，無形資産，知的資本を評価，管理しているとの回答は各0.7％にすぎなかったからである。まだまだ統合報告は，外部報告のために作成しているにすぎない。

　非財務的業績評価指標は，**図表1-3**の通り，2020年度調査では，顧客満足度向上が45.7％と最も多い回答であった。一方，品質向上が2011～2012年度調査の59.9％から2020年度調査の44.2％に低下しており，在庫削減も53.1％から33.3％に大幅に低下していた。その他では事務合理化が27.2％から37.0％に上昇していた。品質向上が低下したのは，新たに顧客満足度向上の回答項目を設定したことが影響していると思われ，低下したと結論付けてしまうことは危険であろう。特に注目したいのが，在庫削減が53.1％から33.3％への低下したこ

図表1-3 ■非財務的業績評価指標（上位の回答のみ）

指　　標	2011～2012年度	2020年度
顧客満足度向上	－	45.7%
品質向上	59.9%	44.2%
人材の育成	39.5%	42.0%
事務合理化努力	27.2%	37.0%
在庫削減	53.1%	33.3%
新製品（新技術）開発力	25.2%	31.2%
SDGs	－	20.3%
市場占有率	22.4%	18.8%
債権の回収率	25.9%	18.1%
回答企業数	147社	138社

（注）複数回答のため，百分率の合計は100％を超過する。

とである。日本企業は，トヨタ生産方式（カンバン方式）に代表される生産方式により，製造リードタイムを短縮し，工場の在庫を究極まで削減する努力をしていることは知られた事実である。しかし，新型コロナウイルス感染症の流行前の高業績により，在庫管理が甘くなっていた可能性がある。コロナ禍となり，半導体不足となって，「売りたくても作れない」状態となり，現在では在庫管理，調達の重要性が再認識されていると思われる。

3 予算管理

(1) 予算管理の採用状況

　日本企業の管理会計の中心は予算管理である。著者の2020年度調査では，**図表1-4**の通り，98.7％の企業が予算管理を採用していた。他の研究者の調査結果も90％を超えている。

図表1-4 ■予算管理の採用率

調査者	調査年	採用率
川野克典	2020	98.7%
上東正和（2020）大規模企業	2017	97.5%
清水孝（2016）東京証券取引所市場第一部	2015	90.1%
吉田栄介・徐智銘・桝谷奎太（2015）	2014	99.3%
企業予算制度研究会（2018）	2012	98.9%
川野克典	2011〜2012	100.0%
横田絵理・妹尾剛好（2011）	2010	99.1%
日本管理会計学会・予算管理専門委員会（2005）	2002	98.8%

（注）各調査者の文献に基づき作成。

　原価計算基準によると，「予算とは，予算期間における企業の各業務分野の具体的な計画を貨幣的に表示し，これを総合編成したものをいい，予算期間における企業の利益目標を指示し，各業務分野の諸活動を調整し，企業全般にわたる総合的管理の要具となるものである」とされている。すなわち，学術的には，業務計画を貨幣的に変換し，総合編成した計数計画が予算であり，主とし

て文書として記述した業務計画と，計数化した予算は異なる。しかし，実務的には，業務計画⊂予算（業務計画は予算に含まれる）と解釈されることが多く，著者もこの実務の見解を採っている。

実は，短期利益計画と予算管理の関係についても，学術的な定義と実務的な解釈が異なる。学術的には，短期利益計画に基づき，予算編成方針を策定し，各部門に予算の編成を指示するとされているが，実務的には，短期利益計画は，経営戦略，業務計画，予算を含むより包括的な計画である短期経営計画と解釈されることも多い。

つまり，アンケート調査において，予算管理を採用していないと回答した企業でも，名称が「予算」，「予算管理」を用いていないだけで，実態としては予算管理を採用している場合もある。京セラの創業者の故稲盛和夫氏が，「予算」という言葉を嫌いだった話は有名である。家電量販店に行くと，販売店員が「ご予算はおいくらですか」と尋ねてくるように，予算には「使えるお金」の意味がある。年度末になると公共工事が増えるのも，使えるお金だからだ。また，現在の名称を確認していないが，著者がアルプス電気で経営企画室に異動となり，予算管理を担当するようになった際，数字偏重から戦略，業務計画中心の管理制度に変更するために，名称を「予算」から「短期経営計画」という名称に変更した。

原価計算基準の定義を紹介したが，原価計算基準は1962年11月8日に制定されており，もう60年以上も前に制定された基準で，企業を取り巻く環境は大きく変化している。そこで著者は，2004年に『将来予測重視の予算マネジメント』を執筆した際，予算の定義の変更を提案した。この2004年の定義をさらに修正し，著者は予算を以下のように定義する。

予算とは，予算期間における企業グループの具体的な事業計画や業務計画を数値によって表示し，これらを含めて総合編成したものをいい，予算期間における財務的業績評価指標，非財務的業績評価指標に基づく企業グループの経営目標を提示し，各事業分野，各業務分野の戦略計画，業務活動計画を企業内部及び企業外部とも調整し，企業グループ全般にわたる総合的管理の用具となるものである。

---

(2) 予算管理と内部統制

2015年２月に証券取引等監視委員会が東芝に立ち入り調査し，発覚した東芝の不適切会計（正確には不正会計，粉飾決算であるが，）の原因の１つに「チャレンジ」と呼ばれる過度な予算統制があったことが，東芝の第三者委員会の「調査報告書」(2015) において明らかにされている。しかし，決して誤解してはならないことは，利益を追求するために，予算統制を実施すること自体は「悪」ではない点である。高い予算目標を設定して，全社を挙げて改善に取り組む，これが日本企業の強みであり，この点を放棄してはならない。

一方で，荻原 (2021) によると，これまでは業績の向上には達成の難しい目標の設定が有効とされてきたが，最新の他研究者の研究成果に基づくと，コンフリクトを感じるような複数の目標が存在する，あるいは目標を意思決定に役立てようとする場合，達成の難しい目標の設定が有効ではないとしている。つまり，適切な水準の目標設定が経営者の「腕の見せ所」でもあるのだ。

東芝の場合，「ありとあらゆる手段を使って黒字化するように」と社長から指示され，過度なプレッシャーが続いた結果，本来の「チャレンジ」とは異なり，利益操作を行うことを許す風土が形成されてしまった。ハラスメントを受けて，人がうつ病になるのと同じように，組織風土が変貌してしまった。

薬は本来，毒であることが多いが，適切な量を用いることにより，病気を治療する効果が得られる。管理会計・原価計算手法という「薬」は，過度な運用をすると，企業の経営を誤った方向に導いてしまう。後に述べるEVAについても，短期的な経営に陥り，中長期の成長を導く強い製品が生まれない弊害が指摘される。しかし，その指摘は正しくない。使い方を間違っているのだ。経理・財務部門は，企業の医師となり，その薬の選択と，その量をコントロールする役割を果たさねばならない。

著者がアルプス電気で経費予算管理を担当していた時，ある部の接待交際費の予算と実績を比較したところ，実績が大幅に超過していたため，部長に予算超過を指摘したところ，「ビジネスもわからずに偉そうなことをいうな」とキレられた（怒られた）ことがある。経理課長と事業部長に相談したところ，部長会の報告の場で，事業部長が猛烈な勢いで部長を叱りつけてくれた。その月

からその部では，他の勘定科目を含めて，予算を超過することはなくなり，他の部課にも波及し，事業部全体で接待交際費の使用が激減した。その時，予算管理は，人が人を管理する手段にすぎないことを実感すると共に，経理・財務部門の担当者として，倫理観を持って，適切な情報を経営者に伝えることの重要性を痛感した。

(3)　予算対象期間と予算の機能維持

　予算の対象期間（何カ月分の予算を編成するか）は，**図表1-5**の通り，2011～2012年度調査では，1カ月間が15.1％，3カ月（四半期）間が14.5％，6カ月（半期）間が13.4％，1年間が59.1％であったが，2020年度調査では順に7.6％，2.1％，8.3％，71.7％となり，対象期間の長期間化が見られた。10.3％の企業が，その他と回答しているところに，コロナ禍の影響が見てとれる。

　なお，予算を編成しても，短期間で企業環境が変化してしまい，予算が経営の規範として機能しなくなってきていることが指摘されているが，2011～2012年度調査，2020年度調査のいずれの調査も，1年を対象期間とする企業が多いのは，決算短信において，次期の業績予想の開示が要請されていることの影響が大きいと思われる。東京証券取引所（2023a）によると，2023年3月期決算において，95.7％の企業が決算短信において，業績予想を発表しているという。

図表1-5 ■予算の対象期間

対象期間	2011～2012年度	2020年度
1カ月間	15.1％	7.6％
3カ月（四半期）間	14.5％	2.1％
6カ月（半年）間	13.4％	8.3％
1年間	59.1％	71.7％
その他	0.5％	10.3％
回答企業数	186社	145社

　予算の対象期間を1年とする企業が多い中，日本企業はどのようにして，予算の規範としての機能を維持しようとしているのであろうか。その1つの方策が変動予算管理[2]の採用である。変動予算管理では，実際の操業度に応じて変動費の予算を可変させて，予算統制を行う方法である。コンサルタントになる

まで，変動予算管理を行う企業は少ないと思っていたが，自動車業界では変動
予算管理を採用している企業が少なくない。

　生産量（売上量，操業度）が増加すると，材料費や電力量，販売促進費等の
変動費は増加する。この場合，予算を固定化していると，予算超過となってし
まうが，部門にすれば，短期間で予算内に変動費の額を収めることは不可能で
あり，結果として，予算を無視することに繋がる。そこで，変動費については，
生産量に応じて毎月，部門別の予算額を見直すのが，変動予算管理である。こ
の予算額の見直しの方法は，２つの方法があり，実際の生産量に応じて変動費
予算を事後的に見直す方法と，生産計画等の生産量に基づき事前に変動費予算
を見直す方法がある。なお，変動予算管理は，増産時にはよいが，減産時に利
益の減少を肯定してしまう結果となり，変動費率の低減に繋がらなくなる可能
性もある。

　多くの企業で取り入れられている方法が修正予算制度である。企業環境に変
化が生じ，予算が規範として機能しなくなった時，予算全体を見直すのが修正
予算である。大幅な為替変動，原材料の価格変動等により，経過月の予算に対
する実績が大幅に乖離している時等に実施される。しかし，企業においては，
下半期に修正予算を編成することが常態化している企業も多く，その点が，**図
表１-６**の通り，約７割の企業が期中で見直しているというアンケートの回答
結果に反映されていると考えてよいだろう。

図表１-６■予算の期中見直しの有無

区分	2011〜2012年度	2020年度
期中で見直している	73.3%	68.3%

　次に予算編成に要している期間を見てみよう。**図表１-７**の通り，１カ月以
内で予算編成が完了できている企業は，2011〜2012年度調査で15.1%，2020年
度調査で11.3%であった。一方，予算編成に４カ月超を要している企業は6.5%，
5.6%でほとんど変化がなかった。また，予算編成に要している平均期間も
2011〜2012年度が2.2カ月，2020年度が2.3カ月で変化がなかった。

図表1-7 ■予算編成に要する期間

期間の区分	2011〜2012年度	2020年度
1カ月以内	15.1%	11.3%
1カ月超2カ月以内	30.6%	27.5%
2カ月超3カ月以内	33.9%	41.5%
3カ月超4カ月以内	14.5%	14.1%
4カ月超	6.5%	5.6%
回答企業数	186社	142社

(4) 予算管理の問題点とBeyond Budgeting

　予算管理制度は，1910年代に誕生したといわれるが，当時の企業環境は非常に静的で，予算が規範として機能することができた。しかし，現在の企業環境は非常に動的で，予算の前提が常に変化してしまう。このため，予算管理を運営する上で，数多くの問題点が生じている。

① 予算編成工数の増大

　予算編成は，企業にとって一大イベントとなっている。3月期決算の企業の場合，1月中旬頃から予算編成がスタートし，3月下旬までの平均で2.3カ月間，経営者，管理者が総動員されて，予算編成が行われる。中には，3月末に予算編成が終了せず，4月末になることが常態化している企業もある。

　予算編成が膨大な工数を必要とする要因は，予算実績差異分析のための細かな単位での予算編成と集計の作業が必要となること，予算調整のための延々として議論が続くこと，経営者の承認が得られないため，予算編成が繰り返されること等がある。これらの原因が複合化して，予算編成工数の増大を招いている。

② 予算スラック

　予算編成が，目標管理（Management By Objectives）と結び付いて，管理者の報酬に影響するようになればなるほど，管理者は達成が容易な予算を編成しようとする。すなわち，最大限達成可能な予算と達成が容易な予算の差額（たるみ，余裕）として，予算スラック（slack）が生まれ，予算スラックが挑戦的な企業風土を阻害してしまう。

③ 規範としての機能欠落

前述の通り，予算の前提となる企業環境が劇的に変化するため，予算が経営の規範としての機能を失ってしまうことが少なくない。たとえば，輸出入に依存する企業は，為替変動によって業績が左右されてしまう。企業は，修正予算等によって，規範としての企業を維持しようと努力を続けているが，抜本的な解決にはなっていない。

④　短期指向

　日本企業における予算管理は，短期的な原価低減に終始し，中長期的な成長を阻害しているという批判がある。この短期的指向が，予算管理と目標管理を結び付けることによって，強まっている。管理者は，目標を達成し，報酬をより多くしたいと思うので，なかなか成果が出ない中長期的な取組みよりも，短期的な取組みを優先してしまう。

　しかし，多くの問題点を抱えながらも，予算管理が日本企業の管理会計の中核であり続けるのは，予算管理に代わる方法論が誕生していないために他ならない。日本企業は，積極的ではなく，変動予算管理や修正予算制度で，予算管理の問題点を小さくしつつ，消極的な意味で予算管理を利用し続けているのだ。

　Beyond Budgeting（予算不用論あるいは脱予算経営，超予算管理，超予算経営等と訳される）は，予算管理を既存の予算管理の仕組みの範囲内で変えるのではなく，予算管理を他の仕組みで置き換えてしまおうとする手法である。しかし，予算管理を1つの仕組み，手法で代替することができず，複数の仕組み，手法を組み合わせることとなる。もともと，Beyond Budgetingは，CAM-I Europe（Consortium for Advanced Manufacturing International, Europe）が1998年に組織した「Beyond Budgeting Round Table」（BBRT）というプロジェクトの提言として誕生した。その中核メンバーであり，実務家だったホープ（Hope, Jeremy）とフレザー（Fraser, Robin）によると，Beyond Budgetingを構成する仕組み，手法（システム，ツール）として，株主価値モデル（Shareholder Value Model），ベンチマーキング（Benchmarking），バランス・スコアカード（Balanced Scorecard），ABM（Activity-Based Management：活動基準管理），CRM（Customer Relationship Management：顧客関係管理），全社的情報システム（Enterprise-wide Information System），ローリング方式の予測（Rolling Forecast）を掲げている（Hope & Fraser, 2003）。

　Beyond Budgetingは，予算の持つ問題点を複数の仕組み，手法の統合化によって，解決しようとする取組みであるが，規範としての機能維持のために，ローリング方式の予測，バランス・スコアカードが活用され，予算スラックを防止して，内部指向から外部指向に転換するために株主価値モデル，ベンチマーキング，CRMが活用される。また，短期指向を中長期指向に転換するために，ローリング方式の予測，バランス・スコアカード，ABM等も活用される。そして，効率化のために全社的情報システムも用いられる。

　著者がコンサルタントだった2000年に，吉川武男・横浜国立大学経営学部教授（当時）と共にスウェーデンの企業を訪問し，バランス・スコアカードの調査を行った。その際に，Beyond Budgetingの説明を受けていたのだが，その時はホープとフレザーの本も出版されておらず，著者はBeyond Budgetingであることに気づかなかった。

　また，ある大手日本企業のCFOからBeyond Budgetingの導入コンサルティングの依頼があり，詳細の仕組みを検討し，CFOに報告書を提出したことがある。しかし，CFOは，最終的に「導入できない」という結論を下した。予算管理はなくせるかもしれないが，その代替的な管理会計手法が多く，業務が増加してしまうことが理由であった。実際に仕組みを検討して，Beyond Budgeting導入の難易度の高さを再認識した。

　著者は2011〜2012年度調査以降，「クイックレビュー」という独自の手法を用いて，上場企業を訪問し，管理会計・原価計算に止まらず，財務会計，会計情報システムに関するインタビュー調査を重ねてきた。清水（2013）によると，Beyond Budgetingの考え方を取り入れている企業があるようだが，著者の調査では，日本におけるBeyond Budgetingの採用企業を見出すことができないでいた。

　しかし，2020年度調査では，Beyond Budgetingを採用していると回答した，サービス業に属する企業が1社あった。その企業を訪問し，インタビュー調査を行ったところ，予算管理を併用しているが，予算は組織の目標値にすぎず，主として予算達成時の組織の賞与の算定等に用いているだけで，管理会計・原価管理の中心は非財務的業績評価指標を用いた先行指標による管理であるという。顧客別の原価計算，損益計算は行っていないものの，淺田，鈴木，川野

17

（2005）が主張する固定収益マネジメントの考えも導入し，固定顧客から得られる「ベース売上高」で安定的な売上高を確保し，そこに新規顧客からの売上高を上乗せするという管理を実践していた。

　清水（2013）も，Beyond Budgetingでは，模範例として取り上げられた企業が予算管理を廃止していたことから，予算管理を廃止するという点に注目が集まったが，その本質は，予算管理の廃止ではなく，予算管理が持つ問題点を克服し，環境変化の激しい今日の経営において，これに対応するため変化適応的かつ分権化された組織を作り上げることであるとしている。

(5)　予算管理の改善の視点

　日本企業から予算管理をなくすことが難しいならば，少しでも有効に機能させるためにはどのようにすべきだろうか。著者は，コンサルタントの時，予算管理パッケージソフトウエアの導入を担当していた時期があり，その時には予算管理パッケージソフトウエアを使って，予算編成に要する期間を大幅に短縮することによって，有効性を維持することを提案していた。その時の予算管理の改善の視点は，以下の7点である。

---

① 　四半期予算

　予算管理の対象期間を四半期とする。企業環境の変化が著しいため，1年間，予算が規範として機能することは難しくなっている。鮮度を保つために，編成対象期間を四半期等に短縮する。

② 　資料・承認プロセスの削減

　予算編成資料の種類，ページ数を削減して，調整承認プロセスを短縮する。企業には膨大な予算資料があるが，その大半は上司への説明や分析に備えるためのものであり，有効に活用されていない資料も多い。それらの予算編成資料を大幅に削減して，資料作成に要する作業量を減らし，さらに調整承認も簡略化して，調整承認に要する時間を大幅に短縮する。

③ 　コミットメントベースの予算編成

　詳細な予算積み上げ計算は実施せず，原価低減額，経費削減額等をコミットメ

ント（強い約束）する。予算が超過することを恐れて，鉛筆1本，細かな改善施策を積み上げて予算を編成している企業も少なくない。予算の精度は高くなるが，これまでの業務の仕方を踏襲することとなって仕事のやり方を抜本的に見直すことにはならない。先に原価低減額，経費低減額等の予算をトップダウンで確定してしまい，どうすれば低減できるか否かを考える予算編成に変えていく。

④　大きな予算編成単位

　詳細勘定科目，小さな組織単位で予算管理は実施しない。一般に経理・財務部門は組織別，月別，勘定科目別に詳細に予算を編成することを要求するが，細かな単位で予算を編成すると，その細かな単位で，突発的に発生する事項に対する予備費（余裕）を見込むようになり，その予備費が積もり積もって，全体として多額の予備費となってしまう。そこで，予算編成の単位を大きく設定することにより，予算スラックを排除する。

⑤　ゼロベース予算の導入

　多額の経費予算や設備予算については，ゼロベース予算（Zero-base Budgeting）の考え方を導入する。セロベース予算とは，過去の実績額に対して増減することにより予算を編成するのではなく，一切の既得権を認めず，ゼロからディシジョンパッケージ（Decision Package）と呼ばれる企画書を作成し，認められたディシジョンパッケージに関する費用，支出のみを予算として計上するという予算編成方法である。米国の半導体メーカーのテキサス・インスツルメント（TI）が開発し，米国の元カーター大統領がジョージア州の州知事だった当時，州の予算編成に適用して有名になった。ゼロベース予算により，抜本的に要否を見直し，また，優先順位付けを行って，たとえ必要であっても，優先度の低い予算を削減して行く。

⑥　予算管理パッケージソフトウエアの活用

　集計作業には，予算管理パッケージソフトウエアを活用し，Excelでの集計をなくす。Excelは部門予算を編成するには便利であるが，全社集計の際には阻害要因となることが多い。

⑦　実績値ベースの対比，分析

　予算達成度だけなく，過去実績値との対比で評価を行う。予算値を基準に業績評価をしようとするから予算スラックが発生する。また，予算を数値中心から戦略やアクションプラン中心に変革する。そして，業績評価は実績値（前年値，前月値）に対する改善度に重点を置く。

> 予算の役割を小さくすることにより，予算が抱える問題点も小さくできるので，縮小した役割を実績（前年，前月）に対する改善度の管理で代替して行く。

　これらは，企業に対してコンサルティングを行い，実際に成果を生み出すことができた視点であり，日本企業の経理・財務部門の責任者はぜひ検討してみてほしい。

4　中期経営計画

⑴　中期経営計画の策定状況

　著者は，中期（経営）計画を，3年から5年の期間を対象として，達成すべき経営理念，ビジョン，経営目標とのギャップを埋めるために部門，業務プロセス，情報システム，仕組み，事業等を抜本的に変革していくために実践すべきことや資源配分の方針を記述した戦略の計画であると定義している。

　著者がアルプス電気に所属していた頃（1982〜1996年）の日本企業の中期経営計画は，単なる中期の業務計画にすぎなかったが，日産自動車の「リバイバルプラン」の劇的な成功もあり，中期経営計画は，中期戦略計画，中期変革計画であるとの認識が日本企業にも定着した。

　2020年度調査によると，中期経営計画を策定している企業は，全体で88.8％であった。東京証券取引所（2018）の「コーポレートガバナンス・コード〜会社の持続的な成長と中長期的な企業価値の向上のために〜」（2018年6月改訂版）に，【原則3-1．情報開示の充実】(i)会社の目指すところ（経営理念等）や経営戦略，経営計画，【原則5-2．経営戦略や経営計画の策定・公表】の記述がなされた。「コーポレートガバナンス・コードへの対応状況（2018年12月末日時点）」（東京証券取引所，2019）によると，東証一部企業の遵守率が【原則3-1．情報開示の充実】が92.7％，【原則5-2．経営戦略や経営計画の策定・公表】が82.7％であったので，これらの結果とほぼ整合していると考える。予算管理ほどではないものの，中期経営計画は，管理会計手法，より大きな意味で経営管理手法として，日本企業に定着しているといってよい。

　次に中期経営計画の策定期間，策定方法をみてみよう。**図表1-8**の通り，2011～2012年度調査と比較すると，2020年度調査では，固定方式（3年固定方式＋4年～5年固定方式＋5年超固定方式）が46.1％から57.8％（条件が同じ東証一部二部のみの場合63.0％）に増加しており，特に3年間固定方式が38.0％から45.2％に増加していた。期間で見てみると，3年計画が，2011～2012年度調査が70.6％，2020年度調査が68.9％で，圧倒的に多いことがわかる。

図表1-8 ■ 中期経営計画の期間・方式

期間・方式	2011～2012年度	2020年度
3年未満	14.1％	10.4％
3年固定方式	38.0％	45.2％
3年間で1年単位のローリング方式	32.6％	23.7％
4年～5年固定方式	7.6％	11.1％
4年～5年間で1年単位のローリング方式	6.0％	6.7％
5年超固定方式	0.5％	1.5％
5年超で1年単位のローリング方式	1.1％	1.5％
回答企業数	184社	135社

　予算管理と中期経営計画の関係についても，調査を行っている。**図表1-9**の通り，2011～2012年度調査は54.6％，2020年度調査は63.0％の企業が，中長期経営計画の初年度として予算を位置付けている。この場合，中期経営計画と予算の策定（編成）期間が重複してしまうので，特定期間の策定に要する業務負荷は大きくなる。一方で，予算が中期経営計画とは別個に策定される場合には，策定期間も異なることが多いが，相対的に業務負荷は平準化される一方で，中期経営計画を策定する年には，一年中，中期経営計画か，予算を策定していることになりかねない。

図表1-9 ■ 予算と中期経営計画の関係

関係の区分	2011～2012年度	2020年度
予算が中期経営計画の初年度として設けられている	54.6％	63.0％
予算は中期経営計画とは別個に設けられている	41.3％	32.6％
その他	3.8％	4.3％
回答企業数	183社	138社

(2) 戦略的思考と中期経営計画のチェックポイント

　中期経営計画の策定は，アルプス電気の経営企画室の時に補佐として携わり，コンサルタントの時も何社かの策定を支援した。著者は，会計系のコンサルタントであり，戦略策定はいわゆる戦略系のコンサルティング会社，あるいは戦略系のコンサルタントが強かったため，支援数は多くない。むしろ，中期経営計画の策定支援の機会が多くなったのは，大学教員になった後のことである。中期経営計画の策定を支援して痛感することは，策定フォーマット（様式）を用意し提示しても，戦略思考が身に付いていない者が戦略的計画を策定することは難しいという点である。経営学，経営戦略論，担当業務や事業の知識の問題ではない。

　著者は，試行錯誤して，容易に中期経営計画を策定できるフォーマットを作成している。そのフォーマットは，ロジックツリーの形式になっているが，他者（社）作成のフォーマットと比べて，特別に変わった点があるわけではない。そのフォーマットを提示して，穴埋め問題ではないが，企業の部門責任者に記入してもらうことで，形式的には中期経営計画が策定できるようにしている。

　企業の支援の際には，各部門から記入して提出された中期経営計画をレビューするのだが，結局，過去からの定常業務が多く，競争優位性を築く戦略的な業務の記載がほとんどない。定常業務が多いので，当然，変革には結び付かない。バランス・スコアカードの学習と成長の視点から財務の視点への因果関係と同じく，著者が「逆展開」と呼ぶアクションプランから施策，戦略，経営目標というように変革のストーリーをたどってみると，その中期経営計画の内容では経営目標が達成できないことがはっきりする。

　著者は，中期経営計画をチェックし，以下の点から中期経営計画の問題点を明確にする。

① 集中：重点事業（部門）を選択し，経営資源の集中を行っているか。
② 挑戦：現状を否定して，新しいことに挑戦しているか。過去の業務，事業と何が異なるのか。
③ 目標：高い水準の中期変革目標（非財務的業績評価指標）を掲げているか。

④　差異化：他社との違いを打ち出せているか。
⑤　具体性：具体的な戦略，業務の内容となっているか。
⑥　整合性：ビジョンから戦略，業務へ演繹的展開及び戦略間の整合性を確保しているか。
⑦　総合性：企業（グループ）としての全体戦略，事業戦略，部門横断戦略，地域戦略，機能別戦略を策定しているか。
⑧　迅速性：意思決定，実行が速いか，早いか。

　企業の従業員は，中期経営計画を変革計画として策定しなければならないことは十分に認識している。しかし，それができないのだ。スポーツと同じで，頭では理解していても，トレーニングが不足しているので，その通りにできない。欧米ならば，学歴のある一部の者が企業を導くのであろうが，日本企業は違う。日本企業の強みは，全員参加の経営であり，全員でPDCAを循環させて，経営目標を達成するのだ。だからこそ，従業員一人ひとりの戦略思考が重要になるのだが，改善思考が身に付いているとそこから抜け出せない。3C，4P，4C，5F，7S，AIDMA，VRIO，PEST，SCAMPER，ECRS，5W2H（How muchを加えている）等，様々なフレームワークを取り入れてみたが，結局は基礎体力ならぬ基礎戦略思考力不足に行きついてしまう。

　著者は，後述するように，経営シミュレーションゲームを取り入れると共に，学生には「頭で汗をかけ」といって，思考トレーニングを取り入れた授業を行っているが，大学の教育者として，管理会計・原価計算を論じる前に，基礎的思考力を身に付けるトレーニングを行う授業を実践し，変革を実現できる人財を送り出さねばならないことを痛感している。そのためには，教育カリキュラム自体を変革しなければならず，そのハードルは決して低くない。

5　設備投資の経済性評価

(1)　経済性評価方法の採用状況

　設備投資の評価方法には，投資利益率法，回収期間法，正味現在価値法，内部利益率法等がある。**図表 1-10**の通り，2011〜2012年度調査では，設備投資

の経済性評価方法として，回収期間法が59.1％，会計的利益法（投資利益率法）が37.5％，正味現在価値法24.4％，内部利益率法14.2％の順で，減損会計の適用もあり，正味現在価値法の増加が顕著であった。

　2020年度調査では，採用割合順は変わらないものの，回収期間法が76.9％，会計的利益法（投資利益率法）が26.9％，正味現在価値法22.2％，内部利益率法15.7％で，特に回収期間法が増加し，会計的利益法が減少した。この傾向は，2011～2012年度調査と同じ東証一部二部上場企業に集計対象を絞っても変わらなかった。キャッシュ・フロー経営の提唱により，投資経済性評価には，利益よりキャッシュ・フローが適切であるとの認識が定着したこと，コロナ禍の影響で将来の経済状況に対する不透明感から，早期回収を優先する回収期間法の採用が増加した可能性がある。一方で，適切とはいえない会計的利益法（投資利益率法）の採用も相変わらず多く，設備投資の成否に影響を与えているはずである。

　図表1-10の通り，1993～1994年度調査から4回の調査結果を並べて比較すると，キャッシュ・フローを重視する回収期間法，内部利益率法，現在価値法が，明らかに増加にあることがわかる。2000年3月期決算から適用された連結キャッシュ・フロー計算書を契機にして叫ばれたキャッシュ・フロー経営が，企業に浸透してきたことを示している。

　海外では内部利益率法が多く用いられていることが知られているが，これは海外企業と日本企業の経営スタイルの違いに依るところが大きい。海外企業の場合には，経営，会計，企画の教育を受けた者，あるいは専門家が設備投資を計画する。専門家なので，難しい指標でも使いこなすことができる。むしろ，専門家としての存在意義を示すためにも難しくなければならず，比較的難しい内部利益率法が多く用いられる。今でこそ，Excelの関数を使えば，内部利益率は容易に計算ができるが，少なくとも著者が学修した頃にはグラフを書いて算出する，あるいは年金現価係数表を参照する必要があった。これに対して，日本企業は全員参加の経営であり，設備投資計画を製造現場から提案することもある。そのため，わかりやすい指標が好まれ，回収期間法が用いられるのだ。

　新しい設備投資の経済性評価方法として，モンテカルロDCF法，デシジョンツリー，リアルオプション等があるが，日本企業ではまだあまり用いられて

24

いない。リアルオプションは，確率のデータがそろう電力企業の設備投資，医薬品企業の研究開発投資等，一部の企業でしか用いられていないと認識している。しかし，これからのビッグデータの時代，適用領域は広がっていくかもしれない。一方で，これらの方法を使いこなすには，十分な学修が必要であり，管理会計・原価計算の教育も変えて行く必要があるだろう。

図表1-10■設備投資経済性評価方法

方法（指標）	1993～1994年度	2001～2002年度	2011～2012年度	2020年度
会計的利益法（投資利益率法）	22.9%	18.5%	37.5%	26.9%
回収期間法	42.2%	45.2%	59.1%	76.9%
内部利益率法	9.8%	8.2%	14.2%	15.7%
正味現在価値法	10.2%	11.9%	24.4%	22.2%
現在価値指数法			2.3%	0.0%
年額原価法	10.5%	11.1%	9.7%	1.9%
デシジョンツリー	－	－	0.0%	0.0%
リアルオプション	－	－	0.6%	0.9%
その他	4.4%	5.2%	5.7%	0.9%
回答企業数	315社	227社	176社	108社

（注）複数回答のため，百分率の合計は100％を超過する。

　製造業と非製造業に分けてみると，図表1-11の通り，回収期間法が製造業77.8％，非製造業75.9％，正味現在価値法31.5％，13.0％，会計的利益法22.2％，31.5％，内部利益率法16.7％，14.8％であった。一方，吉田・岩澤・徐・桝谷

図表1-11■設備投資経済性評価方法の比較

方法（指標）	川野調査 2020年度		吉田他調査	
	製造業	非製造業	製造業	非製造業
会計的利益法（投資利益率法）	22.2%	31.5%	25.8%	30.5%
回収期間法	77.8%	75.9%	77.5%	58.0%
内部利益率法	16.7%	14.8%	15.7%	16.8%
正味現在価値法	31.5%	13.0%	34.8%	24.4%
回答企業数	54社	54社	89社	131社

（注）著者調査，吉田・岩澤・徐・桝谷（2019d）に基づき作成。

（2019d）の調査では，回収期間法が製造業77.5％，非製造業58.0％，正味現在価値法34.8％，24.4％，会計的利益法25.8％，30.5％，内部利益率法15.7％，16.8％であり，非製造業の回収期間法，正味現在価値法で若干の差異が生じているが，製造業では同様の結果となっている。

(2) ２つのアプローチ

　設備投資の可否を問う経済性評価の方法には，管理会計・原価計算を中心とする文系のアプローチと，経営工学を中心とする理系のアプローチがある。著者が投資経済性評価を確立させた故千住鎮雄先生の講義を初めて受けた時，正直いって目から鱗が落ちた思いになったと共に，「投資意思決定方法において，管理会計・原価計算は負けている」と思った。何がきっかけで受講することになったのか，今となっては全く覚えていないのだが，国際大学で千住先生の講義を受講したこと，日光中禅寺湖畔にあったホテルで合宿したことは今でも覚えている。どんな点で優れているかを簡潔に説明することは難しいのであるが，経営工学の投資経済性評価の方が多面的であり，不確実性に対する対応力が高いと考えている。本書は教科書として執筆しているわけではないので，投資経済性評価についてこれ以上の言及は避けるが，興味を持った方は，千住鎮雄・伏見多美雄『新版 経済性工学の基礎―意思決定のための経済性分析』（日本能率協会マネジメントセンター）を読むことを推奨しておきたい。

(3) 経済性評価の問題点

　著者は，企業を訪問して，中期経営計画を策定支援する中で，設備投資の経済性評価にも取り組むことが多い。また，コンサルタントとして，２社から過去の大規模設備投資計画の検証の依頼を受けたことがある。２社ともに，設備投資を行っても，利益が増加しない理由を，設備投資の計画策定時点にさかのぼって原因を突き止めてほしいという依頼であった。

　それらの経験に基づいて日本企業の設備投資計画，設備投資の経済性評価の問題点を挙げるならば，結局は設備投資を実行することが決まっており，そのために前提となる基礎数字を作り上げているという点である。売上高でいえば，予想される最大売上高，つまり楽観的な売上高を前提にして，設備投資の経済

性評価を行うので，どの指標を用いても，あるいはどんな経済性評価方法を用いても，回収可能という結果となり，投資にゴーサインが出るのである。前述の過去の設備投資計画の検証では，結果的に前提となった売上高が達成できている設備投資計画はなかった。中期経営計画策定を支援した際にも，著者がその設備投資計画の存在を知った段階では，すでに社内では投資がほぼ内定していた，あるいは社長の内諾が得られていたことが少なくない。外部の者として，回収期間が長期化して，回収不能となるリスクについて警鐘を鳴らしたが，取締役でもない者の警鐘は，出来上がっている流れを止められなかった。毎回，もっと早くからかかわれなかったかと後悔することが多い。

　アルプス電気に勤務していた時，高い利益率の事業に追加の大型投資を行う計画が提案された。著者が分析すると，現在の業績がよいのは，法定耐用年数に基づき減価償却費を計上しているためで，経済耐用年数を用いると，利益が出るギリギリの業績であることがわかった。追加の投資計画を経済性評価の方法に基づいて評価すると，投資を行うべきではないとの結論となったため，そのことを報告書に書き，社長に提出したが，受け入れてもらえず，大型投資に踏み切った。その後，その事業は撤退となり，多額の固定資産の帳簿価額が残り，多額の売却損を計上して，他社に売却された。今でも，その投資案件を止められなかったことを後悔している。経理・財務部門担当者には，客観的視点と，強い意思，信念が必要である。

　経済性評価方法，指標は，投資意思決定の判断に用いられることは当然のことであるが，本来は設備投資を企画する段階から適用されるべきものである。つまり，原価企画と同じように設備投資企画として，回収できる投資を計画する方法でなければならない。後になって，ゴーサインが出るように前提数字を作ることは，意思決定における粉飾，不正である。

　設備投資の失敗で経営不振に陥った企業として，すぐ思い浮かぶのが，シャープである。シャープは，液晶及び液晶テレビの売上高を増加できると信じ，堺市に大型の工場を建設したが，液晶及び液晶テレビは韓国，中国企業との価格競争となり，計画通りに売上高を伸ばせず，経営不振に陥り，現在は台湾の鴻海精密工業の子会社である。

　2023年2月23日の日本経済新聞朝刊（2023a）に大和ハウスの内部利益率を

8.5％から10.0％に引き上げた旨の記事が掲載されていた。経済性評価の投資基準が新聞掲載されることは珍しいが，どうしても楽観的な前提条件になるならば，大和ハウスのように期待される投資基準のハードルを引き上げてしまうことも1つの対応策であろう。しかし，結局，基準を満たすように前提数字を作られてしまうのでは意味がない。

(4) 経済性評価の成功要因

　千住先生に教えていただいたことを踏まえて，著者が考える設備投資の経済性評価の成功要因を列挙する。

---

① 目的の明確化

　投資の目的を明確にする。投資目的が増産，合理化，新製品生産等の場合には，経済性評価を行わねばならない。一方，投資目的が環境保全等，社会的な責任を果たすための投資であっても，目的達成の水準と投資額の最適化を図るため，経済性評価を実施すべきである。

② 考察の範囲の明確化

　考察の範囲（事前に考慮しておく事項）を明確にする。例えば，工場建設の場合に，一般的に隕石の落下は考慮しないが，火災，水害，台風等は考慮しておく必要がある。

③ 複数の代替案

　複数の代替案を考え，それらの代替案を比較する。設備投資計画が最適か否かは，複数の代替案を相対比較しないとわからない。

④ リスクの抽出

　投資にかかわるリスクを抽出し，リスクを変動させて，リスクの経済性に与える影響を見極める。「リスクをとる」というが，それは経済性を無視して投資を実行することではない。経理・財務部門は客観的に投資の経済性を評価し，経営者がその経済性評価の結果に基づいて，適切な意思決定を行うことを促さねばならない。明らかに経済性がない投資を経営者に意思決定させてはならない。

⑤ 客観的前提条件

　投資の前提となる売上高等の前提条件（基礎数値）は，投資提案部門ではなく，他の部門が客観的に見積もる。投資提案部門が作成すると，楽観的な数値になってしまう。前提条件を変動させて，確率的に最も高い場合の数値のみならず，上限値，下限値の場合の経済性も評価，感度分析を行う。多くの場合，結果的に下限値になることが多いことを認識しておく。「想定外」ではなく，「想定内」にすることが重要である。

⑥　キャッシュ・フローと資本コストの考慮

　経済性は，投資利益率（ROI）等の会計的利益ではなく，キャッシュ・フローに基づき，資本コストも考慮して評価する。

⑦　回収ができる計画策定

　一般に管理会計では，投資経済性評価方法が投資を実行すべきか否かの最終的な投資判断基準として論じられるが，真の投資経済性評価方法は投資額が回収できるように投資計画を策定する手法であり，設備投資のVA（Value Analysis）・VE（Value Engineering）を徹底することが重要である。

6　標準原価計算

(1)　標準原価計算の採用状況

　予算管理と並ぶ伝統的管理会計・原価管理の手法が標準原価計算である。**図表1-12**の通り，2011〜2012年度調査では，製造業，非製造業の全体で50.3％が標準原価計算を採用していたが，2020年度調査では全体で39.9％，2011〜2012年度調査と同じ東証一部二部で集計しても43.1％で，2011〜2012年度調査に比べて採用率が低下していた。過去からの推移（単純割合）は，1985年度調査47.4％（製造業のみ），1993〜1994年度調査47.0％，2001〜2002年度調査40.9％，2011〜2012年度調査50.3％，2020年度調査39.9％である。

　しかし，製造業と非製造業に分けて採用率をみてみると，2011〜2012年度調査に比べて低下しているのは，回答企業の変化であることがわかる。標準原価計算の採用率は，2011〜2012年度調査が製造業68.1％，非製造業21.4％であっ

たが，2020年度調査では62.3％，21.4％であり，製造業の採用率がやや下がっているものの，非製造業は全く同じ割合であった。そこで，製造業と非製造業の回答割合を同じ割合に補正して比較すると，2020年度調査でも46.7％となり，2011～2012年度調査との差では3.6％しかなくなり，標準原価計算の採用率に大きな変化は生じていないことがわかる。

　なお，本調査と最も調査時期が近い吉田・岩澤・徐・桝谷（2019a）の調査では，製造業75.0％，非製造業22.6％と，製造業での採用率が相対的に高いが，非製造業での採用率が同様に低い結果となっている。これらの結果から，予算管理ほどではないが，製造業において，標準原価計算は高い採用率であると判断してよいだろう。

図表1-12■標準原価計算の採用率

区分	1985年度[注]	1993～ 1994年度	2001～ 2002年度	2011～ 2012年度	2020年度
製造業	47.4％[注]	64.0％	54.0％	68.1％	62.3％
非製造業	対象外	21.5％	24.7％	21.4％	21.4％
全体	47.4％[注]	47.0％	40.9％	50.3％	39.9％
回答企業数	378社	203社	181社	187社	153社

（注1）1985年度，1993～1994年度，2001～2002年度，2011～2012年度の調査は，日本大学
　　　商学部会計学研究所が中心となって実施したものである。
（注2）髙橋（1988）に基づき，1985年度は1993～1994年度以降の調査と同等の質問の回答
　　　になるように調整している。
（注3）1985年度の一部に非製造業を含む。

　著者が在籍していたアルプス電気も標準原価計算を採用していた。アルプス電気（正確には東北アルプス）の古川事業部（工場）の部品加工部門では「部品業績表」と呼ぶ原価差異管理表を作成していたが，組立部門では標準原価による原価維持活動を実施していなかった。当時のアルプス電気は，組立の外注委託組立割合が高く，製造原価に占める社内の組立部門の加工費の割合が低かったので，著者が配属された時点ですでに標準原価による原価維持活動をすでに止めており，外注加工費単価と外注（協力会社）の業績を管理することで原価維持活動に代えていた。

　一方で，部品は組立委託先に無償支給であったので，毎月末の実地棚卸数量

に原価標準（標準単位原価）を乗じて月末の棚卸資産の評価額を確定,「業績表」と呼ぶ製造原価明細書と損益計算書が一体となった管理表を作成して，製品群別の業績管理を行っていた。標準原価計算を採用していたが，主として棚卸資産の在庫評価に活用していたわけである。このように，標準原価計算の採用率は製造業では6割を超えるわけであるが，原価維持活動に活用しているとは限らない。**図表1-13**の通り，2020年度調査でも，27.6％の企業が「棚卸資産及び売上原価算定の基礎とするため」と回答している。

図表1-13■標準原価計算の主たる目的

目的の区分	2020年度
原価維持，原価統制に資するため	15.5%
原価改善，原価低減に資するため	34.5%
予算編成及び予算統制の基礎資料とするため	17.2%
棚卸資産及び売上原価算定の基礎とするため	27.6%
決算の早期化のため	5.2%
回答企業数	58社

(2)　標準原価計算の陳腐化

原価管理（原価維持）目的の標準原価計算の役割が，機械化，自動化により，設備導入段階で原価が確定してしまい，原価改善（原価低減）の余地が少ないこと，標準原価計算が対象とすべき直接労務費が機械化，自動化，海外進出により減少したこと，製品ライフサイクルの短命化，生産方式の短期間での変化により，規範としての標準原価設定が困難となったこと，売価の下落が標準原価より厳しく，標準原価が規範として機能しないこと，原価標準の設定の際に，恣意性の介入の余地があり，容易に標準原価が達成される等の理由によって，標準原価計算の役割が低下しているといわれていたが，製造業においては，未だに標準原価計算は活用されている。また，多くのERPパッケージソフトウエアは，主として，標準原価計算を採用しているので，ERPパッケージソフトウエアの原価計算モジュールの活用がさらに進むと，標準原価計算の採用割合が増える可能性がある。

⑶ 著者の経験から得た標準原価計算の知見

　著者がコンサルタントだった時，原価計算システムの開発支援も行っている。しかし，国際会計基準の適用や財務報告に係る内部統制の強化（いわゆるJ-SOX法対応）ほど件数が多いわけではない。原価計算システムの開発は，長期間を要する大規模プロジェクトになることが多かったため，多くの企業の支援を実施できなかっただけである。スクラッチ（自社）開発となると，導入完了まで数年を要する場合もあった。そのいくつかのプロジェクトを紹介しよう。

　あるプロセス（設備）型の企業では，標準原価計算を用いて，原価維持活動，原価改善活動が行われていた。原価標準（標準単位原価）の改訂は年1回であったが，毎年，有利差異が発生し，製造部門は有利差異の発生を根拠に原価維持，原価改善が進んでいることを経営者に報告していた。しかし，企業全体の業績は悪化した。著者らが調査してみると，製造部門は，確実に達成できる余裕率，すでに実行済みの改善策のみを反映した原価標準を作成していた。つまり，工場は市場競争を忘れ，有利差異を出すことが目的となって，有利差異が出るように原価標準を設定していた。この企業では，原価標準の設定方法を改め，予算編成と連動して，達成すべき原価低減額を先に決定し，その額を原価標準の厳格度水準に反映する方法に改めた。

　もう1つ，著者がコンサルティングを行った電子部品会社の原価計算システムの開発，導入を紹介したい。この企業では従来から標準原価計算を採用していたが，製品の種類が多く改訂に手間を要していたため，原価標準の改訂が数年に一度しか実施されず，標準原価が規範として機能していない状態であった。そこで，実際単位原価を原価管理の中心に変更し，原価標準（標準単位原価）はこの実際単位原価をコピーして設定することに変更した。つまり，これまでは生産の不能率から生じた損失を原価差異としていたが，新しい原価計算システムでは前期末実際原価に対する原価低減額を原価差異として把握することに変更した。著者にいわせれば，標準原価計算は内向き発想に陥ってしまう。通常の標準原価計算の場合，原価差異が有利差異となっても，市場売価がそれ以上に下落してしまえば，業績は悪化する。新しい原価計算システムでは，売価の値下げ影響額も把握したので，売価値下げ影響額＞原価差異（有利差異）の

場合，業績は悪化し，売価値下げ影響額＜原価差異（有利差異）の場合，業績は好転することを意味する。売価値下げは市場競争の結果であり，工場，製造部門は売価値下げを上回る原価低減を実現しなければならない。市場競争の原理を工場，製造部門にも持ち込んだ意味で，この発想の転換は大きかった。

7　直接原価計算

(1)　直接原価計算の採用状況

　原価計算基準や産業構造審議会管理部会（1967）答申書「コスト・マネジメント―原価引下げの新理念とその方法」によると，直接原価計算とは，原価を製品の生産量あるいは販売量等の操業度との関係で，変動費と固定費に区分し，製品原価を変動費だけで算定し，固定費は期間原価として，その総額を発生期間の収益に対応させる原価計算としている。また，直接原価計算を，売上高から変動費を差し引いて限界利益（貢献利益）を計算し，限界利益から期間費用である固定費を差し引いて営業利益を算出する損益計算書を作成し，その損益計算書をもって報告と分析を行う損益計算と定義する論者もいる。

　歴史をさかのぼると，ハリス（Harris, Jonathan N.）の直接原価計算は，直接費と変動費，間接費と固定費を明確に区分していなかったため，標準原価（製造原価）から製造間接費を除くという発想が採られており，全部原価計算と直接原価計算は両立されていた。変動原価計算ではなく，直接原価計算と呼ばれる結果となった理由がこの点にある。

　1950年半ばから約10年にわたって展開された直接原価計算論争において，マープル（Marple, Raymond P.）は，在庫の価値は将来節約される原価により測定されるべきである（未来原価節約説）と主張して，外部報告会計（＝財務会計・制度会計）としての全部原価計算を批判したのに対して，全部原価計算論者は，資産の本質は未来収益獲得能力にあること，利益は販売のみならず，生産の成果であることを主張し，製品原価は長期的思考に立脚すべきと反論した。この論争の結果，全部原価計算と直接原価計算は区分して考えられるようになった。

財務会計上は，直接原価計算は認められていないので，直接原価計算のみを実施している企業はない。過去においては，管理会計上（月次決算）は，直接原価計算で計算し，財務会計上（年次決算等）では固定費調整を行って，全部原価計算に置き換える段階的計算が行われていたので，全部原価計算と，直接原価計算を区分する意味があった。しかし，ICT（Information & Communication Technology：情報通信技術）が発達し，全部原価計算と直接原価計算を同時に実施できるようになり，売上高，変動費，限界利益，固定費，（管理会計上の）固定費調整前営業利益，固定費調整額，（財務会計上の）営業利益を一表にまとめた損益計算書を作成している企業もある。全部原価計算か，直接原価計算かの区分ではなく，全部原価計算のみか，直接原価計算+全部原価計算を実施しているのかの区分が正しい。

　図表1-14の通り，2011〜2012年度調査では，製造業，非製造業の全体で37.1％が直接原価計算を採用していたが，2020年度調査では全体で42.1％，前回と同じ東証一部二部では42.6％，製造業と非製造業の回答割合を2011〜2012年度調査と同じ割合に補正して比較すると，45.1％となり，直接原価計算の採用率の上昇が見られた。

　過去の推移（単純割合）は，1985年度調査29.9％（製造業のみ），1993〜1994年度調査50.1％，2001〜2002年度調査36.7％，2011〜2012年度調査37.1％，2020年度調査42.1％である。2020年度調査を製造業と非製造業に分けると，52.2％，33.7％であった。吉田・岩澤・徐・桝谷（2019a）の調査では製造業62.6％，非

図表1-14■直接原価計算の採用率

区分	1985年度[注]	1993〜1994年度	2001〜2002年度	2011〜2012年度	2020年度
製造業	29.9%[注]	49.8%	34.0%	41.4%	52.2%
非製造業	対象外	50.7%	40.0%	30.4%	33.7%
全体	29.9%[注]	50.1%	36.7%	37.1%	42.1%
回答企業数	378社	205社	177社	186社	152社

（注1）1985年度，1993〜1994年度，2001〜2002年度，2011〜2012年度の調査は，日本大学商学部会計学研究所が中心となって実施したものである。
（注2）髙橋（1988）に基づき，1985年度は1993〜1994年度以降の調査と同等の質問の回答になるように調整している。
（注3）1985年度の一部に非製造業を含む。

製造業39.7％，全体で49.1％（著者計算）であり，著者らの調査よりもやや高い採用率となっているが，両方の調査を合わせて考えると，45％前後の企業が管理会計・原価計算において，直接原価計算も併用していると推定される。

(2)　著者の経験から得た直接原価計算の知見

著者が在籍していたアルプス電気では，損益計算書と製造原価明細書を組み合わせた「業績表」において，変動費，固定費を区分していたが，限界利益は表示していなかった。代わりに，直接費，製造間接費，直接利益の区分がなされており（川野，1995），ハリスが提案した直接原価計算に近かった。甲斐政志元常務取締役が本社経理部に所属していた時，「業績表」の様式を変更し，これらの区分が設けられたと記憶する。アルプス電気は，電子部品を製造しており，得意先企業の仕様に基づき製品を生産，販売するため，得意先との販売価格の決定が重要である。同じ電子部品業界に所属する京セラを創業した故稲盛和夫氏の稲盛経営12カ条（稲盛，2023）にも「値決めは経営」があるが，価格決定のためにも，また，事業継続の可否判断のためにも，限界利益から直接加工費，金型治工具の減価償却費等の個別固定費を差し引いた直接利益を活用していた。

コンサルタントの時には，ある設備型企業に対して，直接原価計算の導入を提案した。標準全部原価計算を導入しており，工場が標準原価の達成に拘っている点は評価できたが，その標準原価の基礎となる原単位の厳格度が容易に達成できる水準に設定されており，その標準原価の達成に過度に関心が向き，工場では事業の採算性が無視されていた。標準原価が達成されているのだから，後は営業部門の責任という風潮が根付いてしまっていた。染みついてしまった企業風土であり，既存の原価管理方法の小改善では変革できないと判断し，直接原価計算の導入を提案した。しかし，なかなか直接原価計算の意義を理解してもらえず，第5章で述べる経営シミュレーションゲーム「戦略MGマネジメントゲーム」を使って，活用方法を理解してもらった。「原価を全部集計するのではなく，変動費のみを集計するだけで，何が変わるのか」といわれたが，「たかが原価，されど原価」であり，製造業においては，原価計算は経営の基軸であり，その仕組みを変えることは，企業の風土，従業員の意識を変える

「力」があると，著者は確信している。

(3) 花王の事例

　直接原価計算を採用している企業として，花王（吉田・花王，2020）が有名である。花王は，著者も何度もインタビュー調査をさせていただいている。花王では1962年より標準直接原価計算を採用してきたが，ERPパッケージソフトウエアSAP ERPの導入を機に標準全部原価計算の範疇で行われるようになった。変動費，固定費，限界利益を区分しているが，固定費調整が月次決算，四半期決算で行われ，営業利益は財務会計上の利益と一致させている。著者は，ゼミナールの課外活動として，花王の川崎工場や東京工場も何度か訪問しているが，花王の主たる事業は，大規模な機械装置がつながって製品を連続生産する，いわゆるプラント型の事業が多い。機械装置が多いため，多額の減価償却費，つまり固定費が発生する。また，消費者向けの製品も多いため，多額のマーケティング費用も要する。それら固定費を限界利益によりいかに回収するかを統制することが経営管理において重要な要素となっているのだ。

　2020年度調査とは矛盾するようだが，花王と同じく，主たる原価計算を全部原価計算による管理に移行した企業もある。2020年度調査で直接原価計算の今後の採用予定を尋ねた質問において，過去の調査に比べて多い，6社が直接原価計算を止める予定であると回答していた。それらの企業に直接原価計算を止める理由を問い合わせたところ，2社から回答を得ることができた。2社共に，買収した海外の子会社が全部原価計算を採用していたこと，ERPパッケージソフトウエアの導入が進んだことを理由に挙げていた。

　ERPパッケージソフトウエアの導入に関して，著者が懸念していることの1つがこの直接原価計算から全部原価計算への移行に表れている。ERPパッケージソフトウエアは，各業務における「ベストプラクティス」を反映していると主張しているが，他企業と差別化できるビジネスモデル，業務プロセス，経営管理（管理会計・原価計算）制度を有している企業においては，ERPパッケージソフトウエアの導入により，その差別化要因が失われることにもなりかねない。花王を含めて，全部原価計算に移行した企業が，競争優位性を失うことがないことを祈りたい。

8　原価企画

(1)　原価企画の採用状況

　原価企画（Target Costing）は，日本企業が生み出した数少ない管理会計・原価管理手法の1つである。原価企画とは，製品の企画，設計，開発段階を中心に，技術，購買，生産，販売，経理・財務等の関係部門の総意（創意）を結集して，原価低減と利益拡大を実現する原価管理手法である。著者及びベリングポイント（現PwCコンサルティング）は，原価企画を利益企画（Profit Engineering）に拡張し，経営計画で設定された利益目標や目標キャッシュ・フローを達成するために製品の企画段階から取引先を含むグループ全体で取り組む原価低減活動であり，目標利益，目標キャッシュ・フローの実現活動である。また同時に，顧客の要求する品質，性能，社会の要求する環境保全等を価格と両立させ，顧客満足，社会的要請を実現させる活動である（ベリングポイント，2002a，一部修正）と定義している。

　製造業における原価企画の採用率は，**図表1-15**の通り，2011〜2012年度調査では45.9％，2020年度調査では39.1％であった。2020年度調査は，回答企業数が少なく，許容誤差が10％を超えているので，増減を判断することは難しい。吉田・岩澤・徐・桝谷（2019b）の調査では，製造業で85.9％が採用しており，

図表1-15■原価企画の採用率

採用の区分	2001〜2002年度	2011〜2012年度	2020年度
グループで組織的に実施している	－	19.8%	10.9%
組織的に実施している会社がある	32.0%	7.2%	2.2%
組織的に実施している事業部がある	8.3%	13.5%	8.7%
プロジェクト方式で臨時に実施している	15.5%	7.2%	17.4%
その他	0.0%	0.9%	0.0%
実施していない	44.3%	53.2%	60.9%
回答企業数	97社	111社	46社

（注）製造業のみを対象としている。

他の調査結果でも製造業で70％を超える採用率となっていることから，著者の調査結果に偏りが生じている可能性は否定できない。しかし，他の研究者，著者いずれの調査を根拠にしても，米国で開発されたABC，EVA，バランス・スコアカードに比べると，日本企業，特に製造業に定着している原価管理手法といえるといってだろう。

(2) 著者の経験から得た原価企画の知見

著者自身も，アルプス電気において，原価企画プロジェクトに参画したことがある。経理・財務部門からのメンバーということもあり，原価見積りを担当したことは当然であるが，メンバーの一員として，原価低減策の提案も行った。しかし，当時の著者は，製品仕様に関する知識，経験不足であり，著者の提案が採用されることはなかった。

また，著者は，統合的生産管理システム「GINGA」の原価管理モジュールとして，原価企画の機能を開発した。GINGAには原材料入出庫計算，棚卸資産評価計算，原価低減額予算管理，単位原価計算等の機能もあったが，稼動開始後の活用度が最も低く，失敗したといわざるを得ない機能が原価企画であった。GINGAには，部品表（Bill of Materials）があり，単位原価の情報もあったので，GINGAの一部として原価企画機能を開発したが，大型コンピュータを用いていたため，使い勝手が悪く，原価企画担当部門は，結局，ExcelやAccessにデータをダウンロードして，原価見積り，原価企画活動の進捗管理を続け，あまり活用されることはなかった。コンサルタント時代を含めて，著者が開発を担当した情報システムの中で，最大の失敗がこの原価企画機能の開発である。原価企画活動においては，試行錯誤，新規技術の導入が繰り返されるので，「小回りの利く」情報システムが求められるが，その認識を誤ってしまった。

(3) 原価企画の成功要因

著者自身が原価企画に取り組んだ経験に基づいて，原価企画を成功させる要因について指摘しておきたい（川野，2016を修正）。

①　経営者の参画

　組織階層の上位になればなるほど，意思決定における権限の範囲が大きくなる。担当者では設備投資の提案はできても，投資意思決定ができないが，経営者であれば，権限の範囲も大きくなり，多額の設備投資の意思決定も可能となる。すなわち，経営者が原価企画活動に参画することにより，よりリスクをとった原価低減方法も採ることができるようになる。また，経営者が参画することにより，原価企画の重要性が従業員に認識され，原価企画活動に対するモチベーションを高めることも可能となる。

②　明確な設計コンセプト

　顧客のニーズに応えることは重要である。しかし，顧客は既存の製品を評価し，問題点を指摘できるものの，現存しない画期的な製品を提案してくれるわけではない。iPhoneは顧客のニーズにより生まれた新製品ではない。日本の企業は，様々な顧客ニーズに応えようとして多機能化する傾向が強く，多くの顧客がほっしていない機能が追加され，原価が上昇し，テレビ，スマートフォン等，多くの製品で価格競争力を失ってしまった。一方，トヨタ自動車は，ハイブリッド（HEV）技術の開発により，生産台数世界一の自動車会社となった。明確な設計コンセプトは，機能の要否を判断する基準となり，不要な機能を省いて原価を引き下げることができる。また，独創的な製品を生み出すことも可能となる。

③　高い目標の設定

　達成が容易ではない高い目標原価を掲げると，従来の部品や製造方式では達成が困難であるため，ブレークスルー（現状打破）が生まれ，独創的，画期的な方法の創造を誘発する。パナソニック（松下電器）の創業者である松下幸之助は，「３％のコストダウンは難しいが，３割ならすぐできる」といったとされるが，３％だと現状の延長線で考えるが，３割だと発想そのものを変えることで達成できるという意味である。しかし，過度に高い目標は，従業員，取引先のモチベーションの低下やハラスメント，あるいは下請代金支払遅延等防止法違反を生んでしまうので，注意が必要である。

④　個人目標化と権限移譲

　組織体の規模が大きくなればなるほど，目標達成に無関心な者が生まれやすくなる。そこで，目標原価を機能別に細分化し，さらに個人別にも目標原価を設定し，その目標原価達成のための権限を与えて，モチベーションを高める。

⑤　日頃の種蒔き

　画期的な技術は，原価企画活動期間のみで生まれるものではない。中期経営計画に基づき，競争力の高い製品を生み出す要素技術，独自技術を先行開発し，原価企画の中で取り入れて行くことが重要である。ハイブリッド技術は，プリウスの開発が決定してから，開発に着手したわけではないのだ。

⑥　クロスファンクショナルチームの採用

　原価企画成功のポイントとして，必ず取り上げられるのが，クロスファンクショナルチームの採用である。すなわち，設計者のみならず，販売，製造，購買，経理・財務等の各部門の従業員が一体となって知恵を出し合い，創意（総意）工夫を凝らすことで，既成概念を打破した，独創的な原価低減策を考案できる。

⑦　阻害要因の事前のリストアップと対応策の検討

　著者自身の経験として，原価企画活動を進めると，最初は様々な原価低減策の提案がなされるが，開発が進行すると，それらの提案が品質を確保できない，仕様を満足できない等の理由で不採用となり，結果的に原価上昇を招き，最悪の場合，目標原価が未達成となることも少なくない。これを防止するためには，原価低減策を実現するためのリスクや阻害要因を事前にリストアップして，そのリスクや阻害要因を管理し，対応策も事前に策定しておくことが必要である。結果的に原価低減が達成できなかったでは手遅れとなるため，場合によっては複数方法の並行開発も検討しなければならない。また，早期に阻害要因の発生を発見し，速やかに対策を講じることも不可欠である。

⑧　支援情報システム導入と支援組織の設立

　コストテーブルや開発の進捗管理等を行うICTを用いた情報システムの活用は不可欠である。また，原価企画が組織に定着化するまでは，原価企画を推進して行く組織も必要である。

⑨　コストレビューの徹底と目標原価未達成の場合，Noという意思決定

　コストレビューとは，目標原価の達成度を原価企画活動の中間時点で測定評価する仕組みあるいは会議体を指す。コストレビューにおいて，早期に問題点を把握し，対策を講じて，目標原価の達成を目指す。コストレビューにおいては，製品の開発を継続するか否か，量産化に踏み切るか否かの評価，意思決定も行われる。

　価格競争力がない企業では，コストレビューの際に原価企画の目標原価が未達

成でも、開発を継続し、量産化に踏み切り、赤字あるいは低利益率のまま生産することが繰り返されている。「研究開発費を投入し、開発を続けてきたのだから、発売したい」という意識（バイアス）が生まれるので、目標原価が未達でも発売をしたくなるのが人間の本性である。しかし、研究開発費は埋没原価であり、目標原価が未達成ならば、発売を延期するか、中止すべきである。目標原価を未達成のまま、発売に踏み切ることを繰り返していくと、従業員に未達成でも量産化できるという目標達成に対して甘い風土が生まれてしまい、目標原価自体が有名無実化してしまう。その風土を変革するためには、経営者、責任者が、目標原価未達成の場合には、量産化しない、発売しないという強い意思、態度を示すことが必要である。

　なお、近年、日本企業の品質不正が相次いでいるが、従業員や部門を過度に統制することは絶対に避けねばならない。

⑩　特許チェック

　昨今、特許紛争が増えている。製品発売後に他社から特許侵害の提訴を受け、多額の特許権使用料の支払を迫られることのないように事前に特許のチェックは不可欠である。

⑪　過去にとらわれない取引先の選定

　日本には「ケイレツ」と呼ばれる継続的かつ親密な取引関係がある。ケイレツは知識移転に寄与するが、ケイレツにとらわれるあまり、新技術の採用、原価低減の妨げになることがある。既存の取引先にとらわれず、技術力、原価低減力のある取引先を選定すべきである。

9　ミニ・プロフィットセンターとアメーバ経営

(1)　ミニ・プロフィットセンターとアメーバ経営とは何か

　ミニ・プロフィットセンター（Mini-profit center）あるいは、マイクロ・プロフィットセンター（Micro-profit center）、ラインカンパニー（Line Company）とは、製造部門における工程等の小さな組織単位を独立採算として管理する手法である。

　ミニ・プロフィットセンターでは、標準原価計算制度における工程の原価の

維持，改善ではなく，利益や付加価値，キャッシュ・フロー等を業績評価指標として，それらの増大を目的として管理が実施される。したがって，ミニ・プロフィットセンターには，売上高の概念が存在する。この場合の売上高には，社外のみならず，社内の顧客に対する販売から獲得される売上高を含んでいる。当然，社内の顧客に対する販売は内部取引となるが，標準原価に基づいて価格が設定されるのではなく，一般にミニ・プロフィットセンター間の価格交渉等により内部移転価格が設定される。

　そのミニ・プロフィットセンターで最も有名で手法が，アメーバ経営である。アメーバ経営は，故稲盛和夫氏が考案し，京セラが1959年4月に，京都市中京区西ノ京原町で創業した直後から続けられているミニ・プロフィットセンター手法の一種である。アメーバとは製品，地域，工程，部門単位等で設定された独立採算単位で，分裂と統合を繰り返すことから微生物の名をとってアメーバと呼ばれる。取引，納期，メンバーの人選，品質等，アメーバに大きな権限が委譲されているが，このように権限を委譲する反面，時間当たり採算（付加価値）や目標達成度等で成果が評価される。しかし，アメーバ経営は，単なる業績評価制度ではなく，京セラのアメーバ経営には，全員参加の経営を実現する，時間当たり採算で貢献度を測り目的意識を持たせる，よく見える経営を実現する，トップダウンとボトムアップを調和させる，リーダーを育成するという5つの目的を持って運営されている（三矢他，1999）。

　アメーバ経営においては，時間当たり採算（付加価値）が最も重要な業績評価指標であり，以下の計算式で計算される。

＜製造部門＞
　総出荷高（総売上高）＝社外出荷（社外売上高）＋社内売（他アメーバへの売上高）
　総生産高＝総出荷高−社内買（社内の他アメーバからの購入費）
　差引売上高＝総生産高−社外からの購入費を含む経費
　時間当たり採算＝差引売上高／総労働時間
＜営業部門＞
　総収益高＝売上高×口銭率
　差引収益＝総収益高−経費
　時間当たり採算＝差引収益／総労働時間

　アメーバ経営が，利益ではなく，付加価値を管理の対象としている理由には，故稲盛和夫氏の経営理念が反映されている。利益を対象とすると，労務費も削減の対象となり，高齢者等，賃金の高い従業員が排除される可能性があるが，付加価値なら，労務費も付加価値を構成することになるため，従業員の賃金は問題とならず，従業員重視の経営を進めることが可能となるのだ。

　アメーバ経営を含むミニ・プロフィットセンターが画期的であるのは，小単位で利益把握，利益管理を実施する点である。組織は，大きな単位になればなるほど，無責任な従業員が出てくる。ミニ・プロフィットセンターは，小単位の組織にして，全員参加の経営を目指している。

　また，業績評価指標として，利益あるいは付加価値を用いた点である。標準原価による原価差異の管理には，顧客に対する価格（売価）という発想がない。これに対して，ミニ・プロフィットセンターは，外部の顧客に対する取引価格が連鎖して，ミニ・プロフィットセンター間の取引価格に反映される仕組みを採っている。これにより，製造部門の従業員も，あるいは間接部門の従業員も，競合が存在する市場を意識して，改善に取り組むようになる。標準原価を達成すれば（有利差異が出れば）よいのではなく，全社での利益の獲得に貢献しなければならないのだ。この発想の転換は大きい。

⑵　ミニ・プロフィットセンターの採用状況

　アメーバ経営を含むミニ・プロフィットセンターの日本企業へ導入状況であるが，**図表1-16**の通り，2011～2012年度調査では，製造業，非製造業の全体で16.3％がグループあるいは一部企業で，ミニ・プロフィットセンターを採用していたが，2020年度調査全体で10.7％，2011～2012年度と同じ東証一部二部では11.6％であった。製造業12.1％，非製造業9.6％で大きな差が生じていないが，2011～2012年度調査では，15.2％，17.5％であったので，非製造業の採用率が大きく減少している。アメーバ経営が2010年に会社更生法を申請した日本航空の再建に活用される等，注目された割には，ミニ・プロフィットセンターの採用が増えず，むしろ減少している。

図表 1-16■ミニ・プロフィットセンターの採用率

区分	2011〜2012年度	2020年度
製造業	15.2%	12.1%
非製造業	17.5%	9.6%
全体	16.3%	10.7%
回答企業数	184社	149社

　ただし，2020年度調査と近い時期にアンケート調査を実施した吉田・岩澤・徐・桝谷（2019b）の調査では，製造業32.6％，非製造業42.1％と高い採用率となっており，2020年度調査結果と大きな差異が生じている。渡辺（2010）や横田・妹尾（2011）の調査等，吉田・岩澤・徐・桝谷以外の過去の調査では，著者の調査と同じく10％前後となっており，吉田他も認識している通り，ミニ・プロフィットセンターの解釈が異なっている可能性が高い。

(3)　注目されるアメーバ経営

　昨今，アメーバ経営の研究に関する論文発表が多い。2023年2月19日に「CiNii Research」を使って検索したところ，309件がヒットし，論文が242本，本が31冊，博士論文も7本あった。日本の研究者の注目度が高いことがわかる。

　実は，著者は早くからアメーバ経営には注目していた。京セラは，著者が在籍していたアルプス電気と同じ電子部品業界に属している。著者が本社経理部経理企画課の所属だった時，京セラ，TDK，村田製作所等，同じ業界に属する企業の経営管理を分析して，定期的に経営者にレポートしていた。その際に京セラのアメーバ経営を知った。

　また，アルプス電気で，統合的生産管理システム「GINGA」の導入に伴い，「生産革新」と呼ばれた製造プロセスの抜本的な変更が進められ，一部の事業部ではあったが，ラインカンパニーの導入が進められた。当時は，「ものづくり」については素人であったので，経営者（社長であったと記憶する）に掛け合い，多額の出張旅費を出してもらって，トヨタ自動車を始めとする生産性が高い全国の工場，ミニ・プロフィットセンター（ラインカンパニー）の実施企業を訪問した。もちろん書籍や論文も読んだが，「百聞は一見に如かず」と考えた。その時の知見を用いて，日本原価計算研究学会の『原価計算研究』第21巻

第2号（川野，1997b）に「生産革新と原価管理」を発表し，「アメーバ方式」としてアメーバ経営を考察している。著者の所属が「元アルプス電気㈱経営企画室，現アーサーアンダーセン」となっており，原稿を提出した時にはアルプス電気に在籍していたが，『原価計算研究』が発行された時には，コンサルタントに転職していた。今，読むと恥ずかしい限りの内容であるが，早くからアメーバ経営に注目していた点は誇りたいと思う。

(4)　著者の経験から得たアメーバ経営の知見

コンサルタントの時，アメーバ経営に関する相談を2社から受けた。「アメーバ経営を導入したが，現場の事務量が増加して，混乱しているので，どのように対応したらよいか」，「内部の価格交渉ばかりして，アメーバ経営による成果が出ていない」，「監査法人から原価計算が適正ではないと指摘を受けている」という相談であったと記憶している。アメーバ経営は，アメーバ単位で取引を行うため，アメーバ間での売買データの把握が必要である。当時は，今ほど，ICTが発達していなかったこともあり，その売買データを紙の伝票で処理していたため，事務量が増えたのである。多くの研究者が指摘しているところであるが，アメーバ経営には，フィロソフィー（経営哲学）の浸透による企業風土，従業員意識の変革が欠かせない。しかし，当該企業では，フィロソフィーの浸透もなされておらず，単なる社内のゲームになってしまっていた。分析と議論を繰り返して，結局，監査法人からの指摘が決め手となって，アメーバ経営を止め，1社は標準原価計算，もう1社は指図書別原価計算に移行した。今，振り返ると，その提案が最善策であったのか，昨今のアメーバ経営に対する評価を考えると，自信を持つことができない。著者は，アメーバ経営の否定論者ではないことは強調しておきたい。

なお，現在は，アメーバ経営導入を支援するソフトウエアもある。フュージョンズ（2023）の多次元集計データベースである「fusion_place」の活用例として，アメーバ経営が取り上げられており，こうしたソフトウエアの活用も有用だろう。

10 ABC/ABM/ABB

(1) ABC/ABM/ABBとは何か

　ABC（Activity-Based Costing:活動基準原価計算）は，1988年にクーパー（Cooper, Robin）とキャプラン（Kaplan, Robert S.）がハーバード・ビジネス・スクールのケーススタディ中で，活動に焦点を当てた新しい原価計算の方法を取り上げたことが発端となり，間接費管理の方法として，ABCが知られるようになった。その後，ABCが単なる製造業における製造間接費の配賦方法の改善から，ABM（Activity-Based Management：活動基準管理）として，統合的な間接費の管理手法として確立され，さらにABB（Activity-Based Budgeting：活動基準予算管理）が誕生した。

(2) ABC/ABM/ABBの採用状況

　ABC/ABM/ABBの導入状況を見てみよう。**図表1-17**の通り，2011～2012年度調査では，製造業，非製造業の全体で12.8％がABCを採用していたが，2020年度調査全体で10.1％であった。この割合には，ABM，ABBの割合を含んでいるので，ABCのみでは全体8.1％であった。

図表1-17■ABC/ABM/ABBの採用率

区分	1993～1994年度	2001～2002年度	2011～2012年度	2020年度
製造業	11.5%	8.1%	10.3%	10.6%
非製造業	12.4%	16.9%	17.1%	9.6%
全体	11.9%	12.1%	12.8%	10.1%
回答企業数	191社	182社	187社	149社

（注）1993～1994年度，2001～2002年度，2011～2012年度の調査は，日本大学商学部会計学研究所が中心となって実施したものである。

(3) 著者の経験から得たABC/ABM/ABBの知見

　著者が，コンサルタントに転身するきっかけとなったのが，ABCである。

アルプス電気に在籍していた時，新しい原価計算システムを開発したが，その時に採用した原価計算方法が，結果的にABCであった。アルプス電気は，得意先の仕様に基づいて電子部品を生産販売するため，もともと多品種生産であったが，一層の少量生産化が進行しつつあった。プロジェクトメンバーと議論し，適正な原価計算方法を追求した結果，行きついたのが，後になってABCといわれるようになる原価計算方法であった。

アルプス電気の経営企画室に所属していた時，櫻井通晴・専修大学経営学部教授（当時）のご厚意で，ゲストとして大学院の授業に出席させていただいていた。櫻井先生から，授業でアルプス電気の管理会計・原価計算を報告してほしいと依頼され，報告したところ，採用していた原価計算方法がABCであることが判明し，『企業会計』1995年10月号に「アルプス電気におけるABC」の題目で事例を紹介した。日本ではまだ数少ないABCの事例であったので，オムロン，キリンビールと共に注目されるようになった。講演の依頼が相次ぎ，外部の方々との交流が増えて，「外部企業のことがもっと知りたい」という遠心力が働いて，コンサルタントに転身してしまった。

転職後，著者のコンサルティングの「売り」は，ABCであった。しかし，クライアントに提案書を出しても受注できない期間が続いた。振り返ってみれば，本来は手段であるべきABCの導入を目的として，また，高い報酬を得るために，画期的な手法であることを過度に強調して，提案書を書いていたので，企業からすれば魅力の欠ける提案書だったのだろう。不採用を繰り返すうちに，手段と目的を取り違えていたことに気がつき，ABCにこだわることなく，目的から手段を考え，提案書の書き方を大きく変更したところ，連続して7件の受注を獲得することができ，そこからパートナーに昇格する道が拓けた。

日本企業の管理会計・原価計算手法の導入においても，同じことがしばしば起きている。経理・財務部門，経営企画部門が，ABC，バランス・スコアカード，EVAといった管理会計・原価計算手法に飛びつき，導入を図ろうとするが，定着化せず，いつの間にか止めてしまうケースだ。

パーキンソンの法則をご存じだろうか。その第一法則は，仕事の量は，完成のために与えられた時間をすべて満たすまで膨張するというものである。英国の役人数が一定割合で増加していることから導き出された。組織を作り，従業

員を割り当てると，その組織や従業員は自らの存在意義を示すため，仕事を新たに作り出すことを意味している。つまり，経営企画部門，経理企画部門といった新たな組織を作ると，本人たちは「よかれ」と思って，新たな手法を導入しようとするが，結果的にそれは仕事を増やし，組織の膨張につながってしまうのだ。著者も，アルプス電気に経営企画室が新設された時の初代の室員の一人であったが，パーキンソンの法則の罠に陥っていたことを否定しない。

コンサルティング会社に転職後，著者らは，Arthur Andersen, Player, Steve, Lacerda, Robertoが著した『Arthur Andersen's Global Lessons in Activity-Based Costing』を6名で共訳，追記して，『ABMのベストプラクティス』（2000）という書名で出版した。ABCの知見があることをアピールしたいが，すでにアーサーアンダーセン ビジネスコンサルティンググループの大阪オフィスから，『ABCマネジメント理論と導入法』（1997）が出版され，読者から大変好評であったため，類似の本を出版することは避けるべきと判断して，翻訳を選択した。しかし，英語の翻訳に大苦戦し，ナレッジマネージャーに多大な支援を受けたことを覚えている。この本では，ICTにより，企業は膨大なデータ，情報を得ることができるようになったが，それらを意思決定に結び付けるための方法が必要であり，その有力な方法がABMであることを主張した。

(4)　ABC/ABM/ABBの導入が進まない理由

ABCの誕生からすでに35年以上が経過するが，ABC/ABM/ABBの導入は10％強にすぎない。新たな導入の動きはみられず，このまま推移して行くと思われる。著者は，1995年頃の日本企業が，ABCの導入に消極的である理由として以下の理由を挙げている（川野，1996）。

●ABCが複雑な計算，多くの情報量を必要としていたため，手間を要すること
●日本企業は，すでに直課や複数の配賦基準を採用していること
●原価計算基準にABCが記載されていないため，税務会計上，財務会計上の不安があること
●日本企業に実例がないこと
●経理・財務部門が体質的に保守的部門であること
●段取や運搬を例にABCが紹介されたため，ABCが誤解されたこと

ABC/ABM/ABBについて，客観的に振り返ってみたい。伝統的原価計算が確立した当時は，直接費が相対的に大きく，そのため間接費は「おまけ」のように，操業度を基準にして，製品に配賦されていたが，ABCは，間接費の相対的な増大により，より適正な原価を計算するために誕生した。著者らが，アルプス電気の適正な原価計算を徹底的に議論して採用した方法が，後からいわれてみれば，ABCであったように，ABCが誕生するのは必然であったといえる。間接費が増大したので，「おまけ」ではなく，間接費に合った配賦方法を採るべきという単純な話ではなかったのか。

しかし，クーパー，キャプランも，研究者も，そしてコンサルタントも，ABCを難しい，高度な手法として扱ってしまった。特にコンサルタントは，著者自身がそうであったように，ABCを理論化し，付加価値の高い（率直にいえば，報酬が高い）手法として，クライアントに提案を行った。その結果，ABC導入のハードルが上がってしまい，日本企業は導入をためらってしまったのである。その傾向は，バランス・スコアカード，EVA等の新しい管理会計手法にもみられる。日本企業に新しい管理会計・原価計算を導入する際には，「小難しく」することは避け，単純な手法として導入しなければならないのだ。

(5)　著者の採用するABMの方法

ABCとABMの関係については，諸説があるが，著者は，ABCとABMは別であるとの認識に立っている。著者は，ABMにCosting，つまり活動原価集計は不要であり，時間集計でもよいと考えている。例えば，活動別の原価を集計するために，全社の平均時給を用いるのであれば，時間集計でも同じ結果となる。

著者は本書執筆直前に，ある企業の活動別の時間集計を行うABMの実施を支援した。この企業から，業績の悪化に伴う改善，働き方改革を推し進めるため，労働生産性を向上させたいとの要望で相談を受け，支援を行うことになった。著者が指導したABMは，職務権限規程に基づいて，すべての部門の活動（業務）の棚卸を行い，「業務分類表」（Activity Dictionary）を作成，役員を除く全従業員が1カ月（20日間）の活動に費やした時間を記録し，部門別に集計を行う方法である。

なお，著者の方法では，単に活動単位のみならず，電話，パソコン入力，会議参加，移動，確認・チェック等の作業（TaskやOperation）単位での集計も行う。例えば，月次決算という活動だけだと，無駄が明らかにならないため，月次決算のために，パソコンの入力に要した時間，入力後のチェックに要した時間，不明点を確認する打ち合わせに要した時間，資料を作成する時間といったようにその作業分類別の集計も行うので，正直いって手間も要する。

　さらに部門長や業務に精通する方に対して，部門別に集計した結果に基づいて，時間を要している活動，作業の内容についてインタビューを行い，時に業務フローを書きながら，時間を要している原因，理由を明らかにする。そして，その原因，理由に基づいて，ECRS（Eliminate, Combine, Rearrange, Simplify）を基礎にして，著者が考案した改善モデルである，廃止，簡素化，遵守，交換，標準化，移管，平準化，情報システム化の順で活動の改善を検討する。検討した結果は，業務改善提案書として，経営者に報告を行い，役員に改善実施の要否を判断してもらうという進め方を採る。

　特別な方法ではなく，普通の方法にもかかわらず，活動に焦点を当てて，理論化し，特別の手法に仕立て上げたことにABC，ABM，ABBが日本企業に普及しない真の理由がある。

11　バランス・スコアカード

(1)　バランス・スコアカードとは何か

　ジョンソン（Johnson, H. Thomas）とキャプランの『レレバンス・ロスト―管理会計の盛衰』（"Relevance Lost : The rise and fall of management accounting", 1987）を受けて，キャプランとノートン（Norton, David P.）が1992年に提案したのが，バランス・スコアカード（Balanced Scorecard）である（「バランスト・スコアカード」あるいは「BSC」と表記する書籍，論文も多いが，本書ではバランス・スコアカードで統一している。研究者はバランスト・スコアカード，実務家はバランス・スコアカードと呼ぶことが多いようだ）。

　バランス・スコアカードが従来の業績評価モデルと異なっている点は，戦略

的マネジメントシステムであること，視点により財務的業績評価指標向上の大きな道筋を提示したこと，非財務的業績評価指標を重視し，さらに指標間の因果関係を明示したこと，ダブルループフィードバックコントロールを採用し，創発戦略を誘発すること，戦略の伝達と共有化が図れること等であろう。

(2) バランス・スコアカードの採用状況

　日本企業の採用状況を見てみよう。**図表1-18**の通り，2011～2012年度調査では，製造業，非製造業の全体で9.5％がグループあるいは一部企業で，バランス・スコアカードを採用していたが，2020年度調査全体で7.4％，2011～2012年度調査と同じ東証一部二部では8.0％であった。依然として，バランス・スコアカードは，注目されたにもかかわらず，日本企業には導入が進んでいない。製造業，非製造業を比較しても，6.1％，8.4％と大きな差は生じていなかった。

　なお，バランス・スコアカードの採用率については，大槻・﨑（2015）による2001年から2014年までに発表されたバランス・スコアカードの採用率の調査をまとめた包括的研究がある。掲載されている18のアンケート調査で最も高い採用率44.7％，最も低い採用率が4.1％であった。掲載されているアンケート調査の単純平均採用率は13.6％，加重平均採用率は14.2％である。著者のアンケート調査は，他の研究者の調査に比べると，低い採用率となっているが，いずれにせよ，話題となった割には，高い採用率とはなっていないことは事実であろう。

図表1-18■バランス・スコアカードの採用率

区分	2001～2002年度	2011～2012年度	2020年度
製造業	4.1％	12.7％	6.1％
非製造業	対象外	4.3％	8.4％
全体	対象外	9.5％	7.4％
回答企業数	98社	179社	149社

（注）2001～2002年度，2011～2012年度の調査は，日本大学商学部会計学研究所が中心となって実施したものである。

(3) 著者の経験から得たバランス・スコアカードの知見

　キャプランとノートンが最初の論文「The Balanced Scorecard – Measures that Drive Performance」（「新しい経営指標"バランスド・スコアカード"」）をHarvard Business Reviewに発表したのは1992年であり，その後，最初の書籍『The Balanced Scorecard – Translating Strategy Into Action』（『バランス・スコアカード–新しい経営指標による企業変革』）が1996年に出版される。当時，著者はまだアルプス電気に在籍しており，経営企画室の所属で，中期経営計画を補助的に担当し，短期経営計画（予算）の主担当であったため，バランス・スコアカードの登場は認識していた。しかし，当時，計画策定の指導を受けていたコンサルティング会社では，ロジックツリーと縦横のマトリックスを使って，計画間の因果関係を結び付ける手法を採用しており，その手法に納得していたこともあり，バランス・スコアカードの導入を推し進めることは行わなかった。

　1996年にアーサーアンダーセン ビジネスコンサルティングに転職したが，アーサーアンダーセン ビジネスコンサルティング（1994）では，「Vital Sign」（企業活力指標），「Quantum Performance Evaluation Matrix」（飛躍的業績向上マトリックス）という手法を有しており，また，その翻訳書も出版していたため，当初，それらの手法を使って，顧客への提案，業績評価基準の導入コンサルティングを行っていた。

　しかし，正直いって，顧客の反応は決してよいものではなかった。そこに大阪オフィスのコンサルタントがアーサーアンダーセンの計画策定モデル「Strategic Articulation Map」に，日本企業で採用されている方針管理の考え方を取り入れ，日本企業にも合うように修正した「ミッションマネジメント」を開発し，同名の本（アーサーアンダーセン ビジネスコンサルティング，1997）を出版して，その本の販売が好調であった。いわば，ミッション（使命）を最上位に位置付けたロジックツリーであり，バランス・スコアカードとの共通点も多かった。著者は今も企業指導やワークショップ形式の研修会でこのミッションマネジメントの手法を用いており，好評である。

　バランス・スコアカードの知名度が向上し，引き合いも増えてきたので，日

本企業へのバランス・スコアカードのコンサルティング手法を確立する必要が生じた。手法として確立しなければ，コンサルタント個人の知識，能力への依存度が過度に高くなってしまうからである。そこで，他コンサルティング会社との差別化を図るため，ミッションマネジメントの手法を用いて，まずStrategic Articulation Mapを作成し，それをバランス・スコアカードに置き換える方法を採った。

　実際にバランス・スコアカードを作成してみるとわかるが，戦略マップを含むバランス・スコアカードの作成は難しい。コンサルティングや研修会で，「戦略マップを書いてみましょう」といっても，考え込んでしまう人が多いのだ。なぜなら，戦略マップは，戦略テーマ，戦略目標の選択と集中を必要とするからである。戦略マップに記載される戦略テーマ，戦略目標はシンプルであるが，それは多数の選択肢の中から，実現可能性，費用・投資対効果（コストパフォーマンス），成功確率，革新性，戦略的優位性，達成期間，因果関係，相乗効果等を考慮して，最善案を絞り込んだ結果である。その選択が容易ではないのである。そこで，Strategic Articulation Mapを用いて，上位目標との関連性を考慮しながら，戦略，施策，業務（行動）計画へと考えられる選択肢をすべて列挙することを先に行い，次にその選択肢を評価して，最善案を選択する。そして，それらを戦略マップとして表現する段階的方法を採ったのである。この方法は，吉川武男・横浜国立大学経営学部教授（当時）とベリングポイントの共著『バランス・スコアカード導入ハンドブック―戦略立案からシステム化まで』（2003）で紹介している。

　この本のもう1つの特徴は，KPIライブラリーを掲載している点である。バランス・スコアカードを導入する際に発生する問題点の1つに，適切な業績評価指標の選択がある。戦略マップを作っても，スコアカードをつくるための先行指標（プロセス業績評価指標），遅行指標（成果指標，アウトプット評価指標）を見出すことができないのだ。そのために，著者らは，業績評価指標の一覧表である「KPIライブラリー」を作成した。今はもう手もとにはないので，確認ができないが，約2,200のKPIが掲載されていたと記憶する。その一部の約500のKPIがこの本には掲載されている。

　著者はコンサルタントの時に多数の本を出版したが，すべてのことを書くこ

とができない点が悩ましい。すべてのことを書いてしまうと，コンサルティングの依頼がなくなってしまうからである。KPIライブラリーは，バランス・スコアカードの導入のみならず，業績評価に関するコンサルティングを行う際に大変重宝したことを覚えている。企業でバランス・スコアカードを導入する際にも，事務局が業績評価指標の一覧表を作成し，共有化すれば，業績評価指標の設定は迅速に進むだろう。

　バランス・スコアカードは，キャプランとノートンの書籍，論文の他に多数の研究者，コンサルタント等から書籍，論文が出版，発行されている。インターネットでの記述も多い。この結果，「方言」や用語の意味の誤りが生じている。著者が一般社団法人日本医療バランスト・スコアカード研究学会の研究委員会の委員長を務めていた時，会長の髙橋淑郎・日本大学商学部教授（当時）から依頼があり，「医療バランスト・スコアカード用語集」（2020）を作成することとなった。最初に基礎編，その後，応用編を作成し，一般社団法人日本医療バランスト・スコアカード研究学会のホームページ（http://www.hbsc.jp/BSCcertified/BSCyougo.html）で公開している。作成に当たっては，伊藤和憲・専修大学商学部教授の指導を受け，用語の定義はキャプランとノートンの著作に基づいて正確に行っている。「医療バランスト・スコアカード用語集」であるため，医療用語も含まれているが，バランス・スコアカードの用語については，医療関係者以外の方も参考になると自負している。

　バランス・スコアカードのコンサルティングは，決して好調であるとはいえなかった。バランス・スコアカードの知名度が向上するにつれて，異業種からバランス・スコアカードのコンサルティングを提案する人が増えた。特にICTの業界からの参入が多かった。著者は，それらの新規参入者を「なんちゃってコンサルタント」と批判していたのだが，著者がコンサルタントに転職した直後がそうであったように，コンサルティングスキルを持たない，また，バランス・スコアカードに関して，十分な知識を持たない方も少なくなかった。結果，新規参入者の増加により，コンサルティングの報酬が低下してしまった。

　バランス・スコアカードは，一見すると，4つの視点で戦略目標と業績評価基準を設定し，因果関係付けを行うだけの手法に見える。しかし，シンプルであるがゆえに，経営及び周辺分野，業界知識等の総合的な知識が問われるのが，

バランス・スコアカードのコンサルティングであり，難易度は極めて高い。その点を誤解した新規参入者により，コンサルティング市場が荒らされてしまったのだ。当時，著者は，コンサルティング会社の会計コンサルティング分野の責任者を務めており，低付加価値（低報酬）のコンサルティングに経営資源を割くべきではないと考え，バランス・スコアカードコンサルティングビジネスからの撤退を意思決定した。翻訳書『バランス・スコアカードのベストプラクティス』(2001) を含めると 2 冊の本を出版し，キャプラン来日の際に著者が担当した「前座」の講演を含めて，多数の講演等も行って，投資してきた市場ではあったが，苦渋の決断であった。著者は，低報酬であることを優先にして，他のコンサルタントを選択した企業で，バランス・スコアカードの導入がとん挫したことを知っている。

⑷　バランス・スコアカードの導入が進まない理由

　なぜ，日本企業にバランス・スコアカードの導入が進まないのであろうか。その理由には，日本企業は全員参加の経営を指向しており，方針管理のようなロジックツリーの計画策定手法が好まれることがあるだろう。前述のようにバランス・スコアカードは，戦略，施策，業務計画の選択と集中を要求するので，定常業務を含めた組織の役割をカバーできない。

　異なった視点ではあるが，バランス・スコアカードは，戦略的な業績評価モデルとして誕生した経緯もあり，管理会計分野で取り扱われている。しかし，本当は経営学，経営戦略の分野ではないか。バランス・スコアカードが管理会計として扱われていることが，日本企業に普及が進まない要因かもしれない。

　また，バランス・スコアカードの導入の難易度の高さも理由であろう。形式的に 4 つの視点に戦略，施策を分類して，導入するだけなら難しくないが，真のバランス・スコアカードを導入して，成果を出そうとすると，一挙に導入のハードルが高くなる。企業とは異なるが，著者は，一般社団法人全国農業協同組合中央会と共に，全国の農業協同組合（JA）にバランス・スコアカード導入することを検討したことがある。しかし，教育が難しく，導入は困難との結論に達し，ロジックツリーを用いて，経営管理の高度化を目指すことにした（川野，2021b）。

管理会計の手法は導入が目的ではなく，業績向上等，成果が求められる。成果を求めようとすると，バランス・スコアカードは，難易度が高くなってしまうのだ。日本企業の従業員は，戦略思考が身に付いていないことが多い。企業ではないが，学会で，ある組織体のバランス・スコアカード報告を聞き，その組織体のバランス・スコアカードが定常業務の小改善のみを記載しており，戦略的計画になっていなかったため，「これはバランス・スコアカードではなく，TQC（Total Quality Control）」だと批判し，猛反発を受けてしまったことがある。日本企業では，バランス・スコアカードが単なる業務計画となっている例は少なくない。

(5)　バランス・スコアカードの失敗事例

　キャプランとノートン（2001）は，戦略志向の組織体となるための原則として，原則1　戦略を現場の言葉に置き換える，原則2　組織全体を戦略に向けて方向づける，原則3　戦略を全従業員の日々の業務に落とし込む，原則4　戦略を継続的なプロセスにする，原則5　経営者のリーダーシップを通じて変革を促す，の5原則を挙げている。著者は，一般社団法人医療バランスト・スコアカード研究学会総会で講演をさせていただく機会があり，バランス・スコアカードの失敗事例を分析し，その結果を病気と治療方法に例えたことがある。
　やや横道にそれるが，生存者バイアスをご存じだろうか。軍用機が撃墜される可能性を低くするために，戦闘で生還した機体を調べて，被弾の多い部分の装甲を強化しようとした。しかし，これは被弾した箇所は撃たれても墜落しなかった場所なので，生還した機体を調べても意味がない。本当は，墜落した機体を調べる必要がある（池田他，2023）。しばしば私たちは成功者の体験談ばかり目を奪われてしまうが，これを生存者バイアスという。本当は，失敗した者の体験談も考慮しなければならない。
　バランス・スコアカードの導入成功事例は公表されているが，失敗事例は公表されることがほぼないので，「BSC経営の失敗－企業での経験から」（川野，2011）の要約を紹介したい。なお，以下の失敗の事例は，あたかも独立した原因（病気）として記載しているが，1社で複数の原因が重複しており，12社の導入の失敗があるわけではないことに留意されたい（前述の通り，そもそもバラ

ンス・スコアカードを導入しようとする企業が少ない)。

　失敗は，導入時の失敗（病気）と，運用の失敗（病気）に大別し，導入時の失敗（病気）は，企画部門先行病，情報システム病，4つの視点病，無理な一斉導入病，長期間導入病，多目的病，運用時の失敗（病気）は，業績評価指標不適切病，個人プレー病，フォローアップ未実施病，固定化病，他制度不整合病，達成容易な業績評価基準病に分類している。詳細は，「BSC経営の失敗—企業での経験から」『医療バランスト・スコアカード研究　実務編』(2011) を参照されたい。

---

① 企画部門先行病

　バランス・スコアカードは，「戦略的マネジメントシステム」であり，経営者が先頭に立たないと成功しないが，経営者は導入を進めていることすら知らず，企画部門が勝手に導入を進め，導入に失敗した。

② 情報システム病

　バランス・スコアカードのパッケージソフトウエアを導入し，各部門に活用を促したが，定着しなかった。情報システムは，バランス・スコアカードの作成と実績収集，分析のための手段であり，情報システムが先に導入されることはない。

③ 4つの視点病

　4つの視点で業績評価指標を整理した業績評価システムと誤解してしまい，形式的に指標と目標を設定したが，業績が向上せず，止めてしまった。

④ 無理な一斉導入病

　企業グループ一斉導入を行うこととなった結果，指導，教育を行う人財が不足して，中途半端になってしまい，一部の部門しか，導入できなかった。

⑤ 長期間導入病

　導入が断続的になり，長期化したことで，バランス・スコアカードを導入するという意欲が盛り上がらなかった。

⑥ 多目的病

バランス・スコアカードを，人事評価，事業業績管理等，多（複数）目的で導入しようとしたが，相互に矛盾する結果となって，中途半端な導入になった。

⑦　業績評価指標不適切病

代替的な業績評価指標ばかりが選択されることとなり，業績評価指標間の因果関係が成り立たなくなってしまい，実績値が良化しても，企業全体の業績向上に結び付くことはなかった。

⑧　個人プレー病

導入に熱心だった管理者が退職した結果，その後のフォローを行わなくなり，やがてバランス・スコアカードの報告は形骸化して行った。

⑨　フォローアップ未実施病

導入プロジェクトが解散したことにより，その後のフォローアップが実施できなくなり，バランス・スコアカード作成と統制は形式化していった。

⑩　固定化病

バランス・スコアカードの業績評価指標と目標値の見直しが実施されず，単に実績値の報告だけが行われる結果となった。

⑪　他制度不整合病

中期経営計画，予算管理，人事評価等，他の管理会計制度との関係を調整することなく，バランス・スコアカードが導入され，大混乱が生じた。

⑫　達成容易な業績評価基準病

各管理者が掲げた目標値（業績評価基準）が達成容易な水準に止まり，目標を達成した従業員が相次いだ。

繰り返すが，バランス・スコアカードの導入は難しい。

(6)　研究者の参画

提唱者のキャプランとノートンが，会社を設立し，バランス・スコアカード導入のコンサルティングを行っている。著者は，キャプランが日本で講演した

際，前述の通り，キャプランの「前座」として講演したことがあるが，主催者からキャプランの講演料を聞いてびっくりした記憶がある。

　キャプランは，極めて優秀な研究者であるが，優秀なビジネスマンでもある。著者は，日本の管理会計研究者も企業との結び付きを強めるべきあると考える。研究者がこれまで以上に企業のコンサルティングを行ってもよいのではないか。昨今の管理会計研究は，実証が重視される傾向があるが，管理会計は実学であり，企業で成果を生み出すことこそ意義があると考える。研究者が導入支援を行うことにより，正しいバランス・スコアカードの導入が進むのではないだろうか。

12　EVA

(1)　EVAの採用状況

　EVA（Economic Value Added）は，日本語では経済付加価値あるいは経済的付加価値と訳される，株主価値を重視した指標である。EVAは，米国スターンスチュワートの登録商標となっているので，著者が在籍していたアーサーアンダーセン，ベリングポイントではSVA（Shareholders' Value Added）と呼んでいたし，EP（Economic Profit）と呼ぶコンサルティング会社もあった。基本的に変わるところがない。対外的に「EVA」という名称を用いて，導入を発表した企業はスターンスチュワートの支援を受けている。その他の名称を使っている場合には，独自あるいは他のコンサルティング会社の支援を受けたと思ってもらってよい[3]。

　EVAは，一定期間の営業活動によって企業が儲けた税引後支払利息控除前営業利益から，営業活動に必要な資産の購入に投資された資本のコストを差し引いた金額で表される。

> EVA＝税引後支払利息控除前営業利益（以下，NOPAT）－加重平均資本コスト
> NOPAT：Net Operating Profit After Tax

つまり，EVAは，企業が事業を行うために調達した資本を，営業活動を通じて運用し，ある一定期間内に得られた利益が，資本の調達コストである資本コストをどの程度上回っているかを算出した数値である。これによって得られるEVA値がプラスならば，企業は，その期間内の事業活動によって投下資本額に付加価値を加えたことになり，企業価値を向上したことになる。反対に，EVA値がマイナスになる場合には，企業の事業活動は，資本コストを上回る成果をあげられず，投下資本額の価値を減少させたことになる。すなわち，企業の経営者が企業戦略や投資の意思決定を行う際は，EVAがプラスになる戦略や投資を選択すれば，結果として企業価値の向上に結びつくことになる。

　EVAについては，**図表1-19**の通り，2011～2012年度調査では，製造業，非製造業の全体で7.0％がEVAを採用していたが，2020年度調査全体で4.1％，前回と同じ東証一部二部では5.4％であった。EVAの導入がピークとなったのは2000年で（川野他，2004），現在では，新聞等でも導入の発表はほとんどない。

図表1-19■EVAの採用率

区分	2011～2012年度	2020年度
東証一部二部のみ	7.0％	5.4％
全体	－	4.1％
回答企業数	162社	153社

（注）2020年度調査では，管理会計・原価計算手法と業績評価指標の両方の質問にEVAの回答欄を設定したところ，前者は4.1％，後者は3.3％の回答率であった。本書では，EVAの採用率として前者の4.1％を用いる。

(2)　EVA導入が進まない理由

　EVAの導入が進まない理由は明らかである。EVAの算出と理解が困難だからである。そもそもEVAは，米国のGEが開発した残余利益（Residual Income）が原型である。残余利益は，事業部等の評価において，利子控除前管理可能利益（営業利益）から資本コストを差し引いて算出するが，基本的な考え方はEVAと同じである。

　しかし，EVAでは，算出に当たり，価値ベースの財務諸表を作成する必要がある。価値ベースの財務諸表は，公表されている財務諸表とは異なり，どち

らかといえば経済的事象を発生主義で認識するというよりは現金主義で認識する。一方で，設備投資額の認識等は，経済的果実が得られる時期に認識するという方法を採用し，減価償却の概念を採り入れている。すなわち，価値ベースに基づくEVAは，発生主義による経済事象の認識方法と，現金主義に則った経済事象の認識方法のよい点を取り入れたハイブリッドの業績評価指標である。EVAを導入するためには，経済的事象をどのように認識すれば，自社の経済価値をより正確に反映する財務諸表になるかを判断することが必要となる。EVAが難解といわれるのは，EVAを算出するに当たって，価値ベースの財務諸表を作成するための修正の判断が企業に課せられていることが大きい。

EVA導入のためには，企業は，EVA導入時点で自らが所有する資産の経済価値の見直しを行い，また，取引，事象についてどのような認識方法をとるかを決定していくことが原則である。しかし，これら価値ベースへの修正項目は，すべての勘定科目に実施するものではなく，一般的には，金額的な重要性が高く，経営の重要な意思決定に影響を与える勘定科目を，5〜10科目抽出して修正する。これは，修正する勘定科目が多いほど，EVAの算定に手間を要すると共に，業績評価指標としての明瞭性が失われるためである。

なぜEVAは価値修正が必要であり，かつ価値修正を行う勘定科目の選択が必要となるのか。率直にいえば，高額なコンサルティング報酬を得るためである。残余利益でもよいが，残余利益では，管理会計の教科書にも掲載されるよく知られた業績評価指標であり，コンサルティングサービスとして成り立たないので，理論化して，難しくしたのだ。

著者ら（アーサーアンダーセン，ベリングポイント）は，『株主価値重視の企業戦略—SVAの考え方と実践』(1999) と『株主価値マネジメント—日本型SVA経営の基本と応用』(2002b) を出版している。後者の中で，山本浩二氏が提案した「ナビゲーションマップ」（図表1-20参照）は独創的な方法で，実際に支援した企業で採用された。この方法は，前年度投下資本利益率，資本コスト率，資本コスト率にEVAを上乗せした目標利益率の3本の直線から，目標達成と効率性達成，目標達成，効率的，価値創造，価値破壊の5ゾーン（領域）を設け，企業や事業の実績値をプロットすることで管理する方法である。著者としては，わかりやすいEVA管理の方法として画期的な方法であったと考えてい

るが，埋もれてしまったことが残念でならない。

図表 1 -20■山本浩二氏が提案した「ナビゲーションマップ」

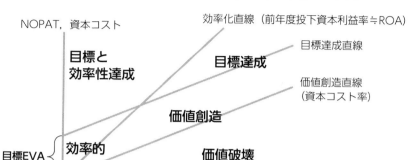

(注) ベリングポイント（2002b），p.187より引用，一部修正。

(3)　日本型SVA

　著者が提案していたSVAは，スターンスチュワートの提案するEVAとは異なる。著者は，日本型SVA（EVA）を主張していた。EVAは，価値ベースへの修正や加重平均資本コスト率が企業によって異なるため，ROEやROAのように他社との比較に適しておらず，外部に公表する指標ではなく，内部的な管理指標である。従って，スターンスチュワートのように理詰めで算出するのではなく，理論面に小さな欠陥があっても，現場での活用を優先した取組みは決して誤りではないと考えた。日本企業にとって必要なのは，正確なEVAの算出よりも，加重平均資本コストという高いハードルを目標にして，抜本的な変革や事業投資を進めることにあり，著者らは，わかりやすい日本型SVAを提案した。

日本型EVAの基本的な考え方は以下の通りである。

> 日本型SVA＝（営業利益＋受取配当金）－｛（期首総資産＋期末総資産）÷2｝
> 　　　　　×資産コスト率

① 総資産を使用

　資本（資産）コストの算出のベースを総資産としていること。現場への展開を考えた場合，現場には資本の概念がないため，総資産の方がわかりやすい。

② 総資産は期間平均総資産を用いる

　総資産は，期間平均総資産（期初と期末の平均）を用いていること。オリジナルのEVAでは，期首の投下資本（総資産）を用いるため，期中の投下資本（総資産）の削減が反映されないが，平均総資産とすることにより，棚卸資産の在庫削減等の総資産削減の結果がEVAに反映されることになり，総資産削減のモチベーション向上に結び付けることができる。

③ 受取配当金を加える

　営業利益（NOPAT代替）に受取配当金を加えていること。受取配当金を営業利益に加えているのは，日本では，まだ持ち合い株式が残っているためで，持ち合い株式についても適正なリターンを要求するか，リターンを生まないなら，売却することを狙って受取配当金を加えている。資本（資産）コストの算出に総資産を用いているので，総資産に対するリターンの観点から整合性を保つ意味もある。

④ 資本（資産）コスト率は全社一律

　資本（資産）コスト率は，原則として全社一律とすること。理論的には，ハイリスクハイリターンの考え方からすれば，資本（資産）コスト率は事業リスクに応じて変えるべきであるが，日本企業の場合には，第一線の現場にもEVAを展開することを考えねばならない。事業単位で資本（資産）コスト率が変わることは極めてわかりにくい。また，事業再構築のためのEVAを考えた場合にも，資本（資産）コスト率は一律の方がよい。全社（全グループ）の観点から，PPM（Product Portfolio Management）でいう「金のなる木」，「花形」と「負け犬」を区分できるからである。

⑷　EVA経営の事例

　EVA経営の実践企業として有名な企業にHOYAがある。HOYAは，著者ら
がコンサルティングした企業ではないが，著者らと同じく，「SVA」という名
称を用いている。HOYAのSVAも著者らの日本型SVAと同じ簡潔性を重視し
た算出式を採用している。HOYAは，半導体製造装置のニューフレアテクノ
ロジーを巡るTOB（株式公開買い付け）合戦において，あっさりと撤退を表明
した。日本経済新聞2020年1月23日朝刊によると，SVAを基準に提示した買
収価格以上ではSVAがプラスにならないと判断したのだ。SVAを基準に投資
や事業撤退を進め，事業構造の転換に成功した企業がHOYAである。

　HOYAの他に，EVA経営の実践企業として有名なのが，花王である。花王
のホームページを見ても，花王が経営目標指標としてEVAを採用しているこ
とが掲載されており，EVAの実績額も掲載されている（花王，2023）。実績額
を公表している企業は，日本企業では稀である。花王は，米国スターンスチュ
ワートの日本最初のクライアント（顧客）であり，1999年から現在に至るまで，
EVA経営を推し進めている。花王のEVA経営が優れている点は，「バリュード
ライバーチャート」を描き，第一線の現場で何をすればEVAの向上に結び付
くのかを明確化し，そのバリュードライバー（価値増加の作用因）に業績評価
指標を設定し，PDCAサイクルを循環させている点である。難しいEVAであ
るからこそ，従業員の教育も徹底している。

　ここで，先に紹介したオムロンのROIC経営と何が違うのかという疑問が生
じる。そこで，EVAの計算式を少し変更してみる。

EVA＝利益－資本コスト
　　＝（ROIC×投下資本）－（資本コスト率×投下資本）
　　＝投下資本×（ROIC－資本コスト率）

　この結果，明らかになることは，EVA，ROICは相互に関連する指標であり，
ROICが資本コスト率を上回れば，EVAはプラス（正の値）になる点である。
結局，花王のEVA経営も，オムロンのROIC経営も同じことを指向している。

このことからも，経営目標としてどの業績評価指標を採用するかの問題ではないといえる。

　日本経済新聞2023年3月4日朝刊（2023b）に，花王がEVAの他にROICを併用するという記事が掲載された。ROICは要素ごとに分解できるため，EVAよりも現場に落とし込んで運用しやすいことが理由として挙げられている。このことが示すようにEVAは理論的には優れているが，使いにくい業績評価指標である。

(5)　EVA経営の意義

　EVAに対しては，誤解も多い。EVAは外部の視点の業績評価指標であるとか，EVAは株価を上昇させるための業績評価指標であるとか，EVA経営において，最も重要なのは株主であるとかの誤解である。今は復活したが，SONYがユニークな製品を上市することができなくなったのは，EVAにより，短期志向の経営になったことが原因であったと指摘する人もいたと記憶する。これらはすべて誤解である。EVAは内部管理用の業績評価指標であり，資本コストも現状をベースにするのではなく，中長期的視野から企業自らが設定するものである。株価の上昇は，経営の成果，結果にすぎない。EVAのメッセージは株主の高い期待に応えようとする姿勢である。また，株主は，顧客，従業員，取引先の次に位置するものであり，すべてを株主の視点で考えると，中長期的な企業成長はできない。SONYではEVA導入による「薬」の副作用として，独創的な新製品が誕生しないという弊害も生じたが，HOYAや花王のように，EVAを活用して企業変革を進めている企業があるのだ。副作用のない薬がないのと同じである。

　EVAは日本企業に欠けていた株主の視点を取り入れて，財務会計上は認識されない株主資本コストを含む資本コストを差し引き，絶対額の業績評価指標として計算される点が画期的である。しかし，ROAあるいはROICであったとしても，資本コスト率（正しくは資産コスト率，投下資本コスト率といった方がよい）を超えるROA，ROICを達成すれば，結果は同じとなる。この点に気がつくと，EVAを導入する理由を失ってしまう。無理に難しいEVAでなくとも，特にROAなら，財務会計や既存の管理会計との整合性が高いので，ROAでも

よいのではないかという結論に至ってしまうのだ。

　しかし，EVAは，ROAやROICといった比率の指標ではなく，資本コストを差し引いた金額の指標である点は強烈なメッセージとなる。資本コストを超える利益を生み出さないと，EVAはマイナス，すなわち赤字ということだ。このことが株主の期待という高いハードルを越えるために，抜本的変革に結び付くのだ。ROA，ROICでは，資本コスト率を超えていなくても，利益が出れば，プラスの値になる。この違いが実は大きいのではないか。今一歩，抜本的変革に踏み出せていない日本企業だからこそ，EVAの導入を再考してもよいと思う。

13　カンパニー制と持株会社制の管理会計

(1)　カンパニー制の採用状況

　カンパニー制とは，社内組織を擬似的に独立した会社とみなし，管理する手法である。1994年にソニー（現ソニーグループ）がカンパニー制を導入し，その後，三菱化学（現三菱ケミカルグループ）が導入して，両社とも短期的に業績が向上したために，電気機器，化学業界を中心にカンパニー制を採用する企業が増え，1999年に採用ピークを迎えた。当時，カンパニー制を採用するに当たり掲げた目的は，意思決定の迅速化，権限と責任の明確化，独立採算制の設定が多く，いわば大企業病の克服が多かった（川野他，2004）。

　その後，カンパニー制の弊害も明らかになって，富士ゼロックス（現富士フィルムビジネスイノベーション），資生堂，武田薬品工業，日本電気（NEC），旭化成，そして本家であるソニーも2005年にカンパニー制を廃止した。廃止に当たり，各社が掲げた理由は，カンパニーの権限が強くなり，本社との調整に時間を要するようになった，組織間に壁が生じてしまい，部分最適に陥ってしまった等で，カンパニー制を採用する際に掲げた目的が未達成に終わったことがわかる。最近では，カンパニー制導入の報道は少なく，持株会社制の導入が多い。

　カンパニー制以前の日本企業（上場企業）の組織形態は事業部制が多かった。事業部制は，1921年にデュポンとGMによって導入され，日本では，1933年に

松下電器（現パナソニック ホールディングス）で採用された。松下電器は，工場群を，ラジオ部門を第1事業部，ランプ・乾電池部門を第2事業部，配線器具・合成樹脂・電熱部門を第3事業部とする3つの事業部に分け，それぞれの傘下に工場と出張所を持ち，製品の開発から生産，販売，収支に至るまで，一貫して責任を持つ独立採算制の組織となった。なお，この事業部制組織は，2002年までの70年弱続くこととなるが，その後，松下電器は2003年に事業ドメイン制採用，2013年に事業部制の復活，2022年から持株会社制に移行している。

　しかし，松下電器のように開発，生産，販売に至るすべての基本機能を有する事業部制を採用する日本企業は少なかった。多くの日本企業が事業部と呼ぶ組織は，事業部の中に基本的機能をすべて有するとは限らず，生産や販売が独立して，生産事業部，販売事業部としているケースもある。権限も少額の投資，事業部内の下位従業員の人事権を有するにすぎず，それゆえに事業部はインベストメントセンター（投資中心点）ではなく，多くはプロフィットセンター（利益中心点），企業によってはコストセンター（原価中心点），レベニューセンター（収益中心点）の事業部もあった。欧米の事業部に比べて限定された権限と責任から日本型事業部制とも呼ばれた。著者が勤務していたアルプス電気も，当時，販売事業部があったが，レベニューセンターで利益責任を負っていなかったので，大赤字の製品でも売れば評価された。これを解決するため，「販売業績表」（「営業業績表」）を作成し，利益責任を負わせようとしたが，販売事業部から反発が強く，とん挫したことを覚えている。

　カンパニー制は，それまでの日本型事業部制と比べて，投資権限，人事権限が強化されている点，そして多くの場合，インベストメントセンターとして，損益計算書のみならず，貸借対照表にも責任を持つ点が特徴である。組織の規模（製品数，従業員数，売上高等）も大きいことが多く，開発，生産，販売の基本機能をカンパニー内に有することから，欧米型の本来の事業部制ということができる。歴史的に見た時，カンパニー制は事業部制の一形態という位置付けになるだろう。

(2) 持株会社制の採用状況

　2002年の独占禁止法の改正，連結納税制度の導入を経て，自らは事業を行わ

ず，関係会社の株式の保有と管理統治を目的とした純粋持株会社により，事業運営及び関係会社の統治を行う組織形態が持株会社制である。

　西本（2022）によると，2022年6月末時点で600社以上の上場企業が持株会社として存在しており，上場企業の15％以上を持株会社が占めているという。当初は「ホールディングス」を社名に用いる企業が多かったが，「セイコーホールディングス」が「セイコーグループ」に社名変更したように，最近では「グループ」を社名に用いる企業が増えている。

　さらに西本（2022）は，2019～2021年度に純粋持株会社化した企業のプレスリリースの記載内容をもとに，純粋持株会社を設立する目的の調査も行っているが，経営資源の最適化，M&A，意思決定の迅速化を理由として掲げている企業が多く，特に経営資源の最適化，M&Aを理由に掲げた企業は半数を超えているという。

　一方で，持株会社制を止める企業も出ており，2010年にCSKホールディングス，2011年に富士電機ホールディングス，2013年に日本製紙グループ本社，コニカミノルタホールディングス，2021年にマクセルホールディングス，2023年に三井E&Sホールディングスが持株会社制を廃止している。また，最近では，2023年10月に純粋持株会社であるZホールディングスと，傘下のヤフーとLINEの3社を合併し，「LINEヤフー」とすることが発表されている。これらの事例は，当たり前ではあるが，持株会社制も常に最適な組織形態であるとは限らないことを物語っている。長期間，同じ組織形態を採用すると，その組織の構成員はその組織形態に自分自身を適応させてしまい，挑戦的，革新的な風土が失われてしまう。そのため，経営者は，組織を変更し，組織内に「ゆらぎ」を起こすことが必要となる。組織を変更すると，構成員の役割，権限，責任，目標等が変化し，これまでの取組みでは適応できなくなって，自らを変化させるため，挑戦的，革新的な風土に変えることができる。すなわち，組織には，常にゆらぎが必要であり，組織や従業員の権限と責任範囲等を変化させるために，今後も職能別組織，事業部制，カンパニー制，持株会社制等，そして新たな組織形態の採用，変更，廃止は続くであろう。

(3)　社内資本金制度と社内金利制度の採用状況

　著者は，事業部制，カンパニー制を支える代表的な管理会計制度である社内（内部）資本金制度，社内（内部）金利制度についての調査を行っている。

　社内資本金制度は，**図表1-21**の通り，2011〜2012年度調査では14.9％の企業（製造業のみ）が採用していたが，2020年度調査では5.9％（製造業のみ），6.6％（全体）に低下した。2011〜2012年度調査と同じ東証一部二部の製造業に限って算出しても，5.3％に低下していた。

　SONYがカンパニー制を採用し，同時に社内資本金制度を採用すると，カンパニー制と社内資本金制度をセットで採用する企業が増加した。しかし，純粋持株会社が解禁されると，カンパニー制を廃止し，持株会社制を採用する企業が増えた。持株会社制の場合には，関係会社は疑似的な社内資本金ではなく，会社法に基づく資本金を設定しなければならない。こうした分権化組織の形態の変化が，社内資本金制度の減少に影響していると思われる。

図表1-21■社内資本金制度の採用率

区分	2001〜2002年度	2011〜2012年度	2020年度
製造業	26.5％	14.9％	5.9％
非製造業	対象外	対象外	7.2％
全体	対象外	対象外	6.6％
回答企業数	98社	114社	151社

　社内金利制度も，**図表1-22**の通り，1993〜1994年度67.4％の企業（製造業のみ）が採用していたが，その後採用率は低下し，2001〜2002年度47.5％（製造業のみ），2011〜2012年度34.8％（製造業のみ），そして2020年度調査では30.9％（製造業のみ），27.8％（全体）にまで低下した。

　持株会社制を採用すると，社内資本金制度のような疑似的な社内金利ではなく，貸付金には適正な金利を徴収しなければ，法人税法上も問題が生じる。加えて，1999年2月から「ゼロ金利政策」，2016年1月からの「マイナス金利政策」により，相対的に金利を課す意義が低下しており，その結果が社内金利の採用率の低下をもたらしていると考えられる。

図表1-22■社内金利制度の採用率

区分	1993〜1994年度	2001〜2002年度	2011〜2012年度	2020年度
製造業	67.4%	47.5%	34.8%	30.9%
非製造業	対象外	対象外	対象外	25.3%
全体	対象外	対象外	対象外	27.8%
回答企業数	138社	99社	115社	151社

14 シェアードサービス

(1) シェアードサービスとは何か

シェアードサービス（Shared Services）とは，複数の組織で実施している内部サービスを集中化し，組織として独立させることにより，顧客の視点でサービスの向上とコスト削減を図ろうとする仕組みである。この場合の顧客とは，サービスの提供を受ける企業内外の組織や個人を指し，提供されたサービスへの対価として報酬をシェアードサービス組織に支払う。日本でも経理・財務部門や総務・人事部門，情報システム部門の分社化が相次いだが，シェアードサービスは分社化とは限らず，企業内で独立採算の組織とする場合もある。

シェアードサービス，分社化や集中化，アウトソーシングとの違いを整理してみる。

分社化とは，経理・財務部門や総務・人事部門を法的に独立した会社とすることを意味する。しかし，シェアードサービスは法的に独立することを必ずしも要求しない。また，分社化しても，サービス提供のために消費したコストをそのまま，親会社，関係会社に請求する場合には，少なくとも著者はシェアードサービスとは呼ばない。それは，いわゆるチャージバック（コストの配賦）システムである。シェアードサービスでは，顧客の視点からサービスの対価としての報酬を受ける仕組みを採る。したがって，提供するサービスの価値としての価格設定が必要となる。

次に業務の集中化との違いであるが，確かにシェアードサービスも，経理・財務部門や総務・人事部門のルーティン業務を集中化し，規模の経済を追求す

る。しかし，集中化の場合，顧客とサービスの価格を設定し，業務を集中化した組織体を独立採算とする発想はない。シェアードサービスは，専門性の高いサービスを顧客に提供し，その対価として社内外の顧客から報酬を受け取るという考え方を採る。業務のみならず，知識の集約化も図って，専門性を追求する点もシェアードサービスの特徴である。また，多くのシェアードサービスは，社内顧客のみではなく，社外顧客へサービスを提供することも視野に入れている。

　一方，アウトソーシングとの違いは，アウトソーシングは外部の専門業者への業務委託であり，主たる目的はコスト削減となる。これに対して，シェアードサービスは，コスト削減と顧客満足度の向上を両立しようとする。また，アウトソーシングは多くの場合，外部の第三者にサービス提供を依頼するが，シェアードサービスは，既存の経理・財務部門や総務・人事部門等の間接部門が独立採算性組織となってサービスを提供する。

(2)　シェアードサービスの採用状況

　シェアードサービスは，1999年以降，採用する日本企業が急激に増加していた（2004，川野他）が，それは会計ビッグバンによる連結決算重視，ERPパッケージソフトウエアの導入と無縁ではない。しかし，最近では新たにシェアードサービスを導入する（した）ことを発表する企業は少なく，一方で，シェアードサービスを廃止したり，シェアードサービスセンターを外部の第三者企業に売却したりしてしまう企業も少なくない。

　2011～2012年度調査と2020年度調査では，**図表１-23**の通り，10％弱の企業がシェアードサービスを導入しているとの回答であった。原価改善手法として，採用している手法を選択する質問であり，シェアードサービスの採用可否を独立して質問しているわけではないこと，また，シェアードサービスの採用範囲を明確に定義しないまま，例えば，経理・財務部門にシェアードサービスセンターを設けているのか，総務・人事部門，情報システム部門を含むか否かを明確にせず，あいまいな質問を設定してしまったので，採用率は参考として考えてほしい。しかし，シェアードサービスの導入ブームが去っていることは確かだろう。

図表1-23■シェアードサービスの採用率

2011～2012年度	2020年度
9.6%	8.1%

(3) 著者の経験から得たシェアードサービスの知見

　2000年前後に著者も，多数の企業にシェアードサービスセンター設立に関するコンサルティングを行った。著者の場合，経理・財務部門の変革を目標にして，BPR（Business Process Re-engineering），ERPパッケージソフトウエアの導入等と共に，経理・財務部門のシェアードサービスセンター設立に取り組んだことが多かったが，間接部門のシェアードサービスセンターの設立のみを支援した企業もあった。

　著者の場合，まずシェアードサービスとなる対象業務を定義した上で，BPR，いわゆる業務削減を進めた。内部とはいえ，顧客に請求するとなると，高い報酬では納得が得られないため，まず業務の無駄をなくしたのである。また，削減された業務に対して，現状の業務の質や納期等を計数化して，Service Level（サービスの質の水準等）を定めた。Googleのクラウドサービスやの Amazonの AWS（Amazon Web Service）においても，Service Levelが定められ，我々顧客に提示されている。当然，Service Levelが高くなればなるほど，業務コストは増大する。ミスを少なくしようとすればするほど，チェックの回数，あるいはICTのコストは増大してしまうのだ。

　また，Service Levelは，今後の継続的改善のための目標設定にもつながる。Service Levelを定めた上で，ABCを使って，業務サービス単位でコスト計算を行った。しかし，算出されたコストでそのまま請求していたのでは，コストの配賦と同じである。実際原価ではなく，予定原価を用いているだけにすぎない。そこで，顧客との交渉が必須となる。業務の定義，範囲，Service Levelに基づき，報酬価格の交渉をするのである。オプションやペナルティの価格も設定する。ここで，オプションの価格は標準業務に対して追加業務の価格であり，ペナルティの価格は，シェアードサービスセンターがService Levelを達成できなかった場合や，顧客ではなく，シェアードサービスセンターに起因し

て納期遅延が発生した場合の割引額である。不採算でも業務を受注する場合もあり，その場合，その後の業務削減（BPR）が必須となる。

　また，著者らのコンサルティングは，Service Level Agreementの締結にこだわった。Service Level Agreementとは，業務サービスの質，数量，価格，納期を，内外の顧客と合意した文章である。Service Level Agreementを締結することにより，シェアードサービスの改善意欲が向上するからである。

(4)　シェアードサービスの成功要因

　シェアードサービスセンターとして有名な企業が，NTT ExCパートナーであろう。NTT ExCパートナーは，2023年7月1日にNTTビジネスアソシエとNTTラーニングシステムズが経営統合して誕生した。経営統合前のNTTビジネスアソシエは，経理業務，購買業務，給与計算の他，HR（Human Resource）コンサルティング，タレントマネジメント，ヘルスケア，社宅手配・管理代行，不動産賃貸，福利厚生代行等のサービスをNTTグループ外の企業を含めて提供し，2022年4月1日現在で連結2,161名，2021年度連結売上高は763億円まで拡大していた。

　しかし，他の企業では，外部顧客を含めた業容拡大が難しいようだ。経理・財務部門をシェアードサービスセンターとして独立させた場合，キャリアの終点がセンター長になる。限られた範囲のキャリアになってしまうので，従業員のモチベーションが向上せず，専門性も高度化していかないのだ。業容拡大をしないと，規模の経済も働かないので，コスト削減ができず，シェアードサービス会社は赤字会社になってしまう。結局は，「お荷物」になってしまい，元の企業に吸収合併され，コストセンターに戻るケースが少なくない。

　シェアードサービスセンターとして，外部売上高の拡大が可能なのか，専門性を高めることが可能なのか，従業員が自らのキャリアを描けるのか等を徹底的に突き詰め，シェアードサービスセンター設立を行わねばならない。間接部門の費用削減手法，効率化手法としてのみ，シェアードサービスを導入すると，結局はリストラによる人員削減につながってしまう。

15　研究開発費管理

(1)　研究開発費管理の意義

　研究開発に投資することは，企業の将来を左右する重要な意思決定項目である。しかし，クリステンセン（Christensen, Clayton M., 1997）は，顧客のニーズ，そして，管理会計を含む企業内部の管理システムが，既存の優良企業の破壊的イノベーションを阻害することを指摘している。一方で，佐久間（2021）は，最新の研究成果を踏まえて，予算管理や人事評価と創造性が必ずしも相いれないものではなく，創造性を発揮させるためにそれらを放棄する必要はなく，むしろ創造性を引き出すことも可能であるとしている。櫻井（2019）も，管理会計による研究開発費の管理が，限られた研究開発費から最大の効果をあげるために研究開発費の最適な資源配分を行い，研究開発者が喜んで研究できる環境をつくることができると主張している。つまり，過度な損益管理，厳格な研究開発費の管理は，破壊的イノベーションを阻害し，ひいては企業の継続的成長を妨げるが，適切な管理を行えば，イノベーションは実現しうるということだろう。

　著者がアルプス電気で研究開発費管理を担当していた時，著者の指針としたのが，西澤脩・早稲田大学商学部教授（当時）が提唱した研究開発費予算の十大原則である。十大原則は，一般原則，編成原則，実施原則に区分され，一般原則は①研究開発成果尊重の原則，②割当型研究開発費予算の原則，③研究開発成果評価の原則，編成原則は④長期研究開発計画の原則，⑤研究者参加の原則，⑥弾力的運用の原則，⑦プロジェクト別予算併用の原則，実施原則は⑧経理事務軽減の原則，⑨物量管理重視の原則，⑩弾力的解釈の原則から構成される（西澤，1985）。

　著者は，この十大原則のプロジェクト別予算併用の原則に基づいて，アルプス電気の研究開発の予算管理を，それまでの課別の管理から，研究開発テーマ（プロジェクト）別に細分化した。

(2)　研究開発費管理の状況

　2020年度調査によると，**図表1-24**の通り，基礎研究，応用研究，開発研究のいずれの研究段階においても，研究開発プロジェクト別に計画書を提出させ，ゼロベース予算で管理している企業が最も多く，順に55.8％，61.0％，59.2％であった。次に多いのは，前年度実績に基づく予算で管理している企業で，順に47.1％，46.0％，44.7％であった。

　製造業のみを調査対象としていた2011～2012年度調査では，前年度実績に基づく予算で管理している企業が最も多く，60.6％，60.4％，59.8％，次が研究開発プロジェクト別に計画書を提出させ，ゼロベース予算で管理している企業が多く，47.7％，48.6％，50.9％であったので，順位が入れ替わっている。この傾向は，2011～2012年度調査と2020年度調査の結果を製造業のみで比較すると，より顕著となる。

図表1-24■研究開発費管理（上位2つのみ掲載）

管理の区分	研究段階	2001～2002年度	2011～2012年度	2020年度	
				全体	製造業
研究開発プロジェクト別に計画書を提出させ，ゼロベース予算で管理	基礎研究	39.7%	47.7%	55.8%	62.5%
	応用研究	42.4%	48.6%	61.0%	67.9%
	開発研究	45.5%	50.9%	59.2%	65.5%
前年度実績に基づく予算で管理	基礎研究	25.3%	60.6%	47.1%	48.2%
	応用研究	24.1%	60.4%	46.0%	46.4%
	開発研究	23.0%	59.8%	44.7%	43.6%
回答企業数	－	100～108社	109～112社	100～103社	55～56社

（注1）2001～2002年度，2011～2012年度は，製造業の企業にのみ調査を行っている。
（注2）複数回答のため，百分率の合計は100％を超過する。
（注3）基礎研究，応用研究，開発研究により回答企業数が異なる。

　著者（2023b）は，日本原子力研究開発機構の研究開発費，正確には研究開発支出の管理の調査を行っているが，日本原子力研究開発機構では，管理部門が研究開発支出を管理しているのは部門別，勘定科目別予算と実績のみであり，研究開発テーマ別の管理は研究開発部門の責任者に委ねられていた。従って，経理・財務部門等がテーマ（プロジェクト）別の研究開発費の管理を実施して

いないが，研究開発部門内では実施している場合も少なくないので，注意が必要である。

(3) 研究開発の評価フレームワーク

著者がコンサルタントになって初期の頃に，研究開発の活性化を支援したことがある。主として，基礎研究，応用研究を行っている大企業の研究所の研究開発を活性化させ，より多くの成果を生み出すことを目的としたプロジェクトであった。基礎研究も多いため，事業との結び付きが不明確な研究開発テーマが多く，企業のための研究開発というより，個人的な興味に基づく研究開発もあり，大学研究者の研究のようであった。他の日本企業の研究所の調査も行い，活性化策を提案したが，その1つの提案が，**図表1-25**の研究開発評価フレームワークであった。当時は，研究者の熱意，使命感，興味以外に，研究開発者をモチベートする要素がなかったため，統一した目標設定と評価のフレームワーク（仕組み）を構築した。

図表1-25■研究開発評価フレームワーク

	基礎研究	応用研究	開発研究
事前評価	3C Creativity（創造性） Challenge（挑戦性） Concept（概念）	3C Change（変化） Concreteness（具体性） Competitiveness 　（競争力）	2E+2S Economy（経済性） Efficiency（効率性） Speed（迅速性） Safety（安全性）
中間評価 事後評価	3P Paper（研究論文） Patent（特許） Process（研究プロセス）	3P+S Potentiality 　（製品化潜在性） Process（研究プロセス） Performance 　（研究成果） Safety（安全性）	3P+S Profitability 　（収益性・利益性） Product（製品化） Period（進捗期限） Safety（安全性）

（注）川野（2016），p.198を一部修正。

このフレームワークは，基礎研究，応用研究，開発研究の3つの研究開発段階と，事前評価と，中間評価及び事後評価の2つの評価時期の計6つの区分か

ら構成されている。基礎研究の事前評価にはCreativity（創造性），Challenge（挑戦性），Concept（概念）の3C，中間評価及び事後評価にはPaper（研究論文），Patent（特許），Process（研究プロセス）の3P，応用研究の事前評価にはChange（変化），Concreteness（具体性），Competitiveness（競争力）の3C，中間評価及び事後評価にはPotentiality（製品化潜在性），Process（研究プロセス），Performance（研究成果），Safety（安全性）の3P+S，開発研究の事前評価にはEconomy（経済性），Efficiency（効率性），Speed（迅速性），Safety（安全性）の2E+2S，中間評価及び事後評価にはProfitability（収益性・利益性），Product（製品化），Period（進捗期限），Safety（安全性）の3P+Sで評価すべきとしている（川野，2016）。

　過度な収益管理，研究開発費管理は研究開発の独創的な成果の創造を阻害するため，西澤の弾力的解釈の原則（研究開発費予算及び実績の差異については，弾力的に解釈することを心掛けなければならない）にもある通り，他部門と同じ厳格な予算管理を適用すべきではない。一方で，物量管理重視の原則（研究開発費予算を実施するに際しては，金額管理のほか物量も重視しなければならない）にもある通り，物量＝非財務的業績評価指標の設定が重要な意味を持つ。

16　収益の管理

(1)　収益管理の方法

　管理会計の歴史は，原価計算の歴史であるといっても過言ではなかった。最近では（といってももう30年以上も前であるが，）バランス・スコアカードの登場により，非財務的業績評価指標や戦略を取り扱う管理会計が広がったが，収益の管理会計は，マーケティング，CRM（Customer Relationship Management）の分野で発達し，管理会計の出る幕はなかったといってもよい。しかし，企業の究極の目的は，利益の獲得と利益を原資にした配当支払である。収益計上はその手段にすぎず，利益獲得への寄与の面から収益を管理する管理会計の確立が望まれていた。

　顧客別損益は，顧客別に損益を計算するが，原価計算基準が想定していた原

価計算は製品別原価計算であり，多品種少量生産により製品種類や顧客数が多いと，顧客別に損益を計算することは容易ではない。別述している実際単位原価計算は，製品1単位の実際原価を計算する仕組みであり，販売数量を乗じれば，顧客別の売上原価が算出できる。また，ABCを用いて，一般管理販売費を顧客別に割り付ければ（配賦すれば），顧客別の営業利益も算出できる。ICTの発達もあり，大量のデータの集計，計算，そして割り付けが可能となった。

顧客生涯価値は，顧客との取引関係は，1年間のような短期間で判断すべきものではなく，長期的な視点で把握すべきであるとの考え方に基づいている。スマートフォンや家庭用ゲーム機器，家庭用プリンターの販売や，ゲームや動画視聴のサブスクリプション等，顧客生涯価値が前提となった価格や料金設定が一般的となっている。つまり，顧客生涯価値を把握し，顧客維持にどの程度の資源を投下すべきかを判断し，ハード機器の価格を引き下げたり，契約開始初期の料金を引き下げたりしている。これまで理論的には可能でも，実務的には難しかったが，ビッグデータにより，統計データが獲得できるようになり，経済性評価が可能となって，意思決定に寄与できるようになってきた。

また，グローバー（Glover, Jonathan C.）と井尻（Ijiri）は，現代の企業，特にe-Commerceにおいて，収益の管理を行うためには，売上計上時だけではなく，収益を増大させるためのマイルストーンを設け，そのマイルストーンを管理することが必要であると主張した（Glover & Ijiri, 2002）。

(2) 固定収益マネジメント

収益管理の方法の1つとして，鈴木研一・明治大学経営学部教授が考案したのが，固定収益マネジメントである。幸運にも，著者は鈴木先生が固定収益のアイディアを管理会計の手法として具体化する過程にご一緒させていただくことができた。当時，著者はまだコンサルタントであり，所属していたコンサルティング会社のオフィスに有志が集まり，議論を繰り返したことを思い出す。その成果として出版したのが，『固定収益マネジメント』（淺田・鈴木・川野，2005）である。

固定収益マネジメントとは，利益を最大化するために，顧客との関係性に着目した収益管理の方法論であり，顧客関係性の構築に基礎をおいた戦略を計画

に展開し，その進捗を評価するための管理会計システムに基づくマネジメントと定義される。固定収益マネジメントの意義は，CRMと管理会計を結びつけることにより，顧客関係性構築の結果を利益により測定可能としたことである。

　固定収益マネジメントにおいて，固定収益とは，一定期間において取引の継続性が高い顧客（固定顧客）から得られる収益と定義される。いわば，一般に固定顧客，リピート客あるいは上客と呼ばれる顧客から獲得される収益である。一方，固定収益に対する反対概念が変動収益である。いわば，変動収益は，一見（いちげん）さん，初めての顧客からの収益である。固定収益は，さらに新規固定収益と長期固定収益に区分し，新規固定収益とは，取引の継続性が高い顧客になって期間が短い顧客から得られる収益であり，長期固定収益とは，取引の継続性が高い顧客になって期間が長い顧客から得られる収益を指す。

　固定収益マネジメントでは，**図表 1 -26**の通り，変動収益，新規固定収益，長期固定収益といった顧客関係性の程度によって区分した顧客属性別の損益計算書を活用する。損益計算書の作成に当たり，費用も，製品・サービスの提供費用，新規顧客の獲得活動費，新規固定顧客の獲得活動費，長期固定顧客の維持活動費に区分し，変動収益，新規固定収益，長期固定収益に対応させる。この損益計算書によって，どのような顧客が利益にどのような影響を与えているか，どのような顧客に対する関係性の構築活動がどのような結果をもたらした

図表 1 -26■固定収益マネジメントの概念図

顧客関係性構築活動	新規顧客獲得活動	新規固定顧客獲得活動	長期固定顧客維持活動
顧客	新規顧客	新規固定顧客	長期固定顧客

損益計算書	収益	変動収益	新規固定収益	長期固定収益
	費用	製品・サービスの提供費用	製品・サービスの提供費用	製品・サービスの提供費用
		新規顧客の獲得活動費	新規固定顧客の獲得活動費	長期固定顧客の維持活動費
	利益	変動貢献利益	新規固定貢献利益	長期固定貢献利益

（注）淺田・鈴木・川野（2005），p.37を修正。

か等を評価し，顧客戦略，戦術の策定や見直しに活用する。

　また，固定収益マネジメントでは，固定営業利益という新しい利益概念を用いる。固定営業利益は，固定収益から固定収益に対応する個別固定費，共通固定費（すなわち，変動収益に対する個別固定費を除いた固定費）を差し引いた利益であり，継続的に獲得が見込まれる営業利益である。固定営業利益により，顧客との関係性を測定，管理して，安定した利益構造を確立し，次なる成長の原資を生み出す。

> 固定営業利益＝(新規固定収益−新規固定収益に対応する個別費用)＋(長期固
> 　　　　　　　定収益−長期固定収益に対応する個別費用)−共通費用
> 　　　　　　＝新規固定貢献利益＋長期固定貢献利益−共通費用

(3)　収益管理の採用状況

　費用，収益，利益の計算単位に関する質問は，2020年度調査で選択肢を変更したため，2011～2012年度調査との比較は困難である。収益，費用，利益ともに同じような傾向が見られたので，2020年度調査の収益，利益を例に考察したい。

　2020年度調査では，非製造業についてのみ，収益と利益の計算単位の調査を行っている。製造業についても調査をすべきであったが，製造業については，原価計算に関する質問数を多く設定したため，調査を見送っている。**図表1-27**の通り，非製造業の収益，利益の計算単位で最も多いのが，会社単位で65.1％（収益），66.7％（利益）であった。本来は100％になるはずであるが，管理会計上の管理単位としては用いていないと解釈しておきたい。また，収益の計算単位よりも利益の計算単位が多くなっているが，こうしたアンケート調査では，回答者のミスや誤解により，しばしば発生するので，ご容赦いただきたい。次がグループ別で61.9％，63.5％であった。以下，収益の計算単位の割合の数字が大きい順に，部課別44.4％（収益），38.1％（利益），事業（部），カンパニー別（単体）38.1％，39.7％，営業所別（店舗別）33.3％，34.9％，製品あるいはサービス別（単体）31.7％，30.2％であった。

図表1-27■収益と利益の計算単位（回答上位のみ）

計算単位	2020年度	
	収益	利益
全グループ	61.9%	63.5%
会社別	65.1%	66.7%
部課別	44.4%	38.1%
営業所別（店舗別）	33.3%	34.9%
事業（部），カンパニー別（単体）	38.1%	39.7%
事業（部），カンパニー別（連結）	23.8%	23.8%
製品あるいはサービス別（単体）	31.7%	30.2%
製品あるいはサービス別（連結）	19.0%	14.3%
地域別	14.3%	9.5%
顧客別	19.0%	11.1%
責任単位別	6.3%	7.9%
活動（アクティビティ）別	4.8%	1.6%
従業員別	3.2%	1.6%
市場別	6.3%	4.8%
契約別	7.9%	6.3%
回答企業数	63社	63社

（注1）複数回答のため，百分率の合計は100％を超過する。
（注2）非製造業のみを調査対象としている。

　収益と利益の計算単位の割合が近い割合になっており，非製造業の場合，収益と利益が同じ単位で計算されていることがわかる。

　著者は，2020年度調査で，管理会計・原価計算としてのマーケティング情報の活用度を調査した。その結果，**図表1-28**の通り，全体の21.6％の企業が，マーケティングデータを管理会計・原価計算で活用していることが判明した。特に，12.6％（マーケティング，管理会計，原価計算のいずれかあるいはすべてを実施していない企業を含めると9.9％）の企業が，顧客セグメントと管理会計・原価計算を結び付けていると回答しており，顧客別損益管理に活用されていると推測される。

　マーケティング情報の活用度を製造業と非製造業に分けてみると，製造業5.9％，非製造業18.3％で，無形の商品，製品を扱うことも多く，インターネットでの取引も容易な非製造業でのマーケティングデータの活用が進んでいるこ

とがわかる。ABCやバランス・スコアカードの採用率が誕生して約30年が経過しているにもかかわらず，10%前後の採用率に止まることを考えると，マーケティングデータを活用した管理会計・原価計算の導入は相対的に速いともいえる。

　一方で，2020年度のインタビュー調査でも企業から指摘を受けたが，マーケティングデータを活用した新しい管理会計・原価計算のフレームワークは未だ確立されておらず，マーケティングが，1.0（製品主義のマーケティング），2.0（顧客志向のマーケティング），3.0（価値主導のマーケティング），4.0（自己実現のマーケティング），5.0（最新テクノロジーを駆使して顧客体験価値を高めるマーケティング）へと進歩しているのに対して，管理会計・原価計算は未だ1.0（製品主義）から2.0（顧客志向）への移行期にすぎない。企業において果敢に試行錯誤を繰り返し，マーケティングの進歩に管理会計・原価計算が追い付くことが必要である。

図表1-28■マーケティングと管理会計・原価計算

実施の区分	2020年度
プレミアムステイタス（例えばブロンズ，プラチナ，ダイヤモンド，サファイヤ，クリスタル等）と管理会計，原価計算を関連付けている	5.4%
顧客セグメント（例えば年間購入高，取引年数，ユーザー平均単価（ARPU：Average Revenue Per User），支払形態等で区分した顧客分類）と管理会計，原価計算を関連付けている	12.6%
顧客生涯価値区分と管理会計，原価計算を関連付けている	1.8%
契約形態（例えばサブスクリプション契約と個別取引等）と管理会計，原価計算を関連付けている	6.3%
プロモーション方法と管理会計，原価計算を関連付けている	9.0%
マーケティングと管理会計，原価計算は別である	78.4%
回答企業数	111社

（注）複数回答のため，百分率の合計は100％を超過する。

(4) 著者の経験から得た小売業の収益・利益管理システムの知見

　著者は，コンサルタントとして，小売業の収益・利益管理システムの構築支援を行ったことがある。小売業の棚卸資産の評価方法は売価還元低価法を採用していることが多く，財務会計上の原価率を算出するグループが，管理会計上

の利益計算単位と異なっていると，別途，管理会計上の原価の算出が必要となる。ある小売業では，財務会計上の棚卸資産評価方法も売価還元低価法から総平均法（貸借対照表価額については収益性の低下に基づく簿価切り下げの方法）に変更することを前提にして，管理会計・原価計算制度の設計，収益・利益管理システムの開発を行った。

　また，別の小売業では，店舗別の収益・利益管理，予算管理を実施していたが，権限と損益の責任にズレが生じており，全社での構造変革的な費用削減の障害となっていた。そこで，権限と責任に基づいて，管理すべき費用と利益の明確化等，管理会計制度の全面的な見直しを支援した。また，予算管理業務の効率化を図るため，予算管理システムの導入を行った。

　この小売業では，固定収益マネジメントの検証も行っている。この小売業では，顧客のクレジットカードによる購入実績額に応じて割引（値引き）率が異なっており，一般に固定客は購入額が多く，割引率が大きくなるが，本当に固定客（固定収益）に対する利益率が高いのかを調査した。その結果，割引率が高くなっても，利益率の高い高額商品を購入し，また，一般管理販売費が相対的に低く抑えられた結果，固定客（固定収益）に対する利益率は高いことが判明し，この小売業ではこれまでの販売戦略が正しいことを確認でき，著者らも固定収益マネジメントが有効であることに確信を持つことができた。

　小売業の場合，製造業に比べると，商品数は多く，この点が過去においては管理会計・原価計算上の障害となっていたが，仕入数，在庫数，販売数はデータとして把握されているので，ICTを徹底的に活用すれば，売り場，商品種類等，粒度の細かい管理会計・原価計算の実施は可能である。今後の実務での進歩を期待したい。

17　無形資産・知的資産の管理

　企業環境の変化を踏まえ，2020年度調査では，無形資産，知的資産（知的資本）の管理の調査も実施した。その結果，図表1-29の通り，無形資産，知的資産に関する非財務的業績評価指標により評価，管理している企業が20.3％，無形資産，知的資産の超過収益力を金額換算して評価，管理している企業が

図表1-29■無形資産，知的資産の管理

管理の区分	2020年度
無形資産，知的資産に関する非財務指標により評価，管理している	20.3%
無形資産，知的資産の超過収益力を金額換算して評価，管理している	13.5%
バランス・スコアカードを用いて評価，管理している	0.7%
国際統合報告評議会（IIRC）の価値創造プロセスを用いて評価，管理している	0.7%
その他（具体的に）	0.7%
無形資産，知的資産の評価，管理を実施していない	67.6%
回答企業数	148社

(注)「無形資産，知的資産の評価，管理を実施していない」を除き，複数回答のため，百分率の合計は100％を超過する。

13.5％であった。一方で，バランス・スコアカードを用いて評価，管理している及び国際統合報告評議会（IIRC, 2013）の価値創造プロセスを用いて評価，管理している企業は各0.7％にすぎなかった。

　しかし，管理会計として難易度が高いと思われる無形資産，知的資産の超過収益力を金額換算して評価，管理しているとの回答が13.5％もあったことは，著者にとっては驚きであった。それだけ，無形資産・知的資産の重要性が認識されているのだろう。

18　その他の管理会計・原価計算

　その他の管理会計・原価計算の採用状況を**図表1-30**に示した。（製品）ライフサイクルコスティング，品質原価計算，スループット会計，マテリアルフ

図表1-30■その他管理会計・原価計算手法

手法	2011〜2012年度	2020年度
ライフサイクルコスティング	6.4%	4.7%
品質原価計算	3.2%	3.4%
スループット会計	3.2%	1.4%
マテリアルフローコスト会計	0.5%	0.7%
バックフラッシュコスティング	5.9%	2.0%
日次決算	3.7%	1.4%

ローコスト会計，バックフラッシュコスティング，日次決算のいずれも採用率が低いことがわかる。

19　総括と対応

『レレバンス・ロスト―管理会計の盛衰』（Johnson & Kaplan, 1987）で指摘された財務会計の優位性，管理会計・原価計算の停滞が，日本企業においては，今なお継続している。本章で記述した通り，日本企業の多くは，財管一致を採用しているため，財務会計の対応を行えば，それは管理会計・原価計算の対応も同時に行うことを意味し，特に管理会計・原価計算としての制度やICTの変更は必要としなかった。しかし，この財管一致の構造こそ，財務会計の優位性の象徴に他ならない。戦略的コストマネジメントと呼ばれる新しい管理会計・原価管理の手法が，日本企業には定着していない要因の1つが，この財管一致の制約から生じている。

一方で，日本企業は，義務化されると，着実に対応する。J-SOX法対応，コーポレートガバナンス・コード対応，新収益認識基準の適用も，現場レベルでの小さな混乱はあったが，全体としては問題なく運用された。従って，日本企業の管理会計・原価計算を大きく変える，つまり，ICTを用いて管理会計・原価計算の変革を実現するためには，国家レベルの強制力が必要なのではないだろうか。

●注

1　本書では2011〜2012年度と2020年度の2回のアンケート調査の結果を基礎にして執筆している。両調査の概要は，以下の通りである。

<アンケート調査の概要>

区分	2011〜2012年度調査	2020年度調査
回答依頼時期	2011年9月と2012年8月の2回依頼	2020年8月
対象企業	東京証券取引所第1部・第2部	東京証券取引所全市場
回答企業数	187社	155社
回答率	9.2%	4.2%

回答企業の平均連結売上高	約5,173億円	約2,861億円
資金提供	日本大学商学部会計学研究所	公益財団法人牧誠財団
参画者	川野克典, 髙橋史安, 新江孝, 劉慕和	川野克典
質問数	製造業112問, 非製造業88問	製造業128問, 非製造業103問

2　本書の変動予算管理は，原価計算基準の製造間接費の変動予算より広義であり，製造間接費に限定せず，操業度，売上高に応じて，製造直接費，一般管理販売費を含めた変動費額の見直しを行う。

3　スターンスチュワートは日本から撤退し，リクルートマネジメントソリューションズがコンサルティングサービスを引き継いだが，リクルートマネジメントソリューションズのホームページ（https://www.recruit-ms.co.jp/）を見る限り，積極的な展開には至っていないようである。

第2章

管理会計・原価計算の理論と実務の乖離

1 原価計算の形態

⑴ 日本企業の原価計算の状況

　2014年3月期から，製造原価明細書に関して，財務諸表等規則が「当期製品製造原価については，その内訳を記載した明細書を損益計算書に添付しなければならない。ただし，連結財務諸表において，連結財務諸表規則第15条の2第1項に規定するセグメント情報を注記している場合は，この限りではない。」と改正された。その結果，連結決算を実施していない企業，単一セグメントの企業を除いて，ほとんどの上場企業で，有価証券報告書に製造原価明細書を掲載しなくなってしまった。従って，現在，企業が採用している原価計算の方法（形態）は，企業に対してアンケート調査を実施しない限り，把握できなくなっている。正直いって，いつの間にか変更されてしまっており，著者を含めた管理会計・原価計算の研究者は，声を大にして反対すべきであったと思う。

　著者らが行った2011～2012年度調査（髙橋，2014）では，**図表2-1**の通り，個別原価計算55.7％，単純総合原価計算17.7％，組別総合原価計算22.1％，等級別総合原価計算5.3％，工程別総合原価計算40.7％であった。2020年度調査では，回答数が少なく，信頼性も低いが，参考として記載すると，個別原価計算72.3％，単純総合原価計算12.8％，組別総合原価計算12.8％，等級別総合原価

計算4.3%，工程別総合原価計算29.8%であった。

　同様の調査を清水（2022）も行っており，ほぼ同じ2011年調査時点で，個別原価計算が44.5%，単純総合原価計算11.5%，組別総合原価計算52.0%，等級別総合原価計算5.5%，連産品の計算2.5%，その他4.0%，未回答3.5%，2020年度調査時点で，個別原価計算が48.1%，単純総合原価計算11.5%，組別総合原価計算40.4%，等級別総合原価計算5.8%，連産品の計算0.0%，その他3.8%，未回答5.8%となっており，著者らの調査より組別総合原価計算の割合が多くなっている。推測ではあるが，工程別総合原価計算の選択肢の設定が影響している可能性がある。

図表2-1■製品別原価計算方法

方法	髙橋	川野	清水	
	2011～2012年度	2020年度	2011年	2020年
個別原価計算	55.7%	72.3%	44.5%	48.1%
単純総合原価計算	17.7%	12.8%	11.5%	11.5%
組別総合原価計算	22.1%	12.8%	52.0%	40.4%
等級別総合原価計算	5.3%	4.3%	5.5%	5.8%
工程別総合原価計算	40.7%	29.8%	－	－
連産品の計算	－	0.0%	2.5%	0.0%
その他・未回答	－	0.0%	7.5%	9.6%
回答企業数	111社	47社	200社	52社

（注1）髙橋（2014），川野の調査結果，清水（2022）に基づき作成。
（注2）2020年（度）は，川野，清水共に，新型コロナウイルス感染症の影響により，回答企業数が少ない。
（注3）製品，事業により異なる原価計算方法を採用している企業があり，複数回答のため，百分率の合計は100%を超過する。
（注4）髙橋（2014）は日本大学商学部会計学研究所共同研究「管理会計・原価計算のデータベース化への調査研究2011～2012」（代表：川野克典）の集計結果に基づいている。

　著者は，大量生産を行う電子部品の製造企業であるアルプス電気で原価計算の実務を学んだため，総合原価計算を採用する企業が圧倒的に多いと勝手に思い込んでいたのであるが，上場企業全体では個別原価計算を採用する企業が多かった。

(2)　ERPパッケージソフトウエアの原価計算機能

　代表的ERPパッケージソフトウエアであるSAP S/4HANAを例にして，ERPパッケージソフトウエアの原価計算機能（CO-PC）をみてみよう。

　SAP S/4HANAの原価計算機能は標準単位原価作成，指図書別原価計算，品目別実際原価計算の3つに大別される。

　標準単位原価計算作成は，部品表（Bill of Materials）を基礎にして，PP（生産管理）やMM（資材購買管理）というモジュールにある品目，購買情報，作業手順の各マスターを参照して，1単位当たりの原価を積み上げ計算して，標準単位原価（原価標準）を作成する機能である。

　指図書別原価計算は，修正パーシャルプランの方法により，実際消費量，実際作業時間等に基づき，仕掛品勘定において，製造指図書単位に製品原価（＝標準単位原価×実際数量（実際消費量，実際作業時間））を算出する。期末時点で製造が完了（製品勘定に入庫）して，「決済」の処理を行うと，原価差異（数量差異）がFI（財務会計モジュール）に仕訳される。なお，製品入庫後は，製品在庫が指図書別に区分されないので，製品勘定の在庫，出庫は，標準原価となり，指図書別の原価も把握できない。しかし，仕掛品勘定，製品入庫までは，指図書別に原価集計しているので，広義の個別原価計算あるいは総合原価計算と個別原価計算のハイブリッドということもできよう。

　品目別実際原価計算は，「品目元帳」を利用した実際製品原価計算機能であり，PP・MMの実績の購入データ，製造データに基づき，部品表を用いて，下位品目から実際原価を積み上げ計算する。品目とは，製品，仕掛品，半製品，原材料を包括した用語である。購入価格差異や賃率差異等の原価差異を品目別に売上原価・消費分と期末在庫に配賦して，総平均法の実際原価を計算するが，品目別実際原価計算は，原価計算基準に記載されている実際原価計算とは異なる計算方法を採る。このため，SAP S/4HANA のCO-PCで原価計算を実施している企業でも，過去においては，品目元帳を使った品目別実際原価計算を行っている日本企業は多くなかった。

　岡本（2000）によると，「個別原価計算が適用される経営の生産形態は，（イ）製造過程を通じてある製品が他の製品と相互に区別され加工されること，およ

び，（ロ）同一の製品がふたたび生産されることはないか，あるいはふたたび生産されるかどうかは予測しがたいことを特徴とする生産形態」であり，総合原価計算の生産形態は，「（イ）製品が同じ規格の製品であるため，製造過程を通じて同じように加工されること，および（ロ）同じ規格の製品が反復して生産されることを特徴とする生産形態」としているが，すでにこの前提は崩れている。

　コンサルタントとして著者が支援した企業でも，後者の反復生産の生産形態に該当する企業であったが，個別原価計算を採用した事例がある。その企業は，取引先からの受注の都度，指図書が発行されて製造活動が行われ，トレーサビリティの関係から，出荷も製造指図書単位で出荷されていた。ICTを整備して，指図書別の実際作業時間等を把握することによって，個別原価計算を実施し，製品別のみならず，製品別を細分化した指図書別実際原価を把握して，原価管理を強化した。

　木島（1992）は，個別原価計算が製品別原価計算の基本形であり，総合原価計算は代替方法として用いられる簡便法であると主張し，ICTが発達した現在，個別原価計算を採用するか総合原価計算を採用するかは，当該企業が置かれた環境と情報合理性を基準とする政策的選択の問題であるとしている。

　ICTの発達により，個別原価計算と総合原価計算を区分する制約が取り払われ，実際原価計算も変化しているのだ。SAP S/4HANAの原価計算がそれを示している。

⑶　疑問を持った原価計算形態の記述

　企業が採用している総合別原価計算の製品別計算の形態においても，疑問を持たざるを得ない有価証券報告書の記述がある。前述の通り，原価計算の方法（形態）が有価証券報告書に開示されなくなっているため，過去に実施していた方法であり，現在，実施している方法とは限らないので，社名を伏せて紹介するが，極めて多種類の製品を製造販売する食品業の企業の有価証券報告書には「当社は単純総合原価計算を採用しております」とあった。ホームページを見ると，年間3,000アイテムの新製品を開発販売している企業の原価計算が単純総合原価計算である点に驚き，広報及び担当取締役に対して問い合わせを

行ったが，回答を得ることができなかった。製造から販売までのリードタイムが極めて短いので，棚卸資産在庫金額が相対的に少額となり，少なくとも財務会計上の棚卸資産評価としての原価計算は大ざっぱでもよいのかもしれない。

　また，ある石油業の企業の有価証券報告書には，「石油製品は等級別総合原価計算を採用しています」，別の石油業の企業の有価証券報告書にも，同様に等級別総合原価計算を採用している旨の記述があった。しかし，原価計算基準二九 連産品の計算では，連産品とは，同一工程において同一原料から生産される異種の製品であって，相互に主副を明確に区別できないものをいうと記載され，岡本（2000）も，「原油を精製装置にかけると，ガソリン，ジェット燃料，パラフィン，ナフサ，灯油，軽油，重油などの製品がえられる。このように，同一工程（単一ないし連続する工程）において，同一の原料から相互に重要な経済的価値をもつ2種類の製品が，必然的に生産される場合，これらの異種製品を連産品といい」と記述し，その後の記述で連産品の計算を説明している。柳田仁・山田英俊他（2005）「原価管理と環境原価－コスモ石油 ㈱ の事例を中心として」には，「石油業の製品別計算は，典型的な連産品原価計算である」とあり，著者はコスモ石油ホールディングスを訪問調査し，直接，連産品の計算を行っていることを確認している。敷田（1993）も，当時の三菱石油，日石精製を例にして，石油業界が連産品の計算を採用しているとしている。

　それでは，なぜ2社は有価証券報告書に等級別総合原価計算と記述していたのだろうか，原価計算基準は，二〇　製品別計算の形態において，「製品別計算は，経営における生産形態の種類別に対応して，これを次のような類型に区分する。1 単純総合原価計算　2 等級別総合原価計算　3 組別総合原価計算　4 個別原価計算」とし，連産品の計算を製品別原価計算に含めていない。また，原価計算基準二九 連産品の計算には，「連産品の価額は，連産品の正常市価等を基準として定めた等価係数に基づき，一期間の総合原価を連産品にあん分して計算する」とあり，等級別原価計算と同じ等価係数という用語が用いられていることが関係していると推測している。つまり，連産品の計算は厳密には原価計算ではないので，原価計算の類型に含まれている等級別原価計算と表記し続けてきたと考えられる。そして，継続性の原則があるので，長年，その表記が継続されていた。しかし，現在は，前述の通り，製造原価明細書が開示され

なくなり，原価計算方法の記述が不要となり，安堵しているのではないだろうか。

　岡本（2000）は，正常市価に基づく等価係数は，市価の高い連産品にはそれだけ余計に連結原価を負担させるという負担力主義に基づく方法であり，現行の原価計算は，価値移転的原価計算（つまり，製品を製造するために発生した原価をできるだけ正確に跡づけ，それらを積み上げていく計算）であって，負担力主義の原価計算ではない。等級製品の原価計算に採用される等価係数は，製造原価発生と関係のあるなんらかの基準であるべきであり，負担力主義にもとづく正常市価基準であってはならない。しかし，連産品原価の計算では，各種連産品ごとに製造原価を計算すること自体が不可能であるから正常市価基準で連結原価を各種連産品へあん分ないし配賦することを例外的に認めたとしている。

　このように企業の原価計算，特に財務会計上の原価計算には，理論的には適正性に疑問を持たざるを得ない点が存在する。実務は，理論の通りに行われるとは限らず，不可解な点も多いのである。

2　材料消費価格の計算

　原価計算基準一一（三）によると，材料の消費価格は，原則として購入原価をもって計算し，同種材料の購入原価が異なる場合，その消費価格の計算は，先入先出法，移動平均法，総平均法，後入先出法，個別法で計算し，また材料の消費価格は，必要ある場合には，予定価格等をもって計算できるとされている。しかし，後入先出法は，棚卸資産の評価に関する会計基準において認容されなくなったため，現在では適用することができない。

　これらの方法のうち，個別法は計算の正確性という観点からは最も好ましい方法であろう。しかし，購入原価の偶発的変動がそのまま製品原価に反映してしまうこと，同じ材料を用いて同じ製品を製造する場合でも，購入原価が異なると，使用する材料により製品原価が異なってしまうという恣意性の問題点がある。また，移動平均法や総平均法は，購入原価における偶発的変動を平均化することによって，期間損益計算や価格決定目的に適正な製品原価が計算できるという理由で，多くの支持を受けているが，都度移動平均法は，少なくとも

92

過去においては計算に手間を要したこと，総平均法は期中の払出単価が不明という問題点もある。一方，先入先出法は，先に購入したものから先に消費されたものとして計算するので，モノの流れと計算過程が一致し，先入先出法が理論的に優れているとされている。

著者らの2011〜2012年度調査の結果によると，**図表２-２**の通り，これらの方法の中で，総平均法の採用率が最も高く54.9％，次に移動平均法51.6％，順に予定原価法25.3％，先入先出法15.4％，個別法14.3％であった（新江，2014）。2011〜2012年度調査では，総平均法と移動平均法については，計算期間（総平均法については週，月，四半期，半期，年，移動平均法については都度，月）別の調査も行っているが，月別総平均法が37.4％，月別移動平均法が29.7％で，それぞれの方法で最も多く採用されていた。月別総平均法と月別移動平均法は事実上，同じ計算方法であるので，総平均法，移動平均法のいずれの方法として解釈するかにより採用率が変わってしまうが，いずれにせよ８割を超える企業

図表２-２■材料消費価格の計算方法

方法	新江	川野	清水	
	2011〜2012年度	2020年度	2011年	2020年
総平均法	54.9%	34.0%	59.2%	52.3%
移動平均法	51.6%	51.1%	33.9%	27.3%
先入先出法	15.4%	14.9%	12.6%	13.6%
個別法	14.3%	14.9%	11.5%	13.6%
最終仕入原価法	−	6.4%	−	9.1%
予定原価法	25.3%	2.1%	−	−
その他			7.5%	6.8%
回答企業数	91社	47社	200社	44社

（注１）新江（2014），川野の調査結果，清水（2022）に基づき作成。
（注２）2020年（度）は，川野，清水共に，新型コロナウイルス感染症の影響により，回答企業数が少ない。
（注３）新江（2014）の調査結果は，日本大学商学部会計学研究所共同研究「管理会計・原価計算のデータベース化への調査研究2011〜2012」（代表：川野克典）の集計結果である。
（注４）製品，事業により異なる材料消費価格の計算方法を採用している企業があり，複数回答のため，百分率の合計は100％を超過する。
（注５）総平均法には月次総平均法，移動平均法には月次移動平均法との回答を含む。実質的には同じであるが，企業での呼び名を尊重した。

が総平均法あるいは移動平均法を採用していることになる。2020年度調査では，月次移動平均法と月次総平均法を厳密に区分して質問を設定したが，総平均法34.0％（月次総平均法を含む），移動平均法51.1％（月次移動平均法を含む），予定原価法2.1％，先入先出法14.9％，個別法14.9％，最終仕入原価法6.4％であった。

　清水（2022）が同様の調査を行っており，その調査結果も紹介しておきたい。2011年時点で総平均法59.2％，移動平均法33.9％，先入先出法12.6％，個別法11.5％，最終仕入原価法 設定なし，その他4.0％，未回答3.5％，2020年時点で総平均法52.3％，移動平均法27.3％，先入先出法13.6％，個別法13.6％，最終仕入原価法9.1％，その他6.8％であった。

　両者の調査結果には大きな差があるが，理論的に優れている先入先出法の採用割合が低い点では共通している。それでは，なぜ理論的に優れているとされる先入先出法が採用されないのであろうか。その理由としては，先入先出法が総平均法に比べて計算が複雑でわかりにくい点が挙げられる。しかし，現代においては，ICTを活用すれば，先入先出法の採用もさほど困難ではないと思われるが，各企業で原価計算を実施するようになった当時は，現在のようにICTが活用できる環境に無かったため，計算が比較的容易な総平均法を採用する企業が多く，それが現在まで継続していると推測される。いわゆる継続性の原則が理論的に適切な計算への変更を妨げているのだ。

3　補助部門費の製造部門への配賦計算

(1)　補助部門費の製造部門への配賦基準

　原価計算基準一八によると，原価要素の全部又は一部は，各製造部門および補助部門に賦課又は配賦する。次いで補助部門費は，直接配賦法，階梯式配賦法，相互配賦法等にしたがい，適当な配賦基準によって，これを各製造部門に配賦し，製造部門費を計算する。

　著者らは，2011～2012年度と2020年度の2回，補助部門費の製造部門への配賦方法について，配賦基準，配賦率の算定時点，配賦方法の3つの論点について調査を行っている。

　第1の論点である配賦基準とは，単一基準配賦法，複数基準配賦法のいずれに基づいて補助部門費を製造部門に配賦するかという論点である。単一基準配賦法とは，補助部門費を変動費と固定費とに区分せず，関係部門の実際用役消費量の割合で配賦する方法をいう。一方，複数基準配賦法とは，補助部門費を変動費と固定費に区分し，変動費は補助部門の用役消費量の割合で配賦し，固定費は補助部門の用役消費能力の割合によって配賦する方法である。両者を比較した時，理論的に正しいとされるのは複数基準配賦法である。補助部門費の変動費は，関係部門の用役消費量により発生額が増減するのに対して，固定費は，補助部門の用役提供能力の維持費（キャパシティコスト）であるので，関係部門が実際に用役をどれだけ消費したかとは無関係に発生する。固定費の発生額は，補助部門の用役提供能力に依存し，その用役提供能力は，関係部門の用役消費能力によって決定される。このように補助部門の変動費と固定費は性質が異なるために，変動費は関係部門の用役消費量に基づき配賦され，固定費は関係部門の用役消費能力に基づき配賦する複数基準配賦法が理論的に正しいとされている。

　しかし，2011～2012年度調査の結果（新江，2014）によると，**図表2-3**の通り，複数基準配賦法を採用する企業は26.6％にすぎず，単一基準配賦法が56.9％と過半数を上回った。回答企業数は少ないものの，2020年度調査でも結

図表2-3■補助部門費の製造部門への配賦基準

配賦基準	新江	川野	清水	
	2011～2012年度	2020年度	2011年	2020年
単一基準配賦法	56.9%	61.1%	69.8%	73.2%
複数基準配賦法	26.6%	22.2%	29.0%	24.4%
グループ単位配賦	12.8%	16.7%	－	－
その他	3.7%	0.0%	1.2%	2.4%
回答企業数	109社	36社	162社	41社

（注1）新江（2014），川野の調査結果，清水（2022）に基づき作成。
（注2）2020年（度）は，川野，清水共に，新型コロナウイルス感染症の影響により，回答企業数が少ない。
（注3）新江（2014）の調査結果は，日本大学商学部会計学研究所共同研究「管理会計・原価計算のデータベース化への調査研究2011～2012」（代表：川野克典）の集計結果である。

果は変わらず，複数基準配賦法を採用する企業は22.2％にすぎず，単一基準配賦法が61.1％であった。清水（2022）も同様の調査を行っており，2020年に複数基準配賦法を採用している割合は24.4％，採用していない割合が73.2％で，複数基準配賦法の採用が少ない点では共通している。

　複数基準配賦法の採用が少ない理由として，次の4つの理由が考えられる。

---

① 　総原価を変動費と固定費に明確に区分することが実務的には難しいこと
② 　補助部門の配賦計算は，原価管理目的よりも財務諸表作成目的で行われるので，複数基準配賦法を採用する意義が大きくないこと
③ 　計算手続きが煩雑になり，手間を要すること
④ 　補助部門のサービスの消費能力を測定することが困難であること

　清水（2022）は，複数基準配賦法を採用しない理由を調査しており，固定費の割合の多い補助部門がなく，複数基準配賦法をとらなくても正確な原価計算ができている，サービスの消費能力を測定するのは極めて困難であるという2つの回答を設けているが，後者サービスの消費能力を測定するのは極めて困難であるとの回答が76.7％を占めた。

(2)　補助部門費の製造部門への配賦率の算定時点

　第2の論点は，配賦率の算定時点である。配賦率の算定時点とは，補助部門費を製造部門に配賦する際に実際配賦とするか，予定配賦とするとかという問題である。理論的には，実際配賦には，特定の関係消費部門に対する実際配賦額は，その他の関係消費部門における補助部門用役消費の多少によって左右されてしまう問題点，また，補助部門の用役を消費する特定の部門に対する実際配賦額の中には，補助部門における原価管理活動の良否や補助部門の用役提供活動における能率の良否の影響が混入してしまう問題点があるとされている。

　これらの問題点を解決するためには，単一基準配賦法の場合には予定配賦，複数基準配賦法の場合には予算許容額配賦を採用すべきとされる。予定配賦は，補助部門の予算額を基準操業度で除して予定配賦率を計算し，予定配賦率に関係部門の用役消費量を掛けて計算した予定配賦額を各関係部門に配賦する方法であり，予算許容額配賦は，変動費は予定配賦率に関係部門の用役消費量を掛

けて予定配賦し，固定費は関係部門の用役消費能力の割合で予算額を関係部門に配賦する方法である。

2011～2012年度に実施した著者らの調査では，**図表2-4**の通り，実際配賦が48.1%，予定配賦率×実際配賦基準量が25.5%，予定配賦率×標準配賦基準量が23.6%であった。2020年度の調査は回答企業数が34社と少ないが，順に58.8%，14.7%，20.6%であり，実際配賦が多い点に変わりはなかった。

図表2-4■補助部門費の製造部門への配賦率の算定時期

算定時期	新江	川野
	2011～2012年度	2020年度
実際配賦	48.1%	58.8%
予定配賦率×実際配賦基準量	25.5%	14.7%
予定配賦率×標準配賦基準量	23.6%	20.6%
予定配賦その他	5.6%	5.9%
回答企業数	106社	34社

(注1) 新江（2014），川野調査結果に基づき作成。
(注2) 2020年度は，新型コロナウイルス感染症の影響により，回答企業数が少ない。
(注3) 新江（2014）の調査結果は，日本大学商学部会計学研究所共同研究「管理会計・原価計算のデータベース化への調査研究2011～2012」（代表：川野克典）の集計結果である。

実際配賦も多用されている理由としては，予算と実績の差異が大きく，予定配賦では真の実際原価を計算したことにならない，財務諸表作成目的に重点が置かれている，予定配賦は手間を要すること等が考えられる。

(3)　補助部門費の製造部門への配賦方法

第3の論点は，配賦方法である。補助部門費の配賦方法には，前述の直接配賦法，階梯式配賦法，相互配賦法等がある。直接配賦法は，補助部門相互の用役授受の事実を計算上全く無視し，すべての補助部門費を製造部門のみに負担させる方法である。階梯式配賦法は，補助部門間の用役授受の関係を比較し，他の補助部門に最も多くの用役を提供する補助部門から，用役を提供する割合の少ない部門に対し，順次配賦して行く方法である。相互配賦法には，簡便法としての相互配賦法，連続配賦法，連立方程式法がある。簡便法としての相互

配賦法は最初（1回目）の配賦計算では，製造部門のみならず，他の補助部門にも配賦するが，次（2回目）の配賦計算では直接配賦法のように補助部門同士の用役授受を無視する方法である。連続配賦法とは，用役授受の事実に従って，各補助部門費をゼロになるまで配賦計算を連続的に繰り返す方法である。そして，連立方程式法とは，用役授受の事実に従って，各補助部門費を相互に配賦しあった最終の補助部門費を連立方程式で算出する方法である。

　直接配賦法は最も簡単に計算できるが，補助部門相互の用役の授受を全く無視しているので，正確な配賦計算ができず，理論的には正確な方法とはされていない。階梯式配賦法は，直接配賦法に比べれば，配賦計算の正確性は高いといえるが，無視される部門が増えると配賦計算の正確性が失われる。簡便法としての相互配賦法は，直接配賦法に比べれば，配賦計算の正確性は高いが，2回目の配賦において補助部門同士の用役授受を無視する方法なので，完全な正確性は確保できない。連続配賦法や連立方程式法は，正確な配賦計算結果が得られるので，理論的には最も好ましい方法であるとされるが，計算が煩雑になるという欠点が指摘される。

　しかし，2011〜2012年度調査の結果（新江，2014）は，**図表2-5**の通り，直接配賦法が最も多く60.2％，次いで簡便法としての相互配賦法で17.5％，階梯式配賦法は11.7％，連続配賦法は6.8％，連立方程式法は1.0％であった。2020年度調査の結果も，直接配賦法が最も多く75.0％，簡便法としての相互配賦法9.4％，階梯式配賦法は12.5％，連続配賦法は3.1％，連立方程式法は0.0％であった。これも清水（2020）の2020年の調査結果を確認しておくと，直接配賦法65.9％，階梯式配賦法4.9％，グループ別階梯式配賦法12.2％，相互配賦法4.9％，サービスの流れを追うように配賦7.3％，未回答4.9％であった。なお，清水調査の相互配賦法は，著者らの調査の簡便法としての相互配賦法，連続配賦法，連立方程式法を含むと解釈できる。

　計算結果の正確性が最も低いとされる直接配賦法が多用されるのは，企業が原価計算を手計算で実施していた頃の名残が今も残っていることが原因であると考えられる。現在のICT化が進んだ環境下では，連続配賦法や連立方程式法を採用することは，大きな問題とはならないはずであるが，原価管理よりも財務諸表作成目的に重点が置かれているため，連続配賦法や連立方程式法に変更

図表2-5■補助部門費の製造部門への配賦方法

方法	新江	川野	清水	
	2011〜2012年度	2020年度	2011年	2020年
直接配賦法	60.2%	75.0%	55.5%	65.9%
簡便的相互配賦法	17.5%	9.4%	—	—
相互配賦法	—	—	9.9%	4.9%
階梯式配賦法	11.7%	12.5%	8.0%	4.9%
グループ別階梯式配賦法	—	—	24.1%	12.2%
連続配賦法	6.8%	3.1%	—	—
連立方程式法	1.0%	0.0%	—	—
サービスの流れを追うように配賦	—	—	—	7.3%
その他	2.9%		2.5%	4.9%
回答企業数	101社	32社	162社	41社

（注1）新江（2014），川野調査結果，清水（2022）に基づき作成。
（注2）2020年（度）は，川野，清水共に，新型コロナウイルス感染症の影響により，回答企業数が少ない。
（注3）新江（2014）の調査結果は，日本大学商学部会計学研究所共同研究「管理会計・原価計算のデータベース化への調査研究2011〜2012」（代表：川野克典）の集計結果である。

する誘因を見出すことができず，現在も直接配賦法が多くの企業で実施され続けられていると考えられる。

4　予定配賦と製造間接費予算

　原価計算基準三三によれば，部門別原価計算を実施する場合の製造間接費の製品への配賦は原則として予定配賦率を用いることを求めている。実際配賦率は，期末にならないと計算ができないため，原価計算が遅くなること，操業度が変化すると，製造間接費配賦額も変化すること，予算管理との関連性に欠けること等の問題点があり，原価計算基準は予定配賦を求めているのだ。

　図表2-6の通り，2011〜2012年度調査（新江，2014）では，予定配賦53.2％，実際配賦52.3％，2020年度調査で予定配賦41.2％，実際配賦58.8％となった。清水（2020）の調査結果も同様の傾向を示した。2011年は製造間接費の製品へ

の予定配賦を行っているかの質問に対して，はい61.5％，いいえ32.0％，未回答6.5％であったが，2020年は，はい48.1％，いいえ50.0％，未回答1.9％と逆転している。

　著者，清水のいずれの調査結果も，理論及び原価計算基準の規定とは異なる結果となった。実際配賦が多い理由について，清水（2014）は，操業度，製造間接費額ともに毎月の変動幅が大きいことが予定配賦を困難にさせている点を指摘している。

図表2−6■製造間接費の製品への配賦

区分	新江	川野	清水	
	2011〜2012年度	2020年度	2011年	2020年
実際配賦	52.3％	58.8％	32.0％	50.0％
予定配賦	53.2％	41.2％	61.5％	48.1％
その他	1.8％	0.0％	6.5％	1.9％
回答企業数	106社	34社	200社	52社

（注1）新江（2014），川野調査結果，清水（2022）に基づき作成。
（注2）2020年（度）は，川野，清水共に，新型コロナウイルス感染症の影響により，回答企業数が少ない。
（注3）新江（2014）の調査結果は，日本大学商学部会計学研究所共同研究「管理会計・原価計算のデータベース化への調査研究2011〜2012」（代表：川野克典）の集計結果である。

　一方，予定配賦を行うためには，製造間接費予算を編成する必要がある。製造間接費予算については，原価計算基準四一（三）に固定予算，実査法変動予算，公式法変動予算の3つの方法が示されている。固定予算とは，予算期間において予期される一定の操業度に基づいて製造間接費予算を算定する方法である。実査法変動予算は，一定の基準となる操業度を中心として，予期される範囲内の種々の操業度を，一定間隔に設け，各操業度に応ずる複数の製造間接費予算をあらかじめ算定列記する方法で，各操業度に応ずる間接費予算額は，個々の間接費項目につき，各操業度における額を個別的に実査して算定する。公式法変動予算は，固定費と変動費とに分け，固定費は，操業度の増減にかかわりなく一定とし，変動費は，操業度の増減との関連における各変動費要素，または変動費要素群の変動費率をあらかじめ測定しておき，これにその都度の

関係操業度を乗じて算定する方法である。

　これらの方法のうち，理論的には実査法変動予算が優れているとされる。固定予算は，予算額が固定化されているため，実際操業度が基準操業度と大きく異なる場合，規範としての意味を失ってしまう。公式法変動予算は，変動費が操業度に応じて比例的に増加することを前提としているが，比例的に増加するのは限られた操業度の範囲になることや，固定費と変動費の分解が難しいことが挙げられる。これに対して，実査法変動予算は，複数の操業度による製造間接費予算を編成するため，現実に近い予算を編成できるとされる。

　しかし，2011〜2012年度調査（前者），2020年度調査（後者）の結果では，固定予算が77.8%，85.7%と圧倒的に多く，公式法変動予算は11.1%，7.1%，実査法変動予算は9.7%，7.1%に止まっている。固定予算が多い理由については，実査法変動予算，公式法変動予算の編成が実務的に難しいことの他に，企業が予算の見直しを柔軟に実施している点が挙げられる。予算を期中で見直しを実施している企業は73.3%，68.3%であった。また，見直しの単位は，6カ月単位が46.0%，42.7%，3カ月単位が27.7%，13.7%，随時が15.3%，22.6%，1カ月単位が10.9%，8.1%であった。これらから，固定予算であっても，操業度が大きく変化した場合，その都度，予算の再編成（見直し）を行っている企業が多いことがわかる。

　補助部門費の製造部門への配賦計算の調査結果からも判明することは，実務では必ずしも理論的に適正な方法を採用しているとは限らない点である。つまり，企業は，原価の適正性，正確性よりも簡便性を重視している。過去においては，原価計算がそろばん等の手計算で行われていたので，理論的な方法を採用できなかった事情もあるが，ICTが発達した現在でも続けているのは，継続性の問題の他，原価を引き下げるための手段である原価計算に手間を要して，原価を引き上げることになってはならないという実務の考え方が根底にある。

5　標準原価計算—製造間接費の差異分析

　管理会計や原価計算の教科書では，製造間接費の差異分析について，多くのページを割いて解説している。その差異分析の方法には，操業度差異と管理可

能差異に分ける２分法，操業度差異，予算差異，能率差異に分ける３分法，そして予算差異，変動費能率差異，固定費能率差異，操業度差異に分ける４分法等の方法がある。特にシュラッター図を使った４分法は，計算が難しいこともあり，資格検定試験での頻出問題の１つである。

　しかし，著者の2020年度調査では，**図表２-７**の通り，製造間接費差異分析を実施していない企業が58.1％と最も多く，続いて３分法が22.6％，２分法が16.1％，４分法に至っては3.2％であった。2011〜2012年度の著者らの調査，同様の調査を行った清水（2014）の調査結果も同様である。著者のインタビュー調査では，製造間接費差異を計算している場合にも，形式的に算出しているだけで，原価維持活動には活用していないことが明らかになっている。著者が勤務していたアルプス電気でも標準原価計算を採用し，当然，原価差異は把握していたが，製造間接費差異分析の結果が原価維持活動に活用されることはなかった。

　このように，今や過半数の日本企業が，製造間接費の差異分析を実施しておらず，差異分析が十分に機能しているとはいいがたい状況にある。この理由について，清水（2014）は，製造間接費について，費目別さらには細目別の予算管理が実施されていること，製造間接費の固定費の割合が多くなり，固定費の絶対額を削減することで原価管理ができる点等を指摘している。また，新井（2021）が，コストドライバーに関連して，製造間接費には階層性があり，操

図表２-７■製造間接費の差異分析

方法	髙橋	清水	川野
	2011〜2012年度	2011年	2020年度
２分法	34.4%	20.7%	16.1%
３分法	18.9%	24.4%	22.6%
４分法	6.7%	2.4%	3.2%
製造間接費差異を分解していない	36.7%	52.4%	58.1%
その他	3.3%	2.4%	0.0%
回答企業数	90社	82社	31社

（注１）髙橋（2014），川野調査結果，清水（2014）に基づき作成。
（注２）川野の2020年度は，新型コロナウイルス感染症の影響により，回答企業数が少ない。
（注３）髙橋（2014）は，日本大学商学部会計学研究所共同研究「管理会計・原価計算のデータベース化への調査研究2011〜2012」（代表：川野克典）の集計結果に基づいている。

業度以外のコストドライバーがあるため，利用された資源に着目すべき点，重回帰分析等の統計手法が有効である点，日次データの利用が有効である点を指摘している。

6　標準原価差異の処理

原価計算基準四七　原価差異の会計処理によると，原価差異の処理は，次の方法によるものとしている。

(一)　実際原価計算制度における原価差異の処理は，次の方法による。
1　原価差異は，材料受入価格差異を除き，原則として当年度の売上原価に賦課する。
2　材料受入価格差異は，当年度の材料の払出高と期末在高に配賦する。この場合，材料の期末在高については，材料の適当な種類群別に配賦する。
3　予定価格等が不適当なため，比較的多額の原価差異が生ずる場合，直接材料費，直接労務費，直接経費および製造間接費に関する原価差異の処理は，次の方法による。
　(1)　個別原価計算の場合
　　次の方法のいずれかによる。
　　　イ　当年度の売上原価と期末におけるたな卸資産に指図書別に配賦する。
　　　ロ　当年度の売上原価と期末におけるたな卸資産に科目別に配賦する。
　(2)　総合原価計算の場合
　　当年度の売上原価と期末におけるたな卸資産に科目別に配賦する。
(二)　標準原価計算制度における原価差異の処理は，次の方法による。
1　数量差異，作業時間差異，能率差異等であって異常な状態に基づくと認められるものは，これを非原価項目として処理する。
2　前記1の場合を除き，原価差異はすべて実際原価計算制度における処理の方法に準じて処理する。

原価計算基準が想定している標準原価は，現実的標準原価，または正常標準原価であるため，標準原価が正しく設定されていれば，原価差異は無駄，損失であるので，売上原価に賦課すべきとしたこと，期間損益計算のためには実際原価こそ真実の原価であり，標準原価差異は期末仕掛品，期末製品および売上

原価に配賦すべきとなるが，現実的標準原価または正常標準原価で設定されていれば，多額の原価差異の発生はないと考え，また，期末在庫に比べて，売上原価の方が多額となるため，重要性の観点から原価差異を売上原価のみに賦課することを認めているとされる（岡本，2000を修正）。

　しかし，法人税基本通達 5 - 3 - 3 では，以下のように記載されており，実務上，無制限に原価差異（原価差額）を売上原価として処理できるわけではない。

　原価差額が少額（総製造費用のおおむね 1 ％相当額以内の金額）である場合において，法人がその計算を明らかにした明細書を確定申告書に添付したときは，原価差額の調整を行わないことができるものとする。この場合において，総製造費用の計算が困難であるときは，法人の計算による製品受入高合計に仕掛品及び半製品の期末棚卸高を加算し，仕掛品及び半製品の期首棚卸高を控除して計算することができる。（昭55年直法 2 － 15「七」により改正）
（注）原価差額が少額かどうかについては，事業の種類ごとに判定するものとするが，法人が製品の種類別に原価計算を行っている場合には，継続して製品の種類の異なるごとにその判定を行うことができる。

　すなわち，原価差異が多額でない場合（総製造費用の 1 ％以内の場合）には，原価差異を売上原価に賦課することができるが，標準原価の設定が不適切であるとの理由等で多額となった場合（総製造費用の 1 ％を超える場合）には，原価差異を棚卸資産（製品，半製品，仕掛品）にも配賦しなければならない。つまり，無制限に原価差異を売上原価として処理することを認めると，標準原価を故意に不適切に設定し，節税に利用することも考えられるため，それらの場合を想定して，制限を設けているのだ。

　実務の処理について，著者は調査を実施していないが，清水（2022）が調査を行っている。清水の調査によると，**図表 2 - 8** の通り，2011年，2020年のいずれも，常に売上原価と期末棚卸資産に配賦する企業が70％を超えている。原価計算基準に従い，常に売上原価に賦課している企業は12.0％，16.7％であった。

図表2-8■標準原価差異の処理方法

処理方法	清水　2011年	清水　2020年
常に売上原価に賦課する	12.0%	16.7%
常に売上原価と期末棚卸資産に配賦	71.8%	76.7%
税法の規定に従い，総差異が標準原価等の1％を超える場合は売上原価と期末棚卸資産に配賦，1％以内におさまっていれば売上原価に賦課する	11.1%	0.0%
その他・未回答	5.1%	6.6%
回答企業数	117社	30社

（注1）清水（2022）に基づき作成。
（注2）2020年は，新型コロナウイルス感染症の影響により，回答企業数が少ない。

　原価計算基準に基づくと，原価差異は，売上原価に賦課することになるが，清水の調査の結果では，常に売上原価に賦課する企業は少なく，また，法人税基本通達の規定に従っている企業も少ない。常に売上原価と期末棚卸資産に配賦する企業が多いのは，原価計算基準制定時の想定とは異なり，多額の原価差異が発生していることが要因であると考える。製造工程の機械化が進むと，減価償却費額が多額となる。減価償却費は固定費であり，操業度が変化すると，多額の操業度差異が発生する。原価計算基準の制定時には，製造直接費の割合が大きかったが，工場が変わり，製造間接費の割合が相対的に大きくなった。法人税基本通達の規定により，原価差異を売上原価と期末棚卸資産に配賦することが増え，また，期末にならないと，配賦するか否かが確定しないとなると，原価統制，予算管理，業績予想が容易でなくなる。そのため，企業は常に売上原価と期末棚卸資産に配賦することを選択したと思われる。

7　棚卸資産在庫評価時の進捗度

　著者がアルプス電気に入社し，工場で勤務していた当時，月末の実地棚卸は一大行事であった。アルプス電気の多くの事業部は，組立を外部委託しており，部品を協力会社（外注）に無償支給していた。毎月の原価計算を行うため，協力会社を含めて，一斉に仕掛品の実地棚卸を行うのだ。製品種類が多く，その部品点数も決して少なくなかったので，大変な作業であった。実地棚卸後，品

目（原材料，半製品，仕掛品，製品）番号別の数量は，原価標準（標準単位原価）が乗じられて，月末の仕掛品在庫評価額となり，原価計算が行われる。しかし，その評価の際に，工業簿記や原価計算論の教科書で学修した仕掛品の進捗度は必要なかった。なぜ不要だったかというと，当時のアルプス電気の部品表は，いわゆる「製造部品表」と呼ばれる階層が多い部品表であった。そのため，ほとんどの仕掛品の形態に対して品目番号が設定されていた。標準単位原価計算は，部品表を使って1単位の原価を積み上げ計算していくので，製品のみならず，製作途上の仕掛品，半製品の標準単位原価も計算されており，進捗度を用いなくても，仕掛品，半製品の品目番号単位の数量に標準単位原価を乗じるだけで，在庫の評価ができた。例外的に品目番号がない場合には，部品に分解して棚卸をしたり，まだ組立前である旨のチェックを入れ，当該工程の加工費のみ評価しなかったりすることができた。

　しかし，アルプス電気にて，「GINGA」と呼ぶ統合的生産管理システムを導入することとなり，「設計部品表」が導入されることとなった。設計部品表では製造手順を反映しないので，部品表の階層は圧縮され，棚卸時に記録すべき品目番号がなくなってしまった。著者はGINGAの原価計算・原価管理モジュールの開発を担当しており，設計部品表の導入には反対したが，製造部品表は，登録すべき品目数が多いため，登録，維持のコストを要するといわれ，結局，譲歩せざるを得なかった。困ってしまい，すでにMRP（Material Requirement Planning，あるいはManagement Resource Planning）システムの導入経験のある外部の方に相談し，品目番号＋工程（ショップ）番号を用いればよいと助言され，実地棚卸，仕掛品在庫評価の問題点を回避することができた。従って，結局，GINGAにおいても，進捗度は用いていない[1]。

　また，SAP S/4HANAに代表されるERPパッケージソフトウエアの原価計算モジュールの場合，仕掛品は指図書別に計算されるので，そもそも進捗率による評価が不要である。

　著者の調査ではないが，清水（2022）が進捗率に関する調査を行っているので，紹介したい。この調査結果によると，**図表2-9**の通り，「それぞれの仕掛品について実際加工進捗度を測定する」が，その割合は2011年22.3%，2020年20.7%にすぎず，簡便法である「工程を2つから4つ程度に区切り，その区切

り内にあるものをざっくり25％，50％，75％などとする」が17.4％，20.7％，「工程のあちこちに仕掛品がちらばっているので，仕掛品全量に対して50％としている」が21.5％，17.2％であった。このことからも，教科書通りに細かく進捗度を設定している企業が少ないことがわかる。

図表2-9■工程内仕掛品の加工進捗度測定方法

測定方法	清水　2011年	清水　2020年
それぞれの仕掛品について実際加工進捗度を測定する	22.3%	20.7%
完成品の標準時間に対する仕掛品の標準時間で測定する	8.3%	3.4%
工程を2つから4つ程度に区切り，その区切り内にあるものをざっくり25％，50％，75％などとする	17.4%	20.7%
工程のあちこちに仕掛品がちらばっているので，仕掛品全量に対して50％としている	21.5%	17.2%
加工進捗度はゼロとしている	13.2%	13.8%
その他・未回答	28.9%	24.1%
回答企業数	121社	29社

（注1）清水（2022）に基づき作成。
（注2）2020年は，新型コロナウイルス感染症の影響により，回答企業数が少ない。

8　単位原価計算

　単位原価計算とは，製品の部品表や工程表等の製造基本情報，賃率等の会計情報等の大量の情報を用いて，製品番号単位の製品原価を，材料から仕掛品，半製品，製品へと一単位ごとに積み上げて集計する原価計算の方法である。部品表積み上げ型原価計算，品目別積み上げ型原価計算と呼ぶ論者もいる。尾畑（2011）は，単位原価計算をスナップショット原価計算と呼び，最新の消費量情報，現時点での単価情報を組み合わせて，特定の製品の原価を合成し，それを価格と比較しようとするものであると定義し，リアルタイムの製品軸の原価情報把握の仕組みとして，単位原価計算の活用を主張している。

　単位原価計算は，標準原価計算における原価標準（標準単位原価）の設定に

用いられるだけでなく，実際の材料購入価格，実際賃率，実際消費数量，実際
時間等を用いれば，実際単位原価を計算することもできるし，価格，賃率，数
量，時間等に編成された予算の値を用いれば，予算単位原価を計算することも
できる。

　また，単位原価計算は，最も細分化された単位である製品番号（品目番号）
別に単位当たりの原価を計算するので，顧客別の販売数量を乗じれば，顧客別
の原価を算出することも可能であり，多角的な利益管理にも活用できる。前述
の通り著者は，アルプス電気在籍時に販売業績表を作成したことがある。販売
業績表は，販売部門の売上高から実際単位原価に基づいて算出した売上原価と
販売部門の直接費用を差し引いて，販売部門の貢献利益を算出した。しかし，
この販売業績表は，売上高に貢献していた販売部門が必ずしも利益に貢献して
いたとは限らないことを明らかにした結果，販売部門からの猛反発が起こり，
作成を中止することになってしまった。売上高が多く，社内で評価されていた
販売部門が単に安値で販売しているだけであることも明らかとなり，様々ない
いわけと，計算方法がおかしい等の批判を受けた。事実を報告したにもかかわ
らず，社内の圧力でつぶされてしまったことが今も悔しい。

　単位原価計算による実際単位原価の算出方法は，原価計算基準に記載された
実際原価計算の方法とは全く異なる。原価計算基準では完成品原価を完成品数
量で除して，単位原価を算出するが，単位原価計算では，原単位に価格を乗じ
て，単位原価で原材料から積み上げ計算を行っていく。この結果，単位原価計
算による実際単位原価は，棚卸資産の在庫を考慮しないので，総合原価計算で
算出した実際原価と差異が生じることとなる。従って，実際単位原価計算は特
殊原価調査として活用されることが多い。

　単位原価計算について，2011～2012年度調査で初めて採用率の調査を行い，
図表2-10の通り，製造業の70.7％は何らかの目的で単位原価計算を活用して
いることが判明した。2020年度にも改めて調査を行い，51.1％の企業が何らか
の目的で単位原価を採用していることが確認できた。

　ERPパッケージソフトウエア（例えば，SAP S/4HANA）が採用している品
目別実際原価計算は，部品表を用いて積み上げ計算を行う点で，単位原価計算
を採用しているともいえる。

図表2-10■単位原価計算の採用率

実施の区分	2011～2012年度	2020年度
原価標準（標準単位原価）の計算に単位原価計算を用いている	56.3%	37.8%
変動費あるいは直接費の実際単位原価の算出に単位原価計算を用いている	13.8%	8.9%
総原価の実際単位原価の算出に単位原価計算を用いている	21.8%	8.9%
売価決定や原価企画の見積り原価の算出に単位原価計算を用いている	27.6%	8.9%
予算単位原価（予算を製品番号別に細分化された目標原価）に単位原価計算を用いている	12.6%	4.4%
その他	5.7%	
実施していない	29.3%	48.9%
回答企業数	87社	45社

　単位原価計算は，実務家と一部の研究者しか注目しておらず，過半数の製造業で採用されているにもかかわらず，原価計算の教科書に記載されている例がほとんどない。これは研究者が実務の研究を怠っていることの典型に他ならない。ICTの活用により，ゆるやかではあるものの，原価計算にも変化が起きているが，その変化を把握できていないのだ。研究者，教員は，未だ原価計算基準の束縛から抜け出せていない。

9　原価計算基準

(1)　原価計算基準の適用状況

　日本の原価計算の議論は，原価計算基準を中心に行われている。また，原価計算の教科書の記述，公認会計士試験，日商簿記検定試験も原価計算基準に基づいて行われている。

　原価計算基準が制定されてから，すでに60年以上が経過したにもかかわらず，これまで一度も改訂が実施されていないのは，原価計算基準が企業会計原則に対して独自の性格を持ち，その内容は極めて完成度が高かった（諸井，2002）

ためである。しかし，原価計算基準制定当時の日本の産業構造や企業環境と比べると，以下の変化が生じており，実務において様々な問題点が生じている。

① 手作業から機械中心の生産方式への変化
② 大量生産から多品種少量生産への変化
③ 研究開発費や機械関連費用等の間接費の増加
④ AI（Artificial Intelligence：人工知能）やICTの進展
⑤ 生産，販売，研究開発等の分野における日本企業のグローバル展開
⑥ ブランドに代表される無形資産（知的資本）の重要性の拡大等

　著者らは，原価計算基準の適用状況について，継続的にアンケート調査を実施している。**図表2-11**の通り，この継続的調査の結果の分析は難しい。「原価計算基準を全面的に適用している」企業が約3割存在している反面，「原価計算基準は監査上の要請から適用しているだけであり，あまりその必要性を感じていない」，「原価計算基準に関係なく原価計算を実施している」と回答している企業が増加傾向にあり，特に非製造業において顕著である。一口に製造業といっても，機械化が進み，製造工程が大きく変わっている業界もあれば，未だに手作業中心の製造工程が続いている業界もあろう。そうした製造工程の変化の度合いが調査結果に反映されている可能性がある。
　一方で，著者の確信に近い仮説であるが，現行の原価計算手法を変えたくないという経理・財務部門の意思が反映されているのではないか。もし原価計算基準が改訂となると，原価計算システム，原価計算の作業に大きな変更が生じるのみならず，利益への影響も不可避である。経理・財務部門は，会計ビッグバン以降の会計基準変更，財務報告に係る内部統制の強化等で，疲弊しており，悲鳴に近い意思が反映されているのではないだろうか。このことは，**図表2-12**の通り，原価計算基準の改訂に対する意見にも反映されている。残念ながら，2020年度調査では，質問を削除してしまったが，過去3回の回答から，原価計算基準を改訂すべきではないとの意見は増加傾向にあることがわかる。

図表2-11■原価計算基準の適用状況

適用の状況	2001〜2002年度		2011〜2012年度		2020年度	
	製造業	非製造業	製造業	非製造業	製造業	非製造業
原価計算基準を全面的に適用している	22.1%	17.3%	29.2%	28.3%	33.3%	38.4%
原価計算基準の趣旨と業種の特殊性を反映させた自社の原価計算規定を作成し適用している	63.2%	38.7%	54.0%	36.6%	37.9%	15.1%
製品原価またはサービス原価の算定手続きに関してのみ原価計算基準を適用している	3.2%	8.0%	4.4%	1.7%	3.0%	2.7%
原価計算基準のうち原価管理の手続き（例えば標準原価計算制度）のみを適用している	2.1%	0.0%	0.9%	1.7%	9.1%	4.1%
原価計算基準は実情にそぐわなくなっているため，新たに自社の原価計算規定を作成し適用している	0.0%	0.0%	2.7%	1.7%	0.0%	1.4%
原価計算基準は監査上の要請から適用しているだけであり，あまりその必要性を感じていない	3.3%	9.3%	5.3%	5.0%	4.5%	19.2%
原価計算基準に関係なく原価計算を実施している	2.1%	14.7%	3.5%	10.0%	10.6%	19.2%
その他	1.1%	12.0%	0.0%	15.0%	1.5%	0.0%
回答企業数	96社	75社	113社	60社	66社	73社

（注）2001〜2002年度は，日本大学商学部会計学研究所「管理会計・原価計算の実証的研究」
　　　（研究代表者　髙橋史安）の調査結果であり，データは（髙橋，2014）に基づいている。

改訂の要否	1985年度	2001〜2002年度		2011〜2012年度	
	製造業	製造業	非製造業	製造業	非製造業
原価計算基準を改正する必要はない	34.6%	25.8%	30.7%	59.2%	56.4%
原価計算基準を改正すべきである	65.4%	74.2%	69.3%	40.8%	43.6%
回答企業数	312社	93社	65社	103社	55社

（注）1985年度は，日本大学商学部会計学研究所「経営原価計算に関する調査」（研究代表者 髙橋史安），2001〜2002年度は，日本大学商学部会計学研究所「管理会計・原価計算の実証的研究」（研究代表者 髙橋史安）の調査結果であり，データは髙橋（2014）に基づいている。

(2) 原価計算基準改訂の論点

　著者は，日本原価計算研究学会第29回全国大会の統一論題「経営環境の変化と原価計算基準」にて，「原価計算基準改訂の論点」と題して報告を行った。そして，『原価計算研究』（第28巻第1号，2004年）にて，「経営環境の変化と「原価計算基準」−「原価計算基準」改訂の論点」を発表し，原価計算基準を改訂すべきとの立場から改訂すべき点を列挙した。その後，『管理会計の理論と実務』の改訂（第2版）に当たり，加筆修正を行っている。原価計算基準改訂の論点を示すと，以下の通りである。なお，詳細は，拙著『管理会計の理論と実務』第2版を参照いただきたい。

---

① 原価計算基準は原価計算の目的に予算編成・統制，経営の基本計画策定目的を掲げているが，その具体的な記載がほとんどない。
② 原価計算の目的に価格決定目的を掲げているが，個別企業の製品価格決定ではなく，政府の調達物資の価格形成，公正価格，または統制価格の決定を意味している。
③ 責任会計制度と結び付けた原価の報告，評価についての記載がない。
④ 費目別計算，部門別計算，製品別計算というように，経営活動における原価の流れに沿った計算構造を採っているが，昨今，日本企業にも導入されつつあるERPパッケージソフトウエアが機能として有する部品表を用いた原価計算を想定していない。
⑤ 原価計算基準は手作業による製造を前提とした原価計算方法を採用しており，

現在の設備関連費用の増大を想定した原価計算の方法を採用していない。

⑥　原価計算基準では費目別計算，部門別計算と独立した計算手続きとなっているが，先進企業においては，明細仕訳で，同時に部門別集計されている。

⑦　1つの原価計算制度で複数の目的に対応しようとしている。

⑧　補助部門費について2次集計することを原則とし，ABC等による製品への直接的な割付計算や製品への直課は想定していない。

⑨　個別原価計算について，累加法や非累加法といった規定がない。

⑩　原価計算基準にはグローバルあるいは連結の概念が欠如している。企業のグローバル化が進むにつれ，連結原価計算の重要性が増しているが，原価計算基準には何ら記述がない。

⑪　非製造業の原価計算やソフトウエアの原価計算についての記述がない。

⑫　標準原価計算の役割低下，総合原価計算における直接原価計算の位置付け等に変化が生じており，原価計算基準の記述が必ずしも適切ではない。

⑬　ABC，品質原価計算，環境会計，ライフサイクルコスティング，原価企画，スループット会計，バックフラッシュコスティング，マテリアルフローコスト会計等，新しい原価計算・原価管理の記述がない。

⑭　原価計算基準では，製品原価，期間原価のみの計算を想定しており，顧客別原価，市場別原価，地域別原価等の多角的な原価計算を想定しない。

⑮　経営者に対する将来情報提供に寄与する原価計算についての記述がない。

⑯　原価要素の小分類が，企業の勘定科目体系と必ずしも一致していない。

⑰　部門より小さい原価計算・原価管理の単位が存在する。

⑱　原価計算基準では，度外視法を採っているが，マテリアルフローコスト会計では非度外視法を採用している。

　原価計算基準を改訂すべきか否かの議論には，財務会計基準として原価計算基準を位置付けるべきとの意見，経営管理の用具としての原価計算基準を位置付けるべきとの意見，両者の統合案等，様々な意見が存在している（髙橋，2009）。著者は，現行の原価計算基準によって，日本企業に標準原価計算が定着したように，保守的な日本企業に新しい原価計算（システム）・原価管理を導入し，国際競争力を回復するためのトリガーとするために，原価計算・原価管理の指針としての原価計算基準の見直しを主張してきた。

　現行の原価計算基準は，当初，管理会計的側面を強調したが，最終的に財務会計側に譲歩せざるを得ず，標準原価計算のみが残された。しかし，現在では財務会計目的の規定において原価計算基準より実務が先行しており，財務会計

的側面の見直しは，実務を肯定するかたちで，原価計算基準を整合させる程度でよい。

　一方で，日本企業の国際競争力が失われつつあることは事実であり，国家の問題として，国際競争力を回復しなければならない。また，日本企業は，法律，規則，基準として定められると，着実に実行できる組織能力を持つ。古くは消費税導入，財務報告に係る内部統制強化，最近では新収益認識基準，これからのインボイス対応，電子帳簿保存法対応も少なくとも大企業は大きな問題を起こすことなく対応するだろう。ならば，原価計算基準を改訂し，あるいは管理会計・原価計算のガイドラインを作成し，日本企業の原価計算・原価管理の見直しを強制的に進めるべきではないか。著者は，管理会計・原価計算を進歩させれば，企業を変革できると確信している。

10　原価計算の理論と実務の乖離

　原価計算基準が日本の原価計算及び原価管理の発展に寄与した功績は大きいが，現時点でも原価計算基準が公正妥当な会計基準であると認知されているが故に，新しい原価計算の手法を取り入れて，原価計算制度（システム）の抜本的見直しを実施することに対して，積極的になれない企業が多いのも事実である。また，日本の管理会計・原価計算，特に原価計算の教科書は，原価計算基準の解説本である。しかし，原価計算基準が発表されたのは，1962（昭和37）年である。その間に経済環境も激変し，かつ企業の実務は理論よりも柔軟な対応をしてきた。学生が教科書で学んだ通りの管理会計・原価計算を企業が実施しているとは限らないため，社会に出てから戸惑うことになるのだ。

●注 ─────────────
1　アルプス電気（現アルプスアルパイン）は，現在，SAP社のERPパッケージソフトウエアを用いて，「GINGA」は用いられていない。
2　第2章は「管理会計と理論と実務の乖離」『経理研究』（中央大学経理研究所）第58号，2015年を基礎にして大幅に加筆修正している。

第3章

管理会計・原価計算とICT

1 ERPパッケージソフトウエア

(1) ERPパッケージソフトウエア導入が進んだ背景

　コンピュータシステムを使って早くから効率化が図られた業務に給与計算と一般会計がある。1960年代から「EDP（Electronic Data Processing）会計」として，一般会計システムが大企業に開発，導入された。

　著者が1982年にアルプス電気に入社し，古川事業部に配属された際には，東芝製の分散処理計算機，いわゆるオフコンの「DP」シリーズで開発された「経理システム」が稼動していた。しかし，併設されていた中央研究所の会計処理は伝票会計で行われていたのを記憶している。その後，著者は，この「DP」シリーズを使って，第一古川事業部（第一古川事業部と第二古川事業部に分割された）の「個別原価計算システム」（個別原価計算は指図書別原価計算ではなく，単位原価計算を意味する。当時の著者が不勉強であったことを示している）の開発を進め，また，全社統一システムとして，「原価計算システム」，「決算システム」，「現金出納システム」，統合的生産管理システム「GINGA」の開発に関与することになった。アルプス電気にかかわらず，当時の日本企業の会計情報システムは，「スクラッチ開発」，つまり自社開発が中心であった。

　しかし，いわゆる「2000年問題」が発生する。2000年問題とは，2000年にな

ると，コンピュータシステムが誤作動する問題である。当時のコンピュータシステムはメモリーを節約するため，西暦を2桁で扱っていた。1999年は「99」と表現していたが，2000年になると，「00」となるので，1900年と見なしてしまい，日付順に並べようとすると，順序がおかしくなる等の誤作動を起こす可能性があった。また，2000年は，特殊な閏日（2月29日）であったが，平年として取り扱ってしまうシステムも少なくなかった。

この2000年問題がきっかけとなって，日本企業にもERPパッケージソフトウエアが導入されるようになる。新しいシステムを自社開発するのでは間に合わないので，パッケージソフトウエアであるERPパッケージソフトウエアを導入して対応しようとしたのである。

著者は，1996年にアルプス電気から，アーサーアンダーセン ビジネスコンサルティングに転職し，コンサルタントとなる。転職直後の最初のコンサルティングが，SSAグローバル テクノロジーズが開発したERPパッケージソフトウエアのBPCSであった。2日間の研修を受けて，グローバル企業の日本法人への導入支援を行った。今思えば，いわば素人のコンサルティングだったので，この外資系企業の日本法人には迷惑をかけたが，この時のコンサルティングで得た知見により，その後，SAP R/3，Oracle e-Business Suite，GLOVIA SUMMIT等の導入コンサルティングを担当できるようになる。

日本企業のERPパッケージソフトウエア導入の多くは，一部モジュールのみの歪（いびつ）な形での導入だった。ERPパッケージソフトウエアとは，本来，Enterprise Resource Planningの略であり，全社の経営資源の最適化計画を意味するが，一般的には統合的基幹業務パッケージソフトウエアと解釈されている。つまり，購買（資材調達），生産，販売，人事，会計等が一体となったソフトウエアである。マイクロソフト社のWord，Excel，PowerPoint，Access，Outlook，Teamsを統合してOfficeとなっているイメージである。

(2) ERPパッケージソフトウエアの導入状況

著者の2020年度調査では，**図表3-1**の通り，回答企業全体の65.1%の企業が，ERPパッケージソフトウエアを導入していた。清水（2022）も同様の調査を行っているが，ERPパッケージソフトウエアを導入していると回答した企業は

57.7%であった。市場区分別では，東京証券取引所一部上場企業が最も高く，72.6%であった。また，2019年度の連結売上高別では，500億円未満35.0%，500億円以上1,000億円未満42.1%，1,000億円以上3,000億円未満68.0%，3,000億円以上5,000億円未満69.2%，5,000億円以上70.0%であった。大規模な企業ほど，ERPパッケージソフトウエアの導入が進んでいる。

図表3-1 ■ERPパッケージソフトウエアの導入状況

導入の区分	東証一部	東証二部	その他	合計
親会社のみにERPパッケージソフトウエアを導入	16.8%	45.0%	32.4%	24.3%
親会社と一部の子会社に同一のERPパッケージソフトウエアを導入	24.2%	10.0%	10.8%	19.1%
親会社と一部の子会社に異なるERPパッケージソフトウエアを導入	13.7%	0.0%	2.7%	9.2%
親会社，子会社のすべてに同一のERPパッケージソフトウエアを導入している	3.2%	5.0%	2.7%	3.3%
親会社，子会社のすべてにERPパッケージソフトウエアを導入しているが，同一ではない	5.3%	0.0%	0.0%	3.3%
子会社にERPパッケージソフトウエアを導入している	9.5%	0.0%	0.0%	5.9%
ERPパッケージソフトウエアを導入している割合の合計	72.6%	60.0%	48.6%	65.1%
回答企業数	95社	20社	37社	152社

（注）東京証券取引所は2022年4月から市場区分を見直しているが，アンケート調査は2020年9～11月に実施しているので，旧の市場区分となっている。

　2020年度調査結果では，約2/3の企業がERPパッケージソフトウエアを導入していることとなるが，注意が必要である。親会社，子会社のうち1社でも，また，一部のモジュールだけでもERPパッケージソフトウエアを導入していると計算しているからである。また，「親会社，子会社のすべてに同一のERPパッケージソフトウエアを導入している」との回答は，3.3%にすぎない。全体では，親会社のみにERPパッケージソフトウエアを導入している企業が最も多く，24.3%であった。

　親会社，子会社に同一のERPパッケージソフトウエアを導入している日本企

業として有名なのは，花王であろう。花王では，2000年から「Asian Business Synchronization」プロジェクトとして，SAP R/3導入が開始され，2005年にアジア各国の関係会社に，そして，2010年に日本国内の親会社，関係会社に，SAP R/3の販売（SD），生産（PP/APO），購買（MM），会計（FI/CO/ECC/SEM）等の主要モジュールを導入している。現在は最新のバージョンであるSAP S/4 HANAも導入済である。

　また，花王では，次の段階として，SAP Central Financeを用いた「GMAP（Global Management Accounting Platform：グローバル経営情報基盤）」の構築も進められた（吉田＆花王，2020）。花王は，著者も何回もインタビューに訪問させていただいているが，会計分野のみならず，経営管理全般のベストプラクティス企業であろう。

　さて，ERPパッケージソフトウエアの会計モジュール（財務会計・管理会計・原価計算）の導入状況はどうであろうか。2020年の調査では，**図表3-2**の通り，51.4%の企業がERPパッケージソフトウエアの会計モジュールを導入している。

図表3-2 ■ERPパッケージソフトウエア　会計モジュールの導入状況

東証一部	東証二部	その他	合計
61.1%	33.3%	34.2%	51.4%

（注）回答企業数合計は148社である。

　一方，会計モジュールでも，原価計算の機能の導入状況は，**図表3-3**の通り，29.2%に止まっている。原価計算の機能を活用するためには，生産管理や購買等のモジュールの導入が前提となるが，前述の通り，日本企業は会計モジュールのみを導入している企業が少なくないため，導入することができないのだ。もう1つの理由は，海外製のERPパッケージソフトウエアが採用する原価計算方法が，これまで日本企業が採用してきた原価計算方法，あるいは原価計算基準に明確に記載されている方法と異なる点も理由である。海外製ERPパッケージソフトウエアが採用する方法は，指図書別原価計算，標準原価計算，品目別実際原価計算等である。日本企業では実際原価計算を採用する企業が，2020年度調査で，55.6％と多いが，多くのERPパッケージソフトウエアにおいて，実際原価計算を実施しようとすると，標準原価計算を採用し，原価差異の

配賦計算が必要となる。また，原価差異の配賦計算も，標準機能では原価計算基準に記載された処理と異なるため，二の足を踏んでしまうのだ。

　そもそも原価計算基準の前書きには，「個々の企業の原価計算手続を画一に規定するものではなく，個々の企業が有効な原価計算手続を規定し実施するための基本的なわくを明らかにしたものである。したがって，企業が，その原価計算手続を規定するに当たつては，この基準が弾力性をもつものであることの理解のもとに，この基準にのつとり，業種，経営規模その他当該企業の個々の条件に応じて，実情に即するように適用されるべきものである。」と記載されており，ERPパッケージソフトウエアは，「クローバル標準」としての原価計算を採用しているので，公認会計士の監査にも十分に耐えられるはずである。しかし，経理・財務部門責任者，時として公認会計士の心理的な障壁もあり，なかなか導入が進んでいないのである。

図表3-3■ERPパッケージソフトウエア　原価計算機能の活用状況

東証一部	東証二部	その他	合計
34.5%	27.8%	15.6%	29.2%

（注）回答企業数合計は137社である。

　この問題は，国際会計基準の強制適用に対して，実務界から起きた反対論を思い出させる。日本では，2009年6月に企業会計審議会が「我が国における国際会計基準の取扱いに関する意見書（中間報告）」を公表し，2010年3月期から一定条件下で国際会計基準の任意適用を解禁，2015～2016年に強制適用するかどうか，2012年末をメドに決定するとした。この方針は事実上の強制適用の決定であると受け止められ，原価計算に大きな影響を与えるとして，製造業から反対の声が相次いだ。

　しかし，「我が国のIFRS対応に関する要望」に名を連ねた反対派の上場企業19社のうち14社が，現在（2023年2月現在）では国際会計基準を採用あるいは採用を決定している。正直いって，反対派の先頭に立っていた三菱電機が2019年3月期から国際会計基準の適用に踏み切った時には，正直驚いた。今，振り返れば，国際会計基準の強制適用を急いだ金融庁に対する反発であったのであろう。著者自身が経理・財務部門出身であり，また，コンサルタントとして，

多くのCFO（最高財務責任者），経理部長等の経営者，管理者と接してきたが，基本的に保守的な人財が多いのが，経理・財務部門なのである。

　話が逸れてしまったが，原価計算方法を変更することは，経理・財務部門の責任者にとって，大きな決断が必要となるため，ERPパッケージソフトウエアの持つ原価計算機能を採用できないまま，既存のレガシーシステムを使い続けている企業が少なくない。

　一方で，原価計算方法の変更に関する追い風もある。2014年３月期から「当期製品製造原価については，その内訳を記載した明細書を損益計算書に添付しなければならない。ただし，連結財務諸表において，連結財務諸表規則第15条の２第１項に規定するセグメント情報を注記している場合は，この限りではない。」と財務諸表等規則が改正され，連結決算を実施していない企業，単一セグメント企業を除いて，有価証券報告書に製造原価明細書を掲載する必要がなくなった。このため，原価計算方法の注記が不要となり，原価計算方法の継続性の問題は小さくなったといえる。

⑶　ミツバの事例

　最近は変化が生じているが，これまでの日本企業のERPパッケージソフトウエア導入は，統合化されたシステムとしての導入ではなく，一部モジュール，特に会計モジュール先行で進められた。実際に私が担当したERPパッケージソフトウエア導入支援の多くも，会計モジュールのみの導入であった。例外は，前述のBPCS導入と，ミツバへのSAP ERPの導入[1]である。

　ミツバは，群馬県桐生市に本社がある自動車部品企業であり，東京証券取引所プライムに上場しているグローバル企業である。ミツバは，2000年に全社基幹システム再構築の第一段階として，経理業務の効率化を図るべく，SAP R/3のFI（一般会計モジュール），CO（管理会計・原価計算モジュール）を導入し，2005年にはSAP ERPを「ミツバ基幹システム」として導入して，国内外の関係会社にも展開している。著者は，この両導入支援の責任者を務める機会に恵まれた。この導入支援には，アルプス電気で担当した会計システム開発のみならず，統合的生産管理システム「GINGA」や，販売管理システム「Rainbow」の開発に参画して得た知見が活用できた。ミツバは，トヨタ生産方式の「カン

バン方式」を採用していたため，SAP ERPのMRPからMES（Manufacturing Execution System）を通じて，どのようにかんばん方式に製造計画データを受け渡し，製造活動を行うかについて，昼夜を問わず，議論を繰り返したことを覚えている。

　このミツバのSAP ERP導入が注目されたのは，購買（MM），生産（PP），販売（SD），会計（FI/CO），人事給与（HR）という企業の基幹業務すべてにSAP ERPを導入したこと，そして，会計面では，導入例が少ないCO-ABC（活動基準原価計算），IM（投資管理）のモジュールも導入したこと，その後，SAP ERPを海外の子会社を含めて展開したことによる。つまり，ミツバグループの統合的基幹業務システムとして，ERPパッケージソフトウエアを一斉導入（いわゆるビッグバン導入）したことで注目された。

(4)　ERPパッケージソフトウエアと管理会計・原価計算

　昨今，統合報告書の開示により，非財務的業績評価指標の管理が重要となっている。しかし，ERPパッケージソフトウエア等により，基幹業務の情報の一元化がなされていないため，個別に情報を収集しているのが実態である。ERPパッケージソフトウエアベンダーは早くから，「デジタルコクピット」（飛行機のコクピットのように情報を可視化，一元化する仕組み）を提唱しているが，日本企業では，まだその実現には程遠い。

　ERPパッケージソフトウエアの導入により，日本企業の管理会計・原価計算が高度化しているか否かを考察するため，2020年度調査に基づいて，ERPパッケージソフトウエア導入企業と未導入企業の管理会計手法の導入割合を比較してみたい。

　まず，固定費の管理単位について，ERPパッケージソフトウエア導入企業と未導入企業の間に差が生じていたのは，**図表3-4**の上段の通り，高額固定費を稟議書，ワークフローを用いて，事前統制しているとの回答が，ERPパッケージソフトウエア導入企業43.4%，未導入企業37.7%，そして，活動やプロジェクト別に管理しているとの回答が，それぞれ30.3%，20.8%であり，ERPパッケージソフトウエア導入企業の方が高かった。しかし，勘定科目別管理は，68.7%，77.4%，すべての支出，発生費用を取引単位で管理は35.3%，47.2%で，

ERPパッケージソフトウエア導入企業の方が低い。

　利益管理の単位（プロフィットセンター）については，図表3－4の下段の通り，サービス群別が10.2％，1.9％，サービス事業別が42.9％，34.0％，地域別が18.4％，5.7％，顧客別が23.5％，13.2％と，ERPパッケージソフトウエア導入企業が高い割合を示したが，他の単位では，許容誤差を考慮すると，差として認めることができない単位，逆にERPパッケージソフトウエア導入企業が低い割合を示した単位もあった。

図表3－4 ■ERPパッケージソフトウエア導入と管理会計・原価管理の単位

単位の区分		全体	ERP導入	ERP未導入
固定費の管理	部門（組織）別に管理している	73.0%	73.7%	71.7%
	勘定科目別に管理している	71.7%	68.7%	77.4%
	高額固定費を稟議書，ワークフローを用いて，事前統制している	41.4%	43.4%	37.7%
	すべての支出，発生費用を取引単位で管理している	39.5%	35.3%	47.2%
	活動やプロジェクト別に管理している	27.0%	30.3%	20.8%
利益管理の単位	製品番号別	13.8%	11.2%	18.9%
	製品群別	29.6%	30.6%	28.3%
	製品事業別	32.9%	29.6%	37.7%
	サービス群別	7.2%	10.2%	1.9%
	サービス事業別	39.5%	42.9%	34.0%
	営業所別	33.6%	34.7%	32.1%
	地域別	13.8%	18.4%	5.7%
	顧客別	19.7%	23.5%	13.2%
回答企業数		152/151	99/98	53/53

（注）回答企業数の前者が固定費の管理に関する質問，後者が利益管理の単位に関する質問の回答企業数である。

　次にERPパッケージソフトウエア導入と管理会計・原価管理手法の関係を調べた。図表3－5の通り，ABC/ABM/ABB，バランス・スコアカードの導入に差が生じているが，標準原価計算，直接原価計算，連結原価計算はほぼ同じ

導入割合であった。ABC/ABM/ABB，バランス・スコアカードの導入割合が
高いのは，ERPパッケージソフトウエアを用いて，これらの手法を導入したの
か，あるいはERPパッケージソフトウエア導入企業は，企業変革への意欲が高
いため，ERPパッケージソフトウエア導入に関係なく，これらの手法を導入し
たのかは，アンケート調査では明らかにできなかった。SAP（R/3，ERP，S/4
HANA等）の場合，CO-ABC，SEM-CPMは，導入の多いモジュールではない
ため，おそらく後者である可能性が高い。

図表3−5 ■ERPパッケージソフトウエア導入と管理会計・原価管理手法

手法	全体	ERP導入	ERP未導入
標準原価計算	39.5%	39.4%	39.6%
直接原価計算	42.4%	42.9%	41.5%
連結原価計算	41.3%	41.2%	41.5%
ABC/ABM/ABB	11.1%	12.5%	5.7%
バランス・スコアカード	7.4%	9.1%	5.3%
回答企業数	149〜153社	97〜100社	52〜53社

（注）回答企業数は，手法単位で異なる。

　これから推測する限り，日本企業のERPパッケージソフトウエア導入は，前
述の通り，企業の全業務分野のモジュールを導入するのではなく，会計モ
ジュールのみの導入が多いため，ERPパッケージソフトウエアの持つ本来の機
能を十分に活用していない。
　一方で，中小企業に目を向けてみよう。中小企業の場合，税理士に委託し，
記帳を代行してもらうことも少なくない。経理のアウトソーシング会社に依頼
する場合もあるだろう。PCインストール型の会計ソフトウエア（中にはERP
パッケージソフトウエアと自称しているソフトウエアもある）には勘定奉行，弥生
会計，会計王，JDL IBEX会計等がある。
　昨今，利用が急拡大しているのが，クラウド型の会計ソフトウエアであり，
その代表格がfreeeやMoney Forwardである。もちろん，既存のPCインストー
ル型の会計ソフトウエアベンダーもクラウドサービスを開始している。中小企
業の場合，税務申告を行うことが会計ソフトウエア導入の目的であることが多
い。会計ソフトウエアを使えば，仕訳生成から財務諸表作成，税務申告まで一

気通貫で処理を行うことが可能である。また，クラウド型会計ソフトウエアの場合，スマートフォンでも利用できる手軽さ，AIも活用した最先端ICTの活用が急成長の要因である。今やスマートフォンで領収書を撮影すれば，仕訳データを生成することもできる。

これらの中小企業向けの会計ソフトウエアでも十分な機能を有しており，上場企業の関係会社でも比較的小規模であるならば，十分な機能を有している。著者は，ある上場企業の連結決算の早期化を進めるため，ボトルネックとなっている子会社の情報システムの刷新を担当したことがある。当初，親会社の利用しているERPパッケージソフトウエアの導入を検討したが，導入・運用コストが高い判断し，勘定奉行を導入することになった。実際に導入を終えて，ERPパッケージソフトウエアに比べて導入が容易であり，必要にして十分な機能を有していることを再認識した。今後，電子帳簿保存法対応，消費税のインボイス制度という追い風も吹いており，今後も導入企業が増加すると予想される。

2　連結決算パッケージソフトウエア

上場企業の経理・財務部門のICT化において，忘れてはならないのが，連結決算パッケージソフトウエアであろう。著者もコンサルタントだった当時，連結決算パッケージソフトウエアHyperion Enterpriseの販売を担当した時期があった。Hyperionは，海外の企業であったので，日本の会計基準による連結調整仕訳の機能を有しておらず，コンサルティング会社がアドオンソフトウエアを開発していた。Hyperion Enterpriseは，その後，Hyperion Financial Managementに進歩し，また，HyperionもOracleに買収された。

日本においては，アバントのDivaSystem LCA，電通国際サービスのSTRAVISを採用する企業が多い。これらの連結決算パッケージソフトウエアは，財務会計上の連結決算に止まらず，管理会計，グループ経営管理のプラットフォームとして機能を拡張してきている。

著者は，2020年度のアンケート調査で，連結決算パッケージソフトウエアの導入状況の調査を行っているが，上場企業全体への連結決算パッケージソフト

ウエアへの導入割合が，**図表3-6**の通り，50.7%と想定よりも低い割合に止まった。理由としては，上場企業でも子会社がない等により連結決算を実施していない企業があること，Excelを用いて連結決算を実施している企業があること，ERPパッケージソフトウエアの連結決算モジュール，SAP S/4HANAの場合，SAP Financial Consolidationを利用している企業があることが理由として考えられる。

図表3-6 ■連結決算パッケージソフトウエアの導入状況

東証一部	東証二部	その他	合計
67.4%	38.9%	11.4%	50.7%

（注）回答企業数合計は148社である。

　著者が注目しているのが，経理業務変革プラットフォームとして販売しているBlackLineである。仕訳入力，勘定残高の確認・照合，経理・決算業務の進捗管理，差異・増減分析，入金消込，関係会社間の内部取引管理等の機能を有している。アルプス電気に在籍時，著者は「決算システム」という事業部の決算仕訳，原価計算，原価差異配賦，財務諸表作成を自動化する情報システムを開発し，事業部の決算の早期化を実現した。事業部の決算処理は，相対的に種類が少なく，定型化されているので，システム開発ができたが，本社経理部の決算処理は，種類も多いため，結果，関与する経理担当者も多く，また，非定型で，Excelで計算をすることが多いため，情報システム化は投資対効果が低いと判断された。こうした決算業務の効率化を実現するプラットフォームがBlackLineである。ERPパッケージソフトウエアの事例として紹介した花王は，すでにこのBlackLineを使って，業務の可視化，業務の標準化と自動化，内部統制の強化を実現している（BlackLine，2022）。花王では，ERPパッケージソフトウエアであるSAP S/4HANA，連結決算パッケージソフトウエアであるDivaSystem LCAを活用しているが，それらのシステムでは活用できない「すきま」の業務が残っていた。それらの業務を，BlackLineを用いて「埋めた」のだ。改めて花王の会計財務部門は，「スゴイ」と思う。

3 RPA

(1) RPAとは何か

　RPA（Robotic Process Automation）についても触れておく必要があるだろう。Roboticという単語が用いられているので，人型のロボットを想像してしまうが，プログラム不要の自動化ツールである。例えば，全国の営業所からメールを使ってExcelファイルで環境会計用データを送ってもらい，全営業所のExcelファイルから集計用のExcelファイルにコピー&ペイスト（貼り付け）を行って，集計表を作成し，さらにグラフを作成するようなケースである。定例化されているにもかかわらず，Excelを使って集計している業務は少なくない。このような場合，RPAを使うと，RPAはまずメールシステムに営業所からメールが届いているか否かを自動的に確認し，未着の場合，催促のメールを発信できる。全営業所からメールが届くと，パスワードを入力してExcelファイルを開き，セルを選択して，集計用のExcelにコピー&ペイストする。これを全営業所で繰り返し，集計表にデータが集計され，Excelの機能でグラフが作成される。さらに作成された集計表のExcelファイルを管理者や経営者にメールに添付して送付することもできる。これらの作業を人間と違い，夜間に自動で実施できるので，朝，経理・財務部門の従業員が出社した時には，集計，配信まで完了しているのだ。RPAの最大の利点は，小回りの利くシステム化だろう。

　RPAには，WinActor，UiPath，Automation Anywhere，Power Automate，RoboTANGO等がある。著者が使用したことがあるのは，NTTデータのWinActorとMicrosoftのPower Automateの機能限定版であるPower Automate for Desktop[2]である。

　著者は，校務にて，約1,200名の学生に対して個別にメールを送信する必要が生じた際にPower Automate for Desktopを用いて，Excelからメールアドレスやデータをコピペして，個人別にGmailでメールを発信する作業を自動化した。1通1通メールを作成，発信するので，RPAでも長時間を要したが，夜間に処理をさせたので，朝，大学に出校した際には発信を終了していた。人間

と違い，メールアドレスを間違えて発信してしまうこともないので，十分なテストを行い，手順に誤りがない限り，セキュリティ上も安心である。

(2) RPAの導入状況

著者のアンケート調査によると，**図表3-7**の通り，会計分野へのRPAの導入には上場企業全体で25.7%，東証一部上場32.6%，東証二部上場16.7%，その他市場上場11.4%であった。規模が小さい企業が多い市場区分の方が，RPA導入割合が低い傾向にあることがわかる。著者の調査と時期が近いMM総研（2021）の2021年1月時点での調査では。年商50億円以上の企業の社数ベース普及率は37%，年商50億円未満では10%であったという。調査の対象が，企業全体と，会計分野（経理・財務部門）で異なるので，単純比較はできないが，決して会計分野でのRPA活用が進んでいるとはいえないだろう。

図表3-7 ■RPAの導入状況

東証一部	東証二部	その他	合計
32.6%	16.7%	11.4%	25.7%

（注）回答企業数合計は148社である。

それでも，ERPパッケージソフトウエアに比べて，急速にRPAの導入が進んでいるのは，導入コストが安価であるためであろう。企業規模により導入コストが異なるため，一概にいうことは難しいが，上場企業の場合，ERPパッケージソフトウエアが通常，億円単位での導入コストが必要であるが，RPAは十～百万円単位で済むので，導入の障壁は低い。

しかし，著者の場合，古くはBASICやCOBOL，最近ではExcelのマクロ，GAS（Google Apps Script）を使って業務効率化に取り組んだ経験もあるので，比較的容易に活用ができたが，こうした経験，知見がないと，現行のRPAは，Excelの四則演算，関数のように誰でも容易に使えるツールとはなっていないことも事実である。スマートフォンが急激に普及したように，ICTのツールは，臨界点（ティッピングポイント）となると，普及が加速する傾向があるが，「ノーコード」といっても，現在のRPAの難易度では，経理・財務部門の従業員のICTリテラシーがボトルネックとなってしまうだろう。Excelを電卓の延

長で四則演算しか使用していない者が，RPAを使いこなすことは難しい。

4　原価計算システム

(1)　原価計算システムの状況

　原価計算のパッケージソフトウエアも販売されているが，2020年度の調査によると，**図表3-8**の通り，原価計算パッケージソフトウエアを導入している企業は，全体で16.8%にすぎず，37.2%は自社開発のシステム，29.2%はERPパッケージソフトウエアを活用，驚くべきことにMS-Office（Excel，Access）を使用して原価計算を行っている企業も16.1%あった。

図表3-8■原価計算システムの構築方法

構築方法	回答割合
ERPパッケージソフトウエアを活用している	29.2%
その他の原価計算パッケージソフトウエアを活用している	16.8%
パッケージソフトウエアは使用せず，自社開発ソフトウエアを使用している	37.2%
MS-Office	16.1%
その他	0.7%
回答企業数	137社

(2)　原価計算パッケージソフトウエアの導入状況

　ERPパッケージソフトウエアの原価計算モジュールについては，すでに考察しているので，ここでは原価計算専用のパッケージソフトウエアについて考察して行きたい。

　著者は，2020年度の調査で使用している原価計算パッケージソフトウエアの調査も行っているが，選択肢として用意したのは，ERPパッケージソフトウエアの他，富士通 GLOVIA ProcessC1，AMMIC/NetC，JFEシステムズ J-CCOREs，ビジネスエンジニアリング MCFrame，日立ソリューションズ ECObjects/CostACC，ソートウェア ProSeeである。他のソフトウエアを使用している場合，その名称記入欄を設けたが，回答されたソフトウエアには，建設クラウド，

オービック OBIC7，SCSK ProActive C4，GRANDIT MFG/Pro，川田テクノ
システム Direct R 原価管理システム，富士通 BEStPRO-原価C3，ビーブレイ
クシステムズ MA-EYES等があった。正直いって，回答欄を見て，初めて知っ
た原価計算パッケージソフトウエアもあり，多種類の原価計算システムが存在
することがわかる。

図表3-9■原価計算で活用しているパッケージソフトウエア

パッケージソフトウエア名	割合
SAP S/4HANA等のCO-PC	32.2%
Oracle E-Business Suite	8.5%
富士通 GLOVIA ProcessC1	11.9%
AMMIC/NetC	1.7%
JFEシステムズ J-CCOREs	1.7%
ビジネスエンジニアリング MCFrame	10.2%
ソートウェア ProSee	1.7%
その他の原価計算パッケージソフトウエア等	33.9%
回答企業数	59社

（注1）Excelは原価計算パッケージソフトウエアとして扱っていない。
（注2）ERPパッケージソフトウエアを活用している，原価計算パッケージソフトウエアを
　　　活用していると回答した企業数63社のうちの59社であり，割合は59社を分母とした
　　　割合である。

　ERPパッケージソフトウエアを除いて，採用が最も多かったのは，**図表3-
9**の通り，富士通 GLOVIA ProcessC1で11.9%，次いでビジネスエンジニアリ
ングのMCFrame（CS/PCM）が10.2%であった。選択肢にはなかったその他の
パッケージソフトウエアも33.9%と多い。
　過去の開発の経緯からいうと，GLOVIA ProcessC1，J-CCOREsは，プロセ
ス型企業に強いソフトウエアである。MCFrameは，もともとは生産管理の原
価管理機能として搭載されたが，MCFrame以外のシステムと連携し，
MCFrame原価計算単独での導入も可能であると認識している。その他のパッ
ケージソフトウエアでは建設業及びプロジェクト管理用のソフトウエアが多
かったが，プロセス型，組立型，建設型等，得意分野が異なることから，導入
ソフトウエアも分散しているようだ。

原価計算は，一般会計と異なり，業界，製品，生産方式，自社のビジネスモデルの影響を受けること，インターフェイスが多く，導入コストが多額，導入期間が長くなること，パッケージソフトウエアに合わせて原価計算方式を変えると，業績評価が変わってしまうことから，自社開発のレガシーソフトウエアが未だ残っている企業が少なくない。経済産業省デジタルトランスフォーメーションに向けた研究会（2018）が「2025年の崖」という言葉を使い，複雑化，老朽化，ブラックボックス化した既存の情報システムが残存した場合に，国際競争への遅れや我が国の経済の停滞が生じることへの警鐘を鳴らしたが，日本企業の自社開発の原価計算システムはまさに「2025年の崖」に直面している。

5　クラウドシステム

　テレビでも，電子帳簿保存法対応，消費税のインボイス対応とうたうクラウド型の会計パッケージソフトウエア，経費精算パッケージソフトウエアのコマーシャルが頻繁に流れている。多くは中小企業向けであるが，上場企業の子会社の規模ならば十分な機能を有しているソフトウエアも多い。著者は，主として上場企業のコンサルティングを経験してきたこと，また，研究者としても上場企業の管理会計・原価計算実務に焦点を当てて研究したことから，これらのクラウド型のソフトウエアの全体像をつかんではいない。しかし，これらは，トライアルアンドエラーで開発が行われるアジャイル型ソフトウエア開発の手法を採用し，ユーザーの声等に基づいて頻繁にバージョンアップを繰り返して，機能の強化，拡張を図り，進歩のスピードが非常に速い。従って，大企業向けの多機能のソフトウエアをキャッチアップするのも遠くない将来であろう。経理・財務部門は，より安価な運営コストを実現するため，こうしたソフトウエアにも関心を持っておく必要がある。

　クラウド型のソフトウエアには，Googleが提供するWorkspace等の統合ソフトウエアもある。大手企業の中にも，MS-OfficeをWorkspaceに切り替えた企業もある。営業所や支店等を多数抱える企業において，データ集計に活用できるのがアンケート集計ソフトウエアで，Google Forms，Questant，SurveyMonkey等がある。著者は大学の授業での課題，試験でLearning Management System

に加えて，Google Formsを活用している。本書にしばしば登場する2020年度調査のアンケートの回答においては，多機能なSurveyMonkeyを使用した。RPAで紹介した全営業所の環境会計用のデータを収集する例でも，メールを使わず，アンケート集計ソフトウエアでもデータ集計することが可能である。

　アンケート集計ソフトウエアというと，機能が限定されてしまうように思えるが，著者はある企業の受注システム構築において，Google Formsの採用を提案した。この企業では，相変わらず紙とFAXで受注を受けており，大変な手間を要していた。業務改善を議論すると，現場は大規模なシステムに期待する声が多く，一方で経営者に聞くと，投資の優先順位からすると，大規模なICTの投資はできないといい，結局，紙とFAXの仕事が続いていた。そこで，Google Formsを用いて，顧客から受注データを入力してもらうことを提案した。Google Formsはパソコンがなくても，スマートフォンからの入力も可能である。紙とFAXをパソコンに入力する手間，入力ミスがなくなり，Google Spreadsheetは，Excelと互換性があるため，Excelで集計したり，csvファイルに変換して販売システムや生産システムとのデータ連携をしたりすることも容易である。かつて，経理・財務部門では，Excelを使って業務改善が進められたが，今やクラウドの活用が効率的，効果的である。しかし，それらを十分に活用できている経理・財務部門は少ない。

　また，Excelについても，四則演算のみで活用している経理・財務部門の担当者が少なくない。関数やピボットテーブル，マクロを使えば，短期間で，安価に手作業を効率化できる。教育の話ではあるが，著者は記述式のレポートでもあっても，評価の素点をGoogle Forms，Excelの関数，最近では生成AIも使って，素点の採点を自動化している。その上で著者が質の面からの評価を加算して，レポートの最終評価としている。

　また，課題や試験の点数は，Excelで集計されていて，すべての課題や試験のデータが入力されれば，成績評価は自動的に行われる。もちろん著者による調整は加えているが，著者は学務情報システムへのアップロードを含めて，一気通貫の仕組みを構築しているので，多くの教員が苦労している成績評価が短時間で完了してしまう。加えて，学生たちがインターネットの情報をコピペしてレポートを作成する場合が少なくないため，著者は，記事・文章コピペ

チェックツールであるコピペリンを使っているし，授業用の動画は，STORM Xeを使用してPowerPointから自動作成している。STORM Xeは，読み上げに不自然さは残るが，学生たちはYouTubeで読み上げソフトウエアを使った音声を普段から聞いているので，違和感はないようである。これからは，学生たちがレポート作成時に活用すると予想されるChatGPTのような生成AIへの対応も求められるだろう。教育に限らず，経理・財務部門の仕事においても，こうしたICTのツールをどれだけ発見し，使いこなすか否かが重要である。少なくとも著者が接してきた経理・財務部門の従業員は，こうしたICTツールに対するリテラシーが低い。

　今後の経理・財務部門の人財は，会計システムが操作できる，Excelが使えるだけの従業員の集合体では，部門として生き残ることはできない。今後の経理・財務部門には，財務データの分析のみならず，非財務データと結び付けた分析ができる組織能力が必要である。単に売上高が減少したから，原価が増加したから，利益が減少したという報告では，経営者は満足しないだろう。売上高が減少した原因は何なのか，原価が増加した原因は何なのかを，統計分析により本質的な原因を突き止め，かつ対策を含めて報告することが求められる。

　著者にいわせれば，標準原価計算の原価差異分析は，分析ではない。原価差異分析は，原価差異を単に分解し，状況を説明しているにすぎない。材料費差異が生じたなら，原価差異がいくら（How much）であるかに止まらず，原価差異がいつ（When），どこで（Where），誰が（Who），何を（What），どのように（How），そして，なぜ（Why）の5W2Hを明らかにしなければならない。管理会計の学術研究は，すでに実証研究が主流となっているが，経理・財務部門の実務においても，ビッグデータと財務諸表の結果を，統計処理を駆使して結び付けて，本質的な原因と対策を経営者に報告しなければならない。経理・財務部門は，貨幣的数字のプロフェッショナルではなく，経営情報のプロフェッション（プロフェッショナル）になる必要がある。

6　その他のICTツール

　2020年度調査では，会計分野におけるAI，IoT（Internet of Things：モノの

インターネット）の活用についても調査を行っているが，事前の推定通り，AI 2.7%，IoT 2.0%と低い率に止まった。IoTを使った原価管理のパッケージソフトウエアはすでに誕生している。KOSKA（2023）が開発，販売しているGenKanである。Genkanは，RFID（Radio Frequency Identification）で作業時間を記録したり，カメラで作業者を撮影して実働時間を把握したりして，リアルタイムで加工費の管理ができる。しかし，Genkaは，財務会計のための原価計算システムではなく，原価改善，特に加工費の無駄を省くための原価改善システムである。原価計算基準の原価計算とは全く異なる原価管理システムであるので，抵抗感がある人がいるかもしれない。

　また著者の経験になってしまい恐縮だが，アルプス電気で著者らが開発した原価計算システムでは，財務会計のための原価計算と管理会計のための原価計算を分けていた。両方の原価計算ともに製造費用投入高の計算までは同じである。しかし，財務会計上の製造費用の投入高は事業単位で集計し，原価差異（原価差額）の把握，配賦計算も事業単位で行った。

　これに対して，管理会計上の製造費用の投入高は，粒度を細かくして，製品群（類似製品の集合体）で把握し，一方で，原価差異は売上原価に直接賦課した。標準原価の厳格度を厳しく設定していたので，ほとんどの場合，不利差異が発生していたことも背景にはあるが，財務会計上の原価計算を緻密に実施しても，原価が低減され，利益が創出されるわけではないため，割り切って原価差異の配賦計算を効率化したのである。

　一方で，管理会計上の原価単位は可能な限り細分化して，製品群別の収益性（利益性）が把握できるようにした。さらには，部品表を用いて，月末時点の実際単位原価が計算できる単位原価計算システムも開発し，製品番号別の原価，利益も把握できるようにした。日本企業の経理・財務部門の従業員は，原価計算基準の束縛から未だ離れられないが，当時の朝日監査法人（現有限責任 あずさ監査法人）の公認会計士と十分な議論を繰り返した。

　話を戻すが，その他のICTツールの導入状況を確認しておこう。精度を向上させるため，2020年度調査では，間隔を置いて，同様の質問を２問用意して，検証を行っている。図表3-10の通り，両者の質問の回答割合に差が生じているが，傾向はわかる。CPM（Corporate Performance Management），EPM（Enterprise

Performance Management）, BI（Business Intelligence）, OLAP（Online Analytical Processing）は, 話題になったほどには導入が進んでいない。

図表3-10■ICTの導入状況

ICTの種類	2011～2012年度	2020年度	
		正規の質問	検証用
AI	－	2.7%	3.4%
IoT	－	2.0%	5.4%
CPM/ EPM	3.6%	0.0%	4.7%
BI / OLAP	21.9%	14.9%	14.9%
SaaS	－	－	3.4%
ビッグデータと統計処理	－	－	1.4%
回答企業数	169社	148社	148社

（注）2020年度は「正規の質問」の他に, 「検証用」として類似の質問を設定した。

　一方で, すでにAIやビッグデータを活用している経理・財務部門もある。残念ながら, これらの回答企業にインタビュー調査を依頼したが, 断られてしまったので, 詳細は不明であるが, 販売データに適用していると思われる。

　工場にIoTを導入して, 生産データ, 品質データ等を収集, 蓄積し, AIを使って, 分析, 予測すれば, どのような条件で不良が発生するのかがわかる。その結果, 不良品が発生してから対策するのではなく, 発生前に対策することが可能となる。また, コストドライバーを把握することができれば, 将来の原価予測, 業績予想の精度も向上し, 業績が悪化する前に対策を講じることもできるだろう。残念ながら, 日本企業で, 管理会計・原価計算にIoT, AIを活用しようとする企業はまだ少ない。

　生成AIであるChatGPTは, インターネット上の情報を収集し, 統計的な手法を用いて, 次に来る確率の高い単語を並べることにより, 回答を作っている。つまり, AIであっても, 情報, データがないと機能しない。管理会計・原価計算において, AIを活用するためには, まずIoTやERPパッケージソフトウエアを使って, 工場データ, 経営データ等を蓄積することが必要となる。

　管理会計・原価計算の歴史を振り返ると, 実務の要請から新しい手法が生まれ, それを研究者が体系化して, 他の企業に広がって行く。先進企業の試行錯

誤に期待したい。

7　ICTが管理会計・原価計算に与えた影響

　2020年度調査では，ICTが管理会計・原価計算に与えた影響を質問している。その結果，**図表3-11**の通り，変化した点がないとの回答が最も多く60.4%，影響があった点で最も多い回答が，将来予測，業績予想を重視した管理会計で16.4%，次いで，損益把握単位（粒度）が細分化されたが9.0%，顧客情報と管理会計の融合・統合が6.7%，貸借対照表重視も同じく6.7%であった。リアルタイム管理会計・原価計算が5.2%，製造履歴情報による細分化された原価情報も4.5%の回答があった。また，統計的手法，確率，ディープラーニングの活用は少ないが，1.5%の回答があった。

　これらから，AI，IoTを含むICTによって，管理会計・原価計算に変革が生じているということはできず，管理会計・原価計算を変革させるために，ICTを十分に活用できていないと解釈すべきではないだろうか。アンケートに回答いただいた一部の企業に対して，インタビュー調査を行ったが，ICTの活用には，多額の投資を伴うため，費用対効果を含めた明確な投資の理由を経営者に

図表3-11■ICTが管理会計・原価計算に与えた影響

影響の区分	2020年度
将来予測，業績予想を重視した管理会計が重視されるようになった	16.4%
損益把握単位（粒度）がより細分化された	9.0%
ICカードやインターネット等を使って収集された顧客情報と管理会計が融合，統合化されている	6.7%
管理会計においても，損益計算書と同様に貸借対照表も重視されるようになった	6.7%
IoTやMES（Manufacturing Execution System），ERPパッケージソフトウエア等を使って，リアルタイムの管理会計，原価計算を実施している	5.2%
製造履歴情報がより詳細化された原価情報として活用されている	4.5%
管理会計，原価計算に統計的手法，確率，ディープラーニング等が活用されるようになった	1.5%
ICT，IoT，AIにより，管理会計・原価計算が変化した点がない	60.4%
回答企業数	134社

提案できないと，ICTの活用は難しいとの回答があった。

　一方で，ICTを用いて，管理会計・原価計算に統計的手法，確率，ディープラーニングを活用していると回答した企業（2社，1.5%）もあり，一部企業では先進的なICT等の活用が管理会計・原価計算分野で開始されている可能性がある。しかし，これら先進企業へのインタビュー調査は，何度も依頼を行ったものの，実現することはできず，その取組みの内容は不明である。これら先進企業が，管理会計・原価計算を進歩させ，外部に発信し，他企業にも伝播することを期待したい。

8　AIと管理会計・原価計算

　他でも触れているが，昨今，OpenAIのChatGPTやGoogleのBardに代表される生成AIが注目されている。しかし，AIは，命令に対して，テキスト，画像等を生成できる生成AIに止まらない。

　AIは，機械学習，特に深層学習（Deep Learning）を取り入れている点が画期的であると言われている。管理会計・原価計算にも取り入れられてきたこれまでの統計解析は，確率統計モデルを用いて，検定を繰り返して，仮説を検証，解釈することが目的となるのに対して，機械学習は，妥当性の高い予測を導くことが目的となる。つまり，機械学習においては，理由の追求よりも，答えの精度を追求する。AIは答えを導くが，その過程がわからないと言われるのはこのためである。著者が用いているChatGPTも，質問には回答してくれるが，その回答に至った理由は示してくれない。

　さて，管理会計・原価計算分野では，AIをどのように活用できるだろうか。管理会計・原価計算へのAIの適用を研究している谷守は，管理会計へのAI適用可能性を具体的に手法単位で検討し（2018），新たな適用分野として，リアルタイムなフィードフォワードコントロール，ビッグデータによる定性的評価分析，最適資源配分を挙げている（2019a）。

　谷守の検討も参考にして，著者も管理会計・原価計算手法への適用について，**図表3-12**の通り，具体的に検討してみた。

　図表3-12に止まらず，AIの活用範囲は無限大である。経理・財務部門の従

図表3-12■管理会計・原価計算分野でのAIの活用例

手　法	AIの活用例
予算管理 中期経営計画	・精度の高い短期利益計画（利益シミュレーション）の策定 ・実績異常値（不正，誤謬）の発見 ・非財務的業績評価指標を含めた差異の分析 ・フィードフォワードコントロールの実現
標準原価計算	・現実的標準原価あるいは正常標準原価の設定 ・実績異常値（不正，誤謬）の発見 ・原価差異発生条件の探索 ・非財務的業績評価指標を含めた原価差異の分析
損益分岐点分析	・変動費と固定費の計算 ・損益分岐点（金額・数量）の精度向上
ABC/ABM/ABB	・資源ドライバー，活動ドライバーの探索 ・原価低減可能な活動の抽出
原価計算	・配賦基準値（ドライバー）の探索 ・不良品発生等の異常値の発見 ・不採算製品の抽出 ・セールス（プロダクト）ミックスの計算
原価企画・研究開発	・精度の高いコストテーブルの設定 ・過去の事例を用いた原価低減策の提案 ・研究開発費の費用対効果分析
投資経済性評価	・投資リスクの探索 ・投資経済性評価の精度向上 ・投資後（事後）評価
バランス・スコアカード	・パフォーマンスドライバー，先行指標の探索 ・戦略目標間の因果関係の検証 ・フィードフォワードコントロールの実現
経営（財務諸表）分析	・倒産可能性，成長可能性の分析 ・不正の抽出 ・株主価値（株価）上昇可能性の分析 ・企業格付け，ランキング（順位付け）の実施 ・有価証券報告書の記述と業績の分析
業績評価	・部門/事業別の業績評価指標の設定 ・総合的業績評価の実施
株主価値・EVA	・バリュードライバーの探索 ・事業ポートフォリオの最適化
収益/顧客管理（CRM）	・顧客プライオリティ（優先度）の設定 ・固定顧客の抽出 ・顧客動向の探索（管理会計として扱うか否かは疑問） ・広告費の費用対効果分析

業員のICTリテラシーを向上させ，AIを活用し，経営者，管理者の意思決定に
寄与することを期待したい。

9　経理DX

　政府は，デジタル庁を中心にDX（Digital Transformation）を推し進めている。
著者のゼミナールの卒業論文のテーマでも，2022年度は，DXを取り上げる学
生が多かった。今やDXは分野を問わない概念である。DXの定義を確認して
おきたい。DXとは，データとデジタル技術を活用して，製品やサービス，ビ
ジネスモデル，業務プロセスを変革し，組織体，企業文化・風土を変革して，
市場における競争上の優位性を確立することと解釈されている。ここで注意す
べきは，transformationという言葉を使っていることである。transformation
の動詞であるtransformは，change，alter，modify，revise，vary，convert
といった日本語では同じ「変える」を意味する言葉に比べて，「変える」程度
が強い言葉といわれており，「抜本的に変える」，「すべてを変える」，「変革す
る」という意味である。また，DXの目的は，データ，デジタル技術，ICTを
活用することではない。これらは単にツールにすぎず，DXはビジネスや業務
そのものを変えることが目的である。
　インターネットで検索すると，「経理DX」という言葉が安易に用いられ，説
明に電子帳簿保存法対応，消費税インボイス対応という言葉が使われている。
これらも目的の一部であるかもしれないが，経理DXとは，ICTを用いて経理・
財務部門の役割を変えることに他ならない。ERPパッケージソフトウエアや
RPAの導入が経理DXではないのだ。しかし，インターネットを見ると，ICT
を導入すれば，経理DXが成し遂げられるとの記述が少なくない。Digital
Transformationなので，Digital（デジタル）を中心に論じられるが，Transformation
を実現する手段として，デジタル技術が必須になるにすぎない。ICTにより紙
の作業はなくなるかもしれないが，経理・財務部門の果たしている役割が何も
変わらないのでは，デジタル化により，従業員の削減が進み，経理・財務部門
が縮小し，最後には他の部門に吸収されて，消滅してしまうだろう。
　著者は，コンサルティング会社の仲間たちと共に1999年にアーサーアンダー

セン ビジネスコンサルティング『戦略経理マネジメント―業務処理から経営参謀部門への変革』を出版した。この本は売れ，ベリングポイントから『戦略経理マネジメント―ワールドクラス・ファイナンスへの経営革新』として改訂版を出版した。会社名が変わっているが，いわゆるエンロン事件により，アーサーアンダーセンが崩壊し，コンサルティング部門が買収されたためである。しかし，著者らの会計コンサルティングチームは何ら変わらず，存続することができた。

　この本の中で，戦略経理は，次の4つの要件を満たすことと定義している（アーサーアンダーセン ビジネスコンサルティング，1999a）。

---

① 経営者の経営戦略立案に寄与する情報を迅速に提供すること
② 経理・財務部門自らが経営戦略の立案に参画すること
③ 経営戦略実行をモニターし，経営者を含めた関連部門にフィードバックすること
④ 経理・財務部門が自らのビジョンをもち，ビジョンの達成を目指して，変革を推し進めること

　そして，戦略経理への変革の枠組みとして，戦略立案，実行の支援業務の充実，ルーティン業務の削減，促進要素（能力（コンピテンシー）の強化，知識（ナレッジ）の共有化，変革の実行）に分類し，ルーティン業務の削減の方法として，ERPパッケージソフトウエア（「ERPシステム」と記述していた），シェアードサービスセンターを取り上げていた。

　この戦略経理の概念は，今の経理DXにもそのまま当てはまる。つまり，『戦略経理マネジメント』の出版から四半世紀近くが経過するが，経理・財務部門の変革は実現できていないのだ。経理・財務部門のルーティン業務の削減は進んでいるが，成果は変わらず，経理・財務部門の人員が減少し，経理・財務部門の役割は相対的に低下している。このままでは，フレイ（Frey, Carl Benedikt）とオズボーン（Osborne, Michael A.）が「The Future of Employment: How Susceptible are Jobs to Computerization?」（「雇用の未来―コンピュータ化によって仕事は失われるのか」）（2013）で予言した通り，経理・財務部門の業務はなくなり，経理・財務部門は消滅してしまうだろう。実際に，ある企業では，経理

部がなくなり，経営企画部に統合されてしまった。付加価値のない部門は淘汰されるのだ。経理・財務部門の将来については，第4章で改めて考察したい。

10 経理・財務部門のICT化の進め方

　経理・財務部門のICT化の進め方には，大きく2つのアプローチがあると考える。

　1つは，ERPパッケージソフトウエアの導入を含めて，経理・財務部門の情報システムを全面的に刷新する方法である。しかし，この方法は，投資額が多額となり，投資の意思決定にも時間を要する。かつ経理・財務部門は「情報の流れ」からすると最も「下流」に当たるので，「上流」に当たる業務の情報システム刷新の機会をとらえて実施する必要があり，その機会のタイミングが難しい。2000年問題への対応，国際会計基準の適用，新収益認識基準への対応が必要となった時期はよい機会であったと思うが，その時期は，経理・財務部門としても忙しくなる時期であるので，なかなか人財の捻出ができず，結局，既存システムの改良で誤魔化してしまった企業が少なくない。いつも「忙しい，忙しい」といっているだけでは何も進まない。これからも忙しいからだ。

　一方で，経理・財務部門の従業員の本音とすれば，新しい情報システムに刷新すると業務が削減され，経理・財務部門の従業員削減が求められるので，自らの職場を失う可能性もあり，従業員自らが提案できないのだ。また，経理・財務部門は，自らの労働生産性が向上しない理由を経営者がICTの投資を承認してくれないことに転嫁している。

　経営者がICT投資の経済性を追求することは当然のことである。最もわかりやすい効果が従業員数の削減であり，人件費の削減として経済性評価も容易である。しかし，経理・財務部門はもともと大きな従業員数を抱えている部門ではないため，貨幣的な経済性のみでの評価には限界がある。

　著者が過去に取り組んだプロジェクトでは，新たな情報を貨幣的価値に換算して経済性評価を行った。つまり，新たな情報の提供により，財政状態，経営成績向上に寄与する金額を見積もって経理・財務部門がコミットメントしたのだ。他部門にアンケート調査を行って，他部門の収益向上，原価低減策に対す

る経理・財務部門の情報提供の寄与割合を見積もってもらい，その割合をベースに試算を行った。強引な手法であることはわかっていたが，他部門の投資に対しても経済性評価を求めていく以上，自らも経済性評価で，投資の正当性を証明する必要があった。

　もう1つの方法は，小さなICT改善，少額のICT投資を継続する方法である。すでに説明した通り，経理・財務部門のDXに寄与できるツールが登場している。既存の契約の範囲で使用できる無料のツールもある。それらのツールを使って，立ち止まることなく，改善を続けていく方法である。工場の「カイゼン」と同じである。トヨタ自動車の工場を見学すると，必ずしも最新鋭の機械が導入されているわけではないことがわかる。工場の建物も決して新しいとは限らないが，カイゼンが進められた結果，「小綺麗」なのだ。経理・財務部門でも同じ進め方を採ることができる。しかし，工場もいつかは老朽化して，新築が必要となるように，この方法にも限界はある。

　小さなICT改善の実践には，経理・財務部門の従業員全員のICTリテラシーを高めていく必要がある。著者がある企業にICTリテラシー向上の支援を行った際には，各部門の若手従業員でプロジェクトを組織して，各部門でのICTによる改善事例を共有化したり，若手従業員を教育し，若手従業員自らが出演したExcelの関数の使い方の動画を作成して，全部門に配布したりした。実は，この取組みでは，各部門にExcelの動画を見てもらうことよりも，若手従業員たちを各部門のICTトレーナーとして各部門内で認識してもらうことに重点を置いた。動画で講師を務めることは，部門内にICTに精通していることを宣言することにもなるからだ。ICTトレーナーがやって見せることで真似する者が出て来て，その輪が広がって行く。こうした方法が現実的な方法である。

　読者も経験したことがあると思うが，ICTはマニュアルを読んだり，説明を聞いたりしただけでは理解が進まない。実際に取り組むこと，やってみることが必要であり，皆が実際にICTに取り組んでみることで，組織としてのICTリテラシーも向上するのだ。著者の母は90歳を超える高齢であるが，スマートフォンを操作し，LINEでコミュニケーションができる。「ICTに精通していないからできない」ではなく，やればできるのだ。新型コロナウイルス感染症緊急事態宣言により，一挙にテレワーク，テレビ会議が普及した。DXには，こ

のスピードが必要である。経理・財務部門の現実的なDXのスタートは，いつも使っているExcelの使い方の高度化ではないだろうか。

●注 ——————————————————

1　ミツバの事例は外部公表されている。

2　MicrosoftのPower Automate for desktopは，Windows10/11のユーザーならば無償で利用できるが，Power Automateより機能が限定される。企業においては，RPAを理解するにはよいが，業務に使用する場合には，有償ライセンス版のPower Automateが必要である。

第4章

経理・財務部門の現状と会計人財

1　レレバンス・ロストの衝撃

　本書でも何度か登場しているが，管理会計分野の名著に，ジョンソンとキャプラン（1987）の『レレバンス・ロスト—管理会計の盛衰』がある。この本の中で，ジョンソンとキャプランは，今日利用されている管理会計手法は1925年までに開発されてしまっていること，管理会計が停滞している原因は財務会計の優位性にあること，企業幹部は自らの企業を数値によって管理できると信じ，意思決定は短期の財務的評価指標に基づいて行われていることを指摘した。そして，短期の財務的評価指標は，企業業績の指標としては有効性が低下し，非財務的評価指標の重要性を主張した。

　この本の原書が出版されたのは1987年，翻訳が出版されたのが1992年である。原書が出版された当時，著者は，アルプス電気の第一古川事業部から本社経理部に異動となった頃であるが，この本の存在を知らなかった。その後，経営企画室に異動し，櫻井通晴・専修大学経営学部教授（当時）の大学院の授業にゲストとして参加させていただき，伊藤和憲・専修大学商学部教授，青木章通・専修大学経営学部教授，小酒井正和・玉川大学工学部教授，新江孝・日本大学商学部教授等，錚々たる先生方と学ぶ機会を得て，この本の存在を知った。著者は，アルプス電気にて，すでにABCを使った新しい原価計算システムを開発しており，海外企業，日本の他企業でも管理会計・原価計算システムの刷新

を進めていると思っていたので，この本を読んだ時の衝撃は大きかった。

2　日本企業の管理会計・原価計算停滞の状況

第1章，第2章，第3章で明らかにした通り，日本企業の管理会計・原価計算の進歩が停滞している。停滞の状況を，著者らのアンケート調査の結果を用いて，**図表4-1**の通り，整理してみた。

図表4-1■日本企業の管理会計・原価計算の採用率の推移

手法	1993～1994年度	2001～2002年度	2011～2012年度	2020年度
標準原価計算	製造業64.0%	製造業54.0%	製造業68.1%	製造業62.3%
直接原価計算	50.1%	36.7%	37.1%	42.1%
予算管理			100.0%	98.7%
原価企画		製造業55.7%	製造業45.9%	製造業39.1%
ミニ・プロフィットセンター			16.3%	10.7%
EVA			東証一部二部7.0%	4.1%
ABC/ABM/ABB	11.9%	12.1%	12.8%	10.1%
バランス・スコアカード		製造業4.1%	9.5%	7.4%

これらの調査の結果，日本企業の管理会計の中心は予算管理であり，ABC，バランス・スコアカードの採用率は10%前後と増加していない。製造業については，標準原価計算も高い割合にて採用されている。原価企画は著者らの調査では比較的採用率が低いが，第1章で述べた通り，他の研究者による調査では70%を超える採用率であることから，製造業には定着しているといってよいだろう。しかし，予算管理も標準原価計算も1910年代に成立したといわれる管理会計・原価計算の手法であり，原価企画は1960年代に成立したといわれている。多くの研究者が注目しているアメーバ経営（ミニ・プロフィットセンター）にしても，故稲盛和夫氏が1959年に京都セラミックとして創業した直後から続けられている手法であり，決して新しい手法ではない。

一方，『レレバンス・ロスト』以降に提案されたABC（1988年），バランス・スコアカード（1992年）は，低い採用率であり，あるいは日本企業独自の新た

な手法が誕生しているともいい難く，日本企業においては，「レレバンス・ロスト」が続いているといってもよいだろう。

　日本企業の管理会計・原価計算の進歩が停滞している理由として，ジョンソンとキャプランが指摘するように財務会計の優位性の他，経理・財務部門の業務負荷の増加，経理・財務部門従業員数の削減圧力，経理・財務部門従業員の相対的能力低下がある。それぞれについて考察してみたい。

3　財務会計の優位性と経理・財務部門の業務負荷の増加

　第1章で説明した通り，日本企業では，財管一致の管理会計を採用する企業が多い。従って，日本企業の管理会計・原価計算は，会計基準変更の影響を受けやすい。

　2000年3月期以降から開始した「会計ビッグバン」により，**図表4-2**の通り，連結財務諸表の重視，金融商品の時価評価，税効果会計，キャッシュ・フロー計算書，退職給付会計，減損会計，新収益認識基準等，毎年のように会計基準等が新規制定，修正されてきた。また，国際会計基準の任意適用が2010年3月期から開始され，2023年6月現在で254社が適用済みである（東京証券取引所，2023a）。加えて，金融商品取引法により，上場企業を対象に財務報告に係る内部統制の経営者による評価と公認会計士等による監査（内部統制報告制度）が2008年4月1日以後開始する事業年度から適用された。また，今後も，企業の財務諸表及び経営に大きな影響を与えると思われるリースに関する会計基準及び適用指針の制定，及び関連会計基準の改正が予定されている。

　国際会計基準を強制適用するとの流れが形成されつつあった2010年に，企業財務委員会企業会計検討ワーキンググループから出された中間報告書「会計基準の国際的調和を踏まえた我が国経済および企業の持続的な成長に向けた会計・開示制度のあり方について」には，国際会計基準の強制適用に反対する理由の1つとして，「IFRS に基づく財務諸表では，資産の公正価値評価が重視されるがゆえに，これまで我が国が独自に長い蓄積を持って培ってきた原価計算や経営管理手法と必ずしも整合的ではなく，結果として日本企業の国際競争力に大きな影響を与える可能性がある。」と記載され，日本企業は，日本独自

図表 4 - 2 ■会計基準等の公表時期

公表時期	公表された主たる会計基準等
1998年	証券取引法の改正，連結キャッシュ・フロー計算書等の作成基準，中間連結財務諸表等の作成基準，退職給付に係る会計基準，税効果会計に係る会計基準，研究開発費等に係る会計基準
1999年	金融商品に関する会計基準
2002年	固定資産の減損に係る会計基準，自己株式及び準備金の額の減少等に関する会計基準
2003年	企業結合に係る会計基準
2005年	役員賞与に関する会計基準，貸借対照表の純資産の部の表示に関する会計基準，株主資本等変動計算書に関する会計基準，事業分離等に関する会計基準，ストック・オプション等に関する会計基準，会社法
2007年	財務報告に係る内部統制の評価及び監査の基準並びに財務報告に係る内部統制の評価及び監査に関する実施基準
2006年	棚卸資産の評価に関する会計基準，金融商品に関する会計基準，関連当事者の開示に関する会計基準
2007年	四半期財務諸表に関する会計基準，リース取引に関する会計基準，工事契約に関する会計基準，税制改正（減価償却制度の見直し）
2008年	持分法に関する会計基準，セグメント情報等の開示に関する会計基準，資産除去債務に関する会計基準，賃貸等不動産の時価等の開示に関する会計基準，企業結合に関する会計基準，連結財務諸表に関する会計基準，税制改正（耐用年数の見直し）
2009年	（会計方針の開示，）会計上の変更及び誤謬の訂正に関する会計基準，我が国における国際会計基準の取扱いについて（中間報告）
2010年	包括利益の表示に関する会計基準
2012年	退職給付に関する会計基準
2013年	国際会計基準（IFRS）への対応のあり方に関する当面の方針
2014年	製造原価明細表の開示免除の内閣府令
2015年	修正国際基準，コーポレートガバナンス・コード
2017年	法人税，住民税及び事業税等に関する会計基準
2018年	収益認識に関する会計基準

（注）基準等の公表時期であり，適用開始時期ではない。

の管理会計・原価計算に自信を持っていたようにも読める。しかし，その本音は，会計基準変更への対応に追われ，業務に追われる経理・財務部門の悲鳴ではなかったのか。会計基準等が管理会計・原価計算に与えた影響を振り返ってみたい。

(1)　連結決算重視と連結決算早期化

2000年3月期決算から連結決算重視に転換したことは，単なる有価証券報告書の記載順の変更に止まらず，日本企業の経営，そして経理・財務部門の実務に与えた影響は大きかった。

持株基準から支配力基準に変更となり，持株基準により，いわゆる「連結外し」を行っていた企業では，連結子会社数が増加し，対応を迫られた。子会社への費用や損失等の付け替えを行って親会社の財政状態や経営成績を実態よりよく見せていた企業では，抜本的なリストラクチャリングを求められる結果となった。一方で，カネボウでは，繊維事業の業績不振が続き，子会社との循環取引によって親会社の業績をよく見せていたが，2000年3月期の支配力基準適用後も，連結外し，いわゆる粉飾決算を行って回避しようとした。

著者ら（アーサーアンダーセン ビジネスコンサルティング，1999b）は，2000年3月期を前にした1999年に『グループ経営マネジメント―連結シナジー追求戦略の構築』を出版した。この本では，戦略，人・組織，業務プロセス，情報インフラの観点からグループ経営を論じた。戦略面では，企業グループとしてのビジョンの策定，グループのシナジー（相乗効果）を発揮するグループ戦略の必要性，人・組織面では，コーポレートヘッドクォーターの設置，関係会社の権限と責任の再定義，指示命令系統の明確化，業務プロセス面では，連結決算ベースの業績評価プロセスの構築，継続的経営改善の仕組みの見直し，特に連結決算の細分化，迅速化，情報インフラの面からは，連結決算システムの構築，グループ統一コード体系，グループ標準システムの導入について提案した。当時から，グループナレッジマネジメント，グループ統一コード体系の重要性も主張していた点は特筆すべき点であったと思っている。

連結決算重視に伴うグループ経営の組織の点から，カンパニー制，そして持株会社制の採用，シェアードサービスセンターの導入，情報インフラの面から，連結決算パッケージソフトウエアやERPパッケージソフトウエアの導入が進んだ。これらについては第2章，第3章ですでに記述している。グループ経営への変化をもたらした最大の要因は，利害関係者が連結決算ベースで企業を評価し，投資の意思決定をするようになった点が大きい。その結果，グループ経営

管理に消極的であった企業も転換を余儀なくされ，管理会計・原価計算の主たる焦点も2000年2月以前は親会社1社のみで済んだが，2000年3月以降は全関係会社に広がって，経理・財務部門の業務負荷は格段に増加した。

　経理・財務部門の実務では，決算短信の早期公表，すなわち連結決算の早期化も求められた。東京証券取引所は，遅くとも決算期末後45日以内に決算短信の開示を行うことが適当であり，決算期末後30日以内の開示がより望ましいとして，企業に連結決算の早期化を促した。会計基準が変更され，業務量が増えているところに，早期化の要請であり，経理・財務部門の業務負担の一層の増加につながった。

　図表4-3により，1997年3月から現在に至る連結決算早期化の状況を見てみよう。1997年3月期の平均所要日数は64.6日で，30日以内開示企業は0.5%にすぎなかった。その後，連結決算早期化が進み，2012年3月期には38.4日，19.5%まで早期化が進む。

　連結決算早期化で有名な企業が焼肉チェーンのあみやき亭である。2023年3月期決算も4月3日に発表している。4月3日となったのは，4月1日が土曜日，2日が日曜日であったためであり，実質的に決算日の翌日の開示である。あみやき亭の決算発表が早いのは，日次決算を実施している点，そしてその日次決算の結果は監査を担当する公認会計士に日々送付されており，公認会計士と日ごろからコミュニケーションができている点が大きい。減損会計も売上高が減少すると即座に対応しているという（日本経済新聞，2017）。ただし，決算短信の発表日には，経理・財務部門の担当者が早朝に出社し，決算短信を作成している。あみやき亭が日次決算を実施しているのは，決算短信を早く発表す

図表4-3■決算短信発表平均所要日数の推移

区分	1997年3月期	2002年3月期	2007年3月期	2012年3月期	2017年3月期	2022年3月期	2023年3月期
平均所要日数	64.6日	48.3日	40.9日	38.4日	39.6日	40.3日	40.2日
30日以内開示企業割合	0.5%	7.7%	19.4%	19.5%	15.8%	12.9%	12.2%

（注）東京証券取引所（2023b）他，公表数値を一覧表にしている。

ることよりも，日次決算により店舗の損益を早期に把握して，対策することが真の目的であり，財務会計上の決算短信発表の早期化は副次的目的にすぎない。

　しかし，連結決算早期化の流れは，財務報告に係る内部統制の評価及び監査の基準並びに財務報告に係る内部統制の評価及び監査に関する実施基準が公表され，財務報告の信頼性確保が求められるようになると停滞し，2023年3月期では平均所要日数40.2日となり，約15年前の水準に逆戻りしている。

　また，2010年に，東京証券取引所は，四半期決算短信の開示について，決算期日後30日以内としてきた目標を取り止めており，四半期報告書を廃止するため，金融商品取引法も改正される予定[1]である。これらは，現在の決算業務，特に開示に要する業務負担の重さを示している。

　連結決算早期化に関して，著者は前向きな考え方を持っている。前述の通り，日本企業は財管一致の管理会計制度を採用しているので，財務会計上の連結決算早期化は，管理会計の決算早期化にも結び付く。管理会計・原価計算の決算が早期化でき，財政状態や経営成績の経営者，管理者に対するフィードバックが早まれば，業績改善も早く着手でき，成果も早くなる。成果が早くなれば，財政状態改善や経営成績向上に結び付くという理屈である。

　しかし，著者ら（2004）は，連結決算早期化と株価，時価総額は無相関であることを明らかにしている。また，著者のゼミナールの学生たちと共同で進めた連結決算早期化の研究でも，2012年3月期と2017年3月期の決算短信開示までの所要日数の増減と業績変動の間の相関を調査したが，両者の間に相関関係は認められなかった。一方で，決算短信の所要日数30日以内を実現している企業と30日超の企業の売上高営業利益率には差があり，30日以内開示の企業の方が高かった。

　安酸（2021）は，決算早期化により財務業績が高まること，期中業績が前年度業績に到達しない場合に，決算早期化による財務業績の押し上げ効果はより大きくなることを示した。企業業績には様々な要因が働くため，決算早期化の財務的な効果のみを取り出すのは難しい。しかし，実務家の経験則として，連結決算早期化が企業業績向上に結び付く考えは定着していると考えてよいだろう。

　連結決算早期化は，著者が担当したコンサルティングの中でも依頼件数が多

かったテーマである。著者らが取り組んだアプローチは，決算早期化の阻害要因を抽出してその解決を図るアプローチであった。TOC（Theory Of Constraints：制約の理論）の考え方を取り入れたアプローチである。決算業務のすべての作業を短縮しようとしたら，その改善に期間を要してしまう。そこで，決算業務の中で特に時間を要し，決算を遅らせている作業に注目し，決算早期化に与える影響の大きい業務から優先順位を付けて改善を進めていく。情報システムがすでに整えられていた企業では，短期間で30日以内開示が容易に実現できた企業もあった反面，決算早期化には情報システムの整備にも着手しなければならない企業もあった。著者らの連結決算早期化実現のノウハウは，『スピード決算マネジメント─四半期開示時代のスピード経営の実現』（ベリングポイント，2003b）に著している。

2020年度調査結果に基づき，**図表4-4**の通り，2020年度の決算短信の開示所要日数と管理会計・原価計算，ICTをクロス分析してみた。アンケート回答企業の平均所要日数は41.0日で，標準偏差5.1日，最短日数は23日，最長は62日，開示企業数が最も多い日数は44日で全体の23.2％であった。東京証券取引所（2023b）の発表によると，2020年度調査と時期が重複する2021年3月期の上場企業全体の決算開示平均所要日数は40.6日で，最も多い日数が44日（5月14日）で32.1％であるので，ほぼ上場企業全体の傾向と同じであるといってもよい。

図表4-4の通り，決算開示所要日数30日以内，31日〜40日，41日以上の順で，主要な管理会計・原価計算手法の採用率をみてみると，標準原価計算が46.2％，38.2％，39.6％，直接原価計算が38.5％，50.0％，40.0％，ABC/ABM/ABBは15.4％，8.8％，9.8％，バランス・スコアカードは7.7％，8.8％，6.9％，ROEを主要な業績評価指標としている企業は46.2％，38.2％，34.0％，予算編成に要する期間2カ月以内が38.5％，30.3％，41.7％，設備投資経済性評価に正味現在価値法あるいは内部利益法の採用が25.0％，46.2％，36.5％，ミニ・プロフィットセンターが23.1％，17.6％，7.0％，無形資産管理の実施が38.5％，36.4％，30.3％であった。

一方，ICTの導入度を見てみると，ERPパッケージソフトウエアの導入が順に61.5％，48.5％，51.0％，RPAが46.2％，18.2％，25.5％であった。

これらから明らかになることは，管理会計・原価計算の手法について，

ABC/ABM/ABBやミニ・プロフィットセンター等の採用に若干の差が認められるが，大きな差は認められなかった。しかし，ICTの活用については，明らかな差が認められ，30日以内決算短信開示企業は，ICTを活用して，連結決算早期化を図ったと推測できる。

図表4-4■決算発表時期と管理会計・原価計算，ICT

	手法・ICTの種類	全体	30日以内	31~40日	41日以上
管理会計・原価計算	標準原価計算	39.9%	46.2%	38.2%	39.6%
	直接原価計算	42.1%	38.5%	50.0%	40.0%
	ABC/ABM/ABB	10.1%	15.4%	8.8%	9.8%
	バランス・スコアカード	7.4%	7.7%	8.8%	6.9%
	連結原価計算	41.7%	38.5%	44.1%	41.3%
	損益分岐点分析	48.0%	61.5%	47.1%	46.5%
	EVA	4.1%	0.0%	2.9%	5.0%
	ROEを主要な業績評価指標	35.9%	46.2%	38.2%	34.0%
	予算編成に要する期間2カ月以内	38.8%	38.5%	30.3%	41.7%
	設備投資経済性評価に正味現在価値法あるいは内部利益率法の採用	37.9%	25.0%	46.2%	36.5%
	ミニ・プロフィットセンター	10.7%	23.1%	17.6%	7.0%
	無形資産管理の実施	32.4%	38.5%	36.4%	30.3%
	品質原価計算	3.4%	0.0%	2.9%	4.0%
	社内資本金制度	6.6%	0.0%	2.9%	8.6%
ICT	ERPパッケージソフトウエア	51.4%	61.5%	48.5%	51.0%
	BI	14.9%	15.4%	21.2%	12.7%
	連結決算パッケージソフトウエア	50.7%	69.2%	60.6%	45.1%
	AI	2.7%	7.7%	0.0%	2.9%
	RPA	25.7%	46.2%	18.2%	25.5%
回答企業数		148~153社	13社	34社	101~106社

　著者のコンサルティングにおいては，連結決算重視，グループ経営の推進，連結決算早期化は追い風であった。連結決算ベースの業績評価制度の構築や連結決算早期化のコンサルティング依頼が相次ぎ，ERPパッケージソフトウエア導入，連結決算パッケージソフトウエア導入という比較的報酬額の大きいコンサルティングにも結び付いた。著者は1996年にアーサーアンダーセン ビジネ

スコンサルティングに転職しているが，パートナーに短期間で（2002年に）昇格できたのは，この追い風なしではありえなかっただろう。当時，著者のコンサルティングで留意した点は，グループ経営といっても特別の管理をすることではなく，経営管理，管理会計，決算業務の迅速化，高度化を追求することであった。この点が，ICT導入のみを提案した他コンサルティング会社（コンサルタント）との差別化要因であった。

　証券取引法（現金融商品取引法）の改正により，連結決算重視に転換して，四半世紀が経過し，連結決算を開示している上場企業において，連結予算管理はほぼ定着した。2011～2012年度アンケート調査で，**図表4-5**の通り，すでに97.9％の企業が連結損益計算書の予算実績対比を実施しており，2020年度調査でも97.3％の企業が連結損益計算書の予算実績対比を行っていた。

　しかし，連結貸借対照表の予算実績対比は，2011～2012年度の26.8％から2020年度の21.8％，連結事業別損益計算書の予算実績対比は44.4％から37.3％へといずれも低下し，2011～2012年度調査と同じ東証一部二部上場企業で比較しても，24.4％，44.2％とほとんど変化がなかった。このことから，損益計算書については，連結（グループ）で予算編成し，予算統制を行うことが定着したともいえるが，連結貸借対照表，連結キャッシュ・フロー計算書，そして連結損益計算書でも事業別となると，実施割合が低く，あるべきグループ経営管理の実現に向けて，課題は残っている。著者自身もアルプス電気で貸借対照表予算編成の実務を担当したし，他企業にコンサルティングも行ったが，損益計算書予算に比べると，貸借対照表予算の編成は難易度が高いことは事実であり，技術的な難易度も加わって，日本企業の連結決算ベースの予算管理は，未だ売

図表4-5 ■連結（グループ）ベースで予算実績対比を毎月行っている計算書（主要な計算書のみ）

計算書	2011～2012年度	2020年度
連結損益計算書（全社合計）	97.9%	97.3%
連結貸借対照表（全社合計）	26.8%	21.8%
連結キャッシュ・フロー計算書（全社合計）	19.7%	10.9%
連結事業別損益計算書	44.4%	37.3%
回答企業数	142社	110社

上高，利益管理に止まり，損益計算書中心である。

　著者と共にコンサルティングを行った同僚であり，今もコンサルティングを行っている現役のコンサルタントと話す機会があり，未だにグループ経営管理（管理会計）の迅速化，高度化のコンサルティングは多いと聞いた。連結貸借対照表，連結キャッシュ・フロー計算書，連結事業別損益計算書の予算管理ができていない企業が多いこと，また，企業の事業構造が変化すると，その事業構造に合った経営管理が求められること，グループ経営管理を行うICTが変化していることが理由である。グループ経営管理は，企業にとって終わりがなく，今後も追求しなければならない経営課題であるのだろう。

(2)　減損会計

　減損会計とは，固定資産の収益性が低下し，その投資額を回収する見込みがなくなったときに，帳簿価額を一定の条件のもとで回収可能価額まで減額する会計処理である。固定資産の減損に係る会計基準により，2006年3月期決算から義務付けられた。

　減損会計は，資産のグルーピング，減損の兆候の把握，減損損失の認識の判定，減損損失の測定で進める必要があり，減損の兆候を把握するための資産（グループ）単位での損益管理，予算管理の徹底，減損損失の認識の判定，減損損失の測定を行うために，資産（グループ）単位で中期経営計画を策定する等，経理・財務部門は，減損の兆候が見られた場合に備えておく必要がある。著者らの2020年の調査によると，88.8％が中期経営計画を策定していたが，高い採用率となっているのは，コーポレートガバナンスコードの制定の他に，減損会計適用も無縁ではないだろう。このように減損会計は，単に決算時だけの問題ではなく，管理会計・原価計算にも影響を与え，また，経理・財務部門の作業負荷を増大させた。

　減損会計の会計処理について，日本基準と，国際会計基準との間にはいくつかの差異があるが，その1つが減損損失の戻し入れが認められていないことである。企業会計審議会「固定資産の減損に係る会計基準の設定に関する意見書」には，「減損処理は回収可能価額の見積りに基づいて行われるため，その見積りに変更があり，変更された見積りによれば減損損失が減額される場合に

は，減損損失の戻入れを行う必要があるという考え方がある。しかし，本基準
においては，減損の存在が相当程度確実な場合に限って減損損失を認識及び測
定することとしていること，また，戻入れは事務的負担を増大させるおそれが
あることなどから，減損損失の戻入れは行わないこととした。」とその背景が
記載されている。

　この減損会計を用いて，業績の「V字回復」を図った日本企業も少なくない。
つまり，多額の減損損失を計上し，特定会計期間の業績を悪化させる。すると，
減損損失の計上により，翌期以降の減価償却費は軽減されるので，原価が削減
され，利益が計上されるようになる。多額の赤字計上から一挙に黒字転換して，
利益の折れ線グラフを描くとVの字のようになるので，V字回復と呼ばれる。
しかし，問題はその後である。減損損失は，固定資産の収益性が低下した結果，
計上されるのであり，多くの場合，事業の収益性が低下していたことを意味す
る。また，減損損失を計上しても，キャッシュ・フローの収支は伴わない。減
損損失計上後に減少した減価償却費に基づき製造原価を計算し，それが本来の
製造原価であると誤解してしまうと，経営者や管理者が黒字転換に安堵してし
まい，事業の再構築に対するモチベーションが低下してしまう。加えて，見か
け上の製造原価低減額を価格引き下げの原資としてしまうと，本来回収すべき
キャッシュ・フローが回収できなくなってしまう可能性があり，再度，減損損
失を計上するという悪循環に陥る可能性がある。

　そこで，減損損失計上後の管理会計上の減価償却費について，減損損失計上
前の帳簿価額を使って減価償却費計算を行う方法が考えられる。しかし，財管
一致の管理会計を採る日本企業においては，この方法はハードルが高い。財務
会計と管理会計の減価償却費を別に計算すると，業務量の増加が想定されるが，
税法上，固定資産の評価損の計上は極めて限定的な状況においてしか認められ
ていないため，財務会計上で減損損失を計上した場合でも，法人税計算上，損
金とは認められず，減損損失計上前の帳簿価額による減価償却費計算を継続的
に実施する必要がある。つまり，税法対応で減損損失計上前の帳簿価額による
減価償却費計算も実施しなければならないため，また多くの場合，固定資産管
理システムで自動計算できるので，減価償却費計算の業務量の増加はそれほど
大きな問題とはならず，減価償却費計算以降の原価計算の二重化や税効果会計

154

による業務量の増加が問題となる。

　著者がアルプス電気の第一古川事業部の経理課に所属していた時，第一古川事業部は主としてフロッピーディスクドライブを生産していた。5.25インチのディスクから，3.5インチのディスクへの製品の世代交代が生じ，その結果，5.25インチディスク用の機械装置の稼動率が低下，第一古川事業部の業績は赤字に転落，そして，多額の遊休資産を抱えることとなった。経理課長は，遊休資産の臨時償却（有税償却）の実施と，明らかに利用する可能性のない機械装置の廃棄を進めた。今ならば，減損損失の計上であろうが，当時は減損会計が認められていなかったため，臨時償却と物理的廃棄を行ったのだ。その結果，第一古川事業部の業績はさらに悪化し，大幅な赤字が続いた。経理課長は，5.25インチの機械装置の将来収益獲得能力（サービスポテンシャルズ）がないこと，資産は将来の費用，損失となるので，第一古川事業部の将来に向けて，固定資産の帳簿価額を引き下げるべきであること，そもそも財産としての価値がないことを指摘して，事業部長を含めた内部の反対，批判に毅然とした態度を取り，公認会計士に対しても丁寧に説明して，貸借対照表の固定資産額の削減に取り組んだ。

　当時の著者は，経理課長の方針を十分に理解しておらず，廃棄がなければ，事業部利益（税引前当期利益）が黒字になった月にはその方針に疑問を持つこともあったが，そもそも固定資産廃棄損を除くと黒字になるのは，それ以前の臨時償却と廃棄により，減価償却費を削減していたからに他ならない。第一古川事業部のフロッピーディスクドライブの事業はその後も低迷し，最終的には事業からの撤退，第一古川事業部も廃止となるが，その時には資産の削減が進んでいた。それでも，撤退に伴い特別損失は発生したが，経理課長は，早くから事業としての失敗を覚悟し，「立つ鳥跡を濁さず」の決心で取り組んだのだ。この時の経験もあり，その後，著者は減損会計に積極的な態度をとった。減損損失の発生は，過去の設備投資の失敗を認めることとなり，経営者の責任問題となりかねないため，減損損失を回避しようとする経営者，経理・財務部門も多いが，著者はグレーゾーンの場合には積極的に減損損失の計上を促してきた。

　コンサルタントとして，ベリングポイント編，川野克典，山本浩二，中島健一著『減損会計マネジメント』（2005）を出版している。この本は，ある企業

の減損会計に関するコンサルティングの事例に基づいて著した本である。著者は全体の監修を担当し、一部の執筆は行ったものの、大部分は山本浩二氏、中島健一氏が執筆している。この本の特徴は、投資の後処理としての減損会計の会計処理についての説明も行っているが、そもそも減損損失を発生させないためにどうすればよいのかを記述した点である。管理会計・原価計算の観点からは、すでにキャッシュ・アウトしている固定資産は埋没原価であり、その固定資産をどのように会計処理しようが重要な意味を持たない。重要な点は、減損損失を発生させないように、設備投資意思決定時にリスクを十分に加味した上で、投資経済性評価を行って、また業績のモニタリング、固定資産の稼動状況の把握により、将来の減損の兆候以前に減損損失の発生リスクに対して早期に回避、転嫁、軽減を図ることである。

(3) セグメント情報開示

セグメント情報等の開示に関する会計基準で特筆すべき点は、セグメント情報を開示する方法として、マネジメント・アプローチを採用した点である。マネジメント・アプローチとは、報告セグメントの決定において、経営上の意思決定を行い、業績を評価するために、経営者が企業を事業の構成単位に分別した方法を基礎とする方法をいう。

報告セグメントとして識別された事業の単位（セグメント）は、その報告セグメントの概要（報告セグメントの決定方法、各報告セグメントに属する製品及びサービスの種類）、報告セグメントの利益、または損失、資産、負債及びその他の重要な項目の額ならびにその測定方法に関する事項、報告セグメントの各開示項目の合計額とこれに対応する財務諸表計上額との間の差異調整に関する事項を開示しなければならない。

なお、セグメント情報等の開示に関する会計基準では、報告セグメントの各開示項目の合計額とこれに対応する財務諸表計上額との間の差異調整に関する事項の開示が規定されていることから、経営上の意思決定を行い、業績を評価するために採用している計算や集計の方法が連結財務諸表を作成するための方法と異なり、つまり財管不一致で、連結財務諸表とセグメント情報が整合しなくなることも想定されている。すなわち、連結財務諸表とセグメント情報、つ

まり財務会計と管理会計の整合性に関しては企業の判断となっていることを意味する。

　しかし，報告セグメントの決定においては，経営者が何を重視して経営管理（管理会計・原価計算）を行っているかを表明することになること，セグメント情報も会計監査の対象となることから，セグメントに配賦している共通費用や共通資産，共通負債の配賦（配分）基準が合理的な基準であることが求められ，結局はセグメント開示という財務会計が管理会計・原価計算を制約することになる。また，限られた期間内で決算を行い，外部発表することも合わせて考えると，連結財務諸表とセグメント情報の計算や集計が異なることは，経理・財務部門の業務負荷を増大させるので，財管一致を指向し，両者の差異を最小限にした方がよい。

　既存事業とは異なるビジネスモデルを採用して，明らかに独立し，かつ管理会計・原価計算上も区分して業績を把握しているにもかかわらず，大幅な赤字あるいは極めて低い利益率であることを覆い隠す意図を持って，他のセグメントと合算して開示することはできない。一方で，セグメントの利益率が明らかになると，顧客からの値下げ圧力が強くなったり，競合企業が値下げ攻勢を仕掛けてきたりして，収益性が悪化する可能性があり，企業は細分化した単位での開示に慎重にならざるを得ない。

　この点に関連して，財務諸表等の用語，様式及び作成方法に関する規則等の一部を改正する内閣府令に基づき，財務諸表等の用語，様式及び作成方法に関する規則（財務諸表等規則），連結財務諸表の用語，様式及び作成方法に関する規則（連結財務諸表規則）等が改正された。この改正は，企業会計審議会が2013年に公表した「国際会計基準（IFRS）への対応のあり方に関する当面の方針」との整合性を図り，単体決算開示の簡素化を目指したものである。この改正で，連結財務諸表でセグメント情報を注記している場合は，製造原価明細表の開示が免除されることとなった。この改正案に対して，反対意見も出されたが，企業側からすると，顧客や競合企業に知られたくない原価情報を開示しなくてもよいのであるから大歓迎である。内閣府令案の公表から適用までの期間が極めて短く，管理会計や原価計算の研究者の十分な議論がないまま，適用されてしまった。その結果，任天堂のように単一セグメントの開示，あるいは連

結子会社がなく，連結財務諸表を開示していない企業を除き，製造原価明細書の開示はなくなってしまった。

　著者は，財務諸表分析を実施する際に，製造原価明細書の情報を活用していたので，開示がなくなったことが残念でならない。著者が懸念していることは，日本企業の原価計算の軽視につながることである。国際会計基準では，資産負債アプローチを採用しており，原価計算に関する規定が少ない。日本の原価計算基準に相当する規定がないのだ。陳腐化しているが，原価計算基準の果たしている役割は大きい。海外では，原価計算が軽視されていることがERPパッケージソフトウエアの原価計算モジュールの機能を見るとよくわかる。日本企業の原価計算とは発想が異なることもあるが，日本企業の原価計算担当者がERPパッケージソフトウエアの原価計算モジュールを見て驚くのは，緻密さに欠ける点である。売上原価を計算するという発想ではなく，仕掛品や製品の在庫評価額を計算する発想なので，それで十分なのである。製造原価計算書の開示がなくなったことが，日本企業の原価計算の軽視に結び付かないことを祈りたい。

(4)　財務報告に係る内部統制の評価及び監査

　2007年に企業会計審議会が「財務報告に係る内部統制の評価及び監査の基準並びに財務報告に係る内部統制の評価及び監査に関する実施基準の設定について（意見書）」を公表し，2008年4月から適用された。

　そもそもの発端は，米国の大手エネルギー企業エンロン（Enron Corporation），長距離通信企業ワールドコム（Worldcom）が起こした不正会計（粉飾決算）事件である。再発防止のために企業の内部統制強化を図る目的で，米国にて成立した法律が，アメリカの上院議員サーベンス（Sarbanes, Paul）と，下院議員オクスリー（Oxley, Michael G.）の名前を取った「Sarbanes-Oxley act」（サーベンス・オクスリー法，SOX法），正式名称「Public Company Accounting Reform and Investor Protection Act of 2002」（上場企業会計改革及び投資家保護法）である。ちなみにエンロンとワールドコムの会計監査を担当していたのが，著者が所属していたアーサーアンダーセンである。世間には悪者扱いされたが，2005年に，米国連邦最高裁はアーサーアンダーセンに無罪判決をいい渡した。

しかし，アーサーアンダーセンは2002年にすでに解散してしまっていた。

著者は，ベリングポイント・野村直秀・故待島克史と共に『内部統制マネジメント―コーポレートガバナンスを支える仕組みと運用』（2004）を著した。まだ財務報告に係る内部統制の評価及び監査の基準等が公表される前であったため，内部統制の世界的な標準となっている「COSOモデル」や米国のSOX法を踏まえて，ミッション，ビジョン，リスクの管理，スピード，承認手続き等の観点から，内部統制が有効に機能し，運用されるための施策・仕組みを解説した。

米国でのSOX法の成立当時，日本企業にとって，「対岸の火事」であったが，日本でも西武鉄道の有価証券報告書の虚偽記載，カネボウの粉飾決算，ライブドアの粉飾決算が相次ぎ，日本でも内部統制の強化が必要と判断され，財務報告に係る内部統制の評価及び監査の基準並びに財務報告に係る内部統制の評価及び監査に関する実施基準，金融商品取引法からなる内部統制制度（日本版SOX法，J-SOX法）が成立した。

この財務報告に係る内部統制制度の義務化により，監査法人，コンサルティング業界は，J-SOX法バブルとなった。企業は，「3点セット」と呼ばれるフローチャート，業務記述書，リスクコントロールマトリックスの文書化が必要となり，その作成には大変な作業が必要であった。ISO9000sやISO14000s，移転価格税制，外国製ERPパッケージソフトウエアのマニュアル等，毎回感じるところではあるが，欧米人はなぜこんなに文書化が好きなのか，形式知を重視するのかと思う。3点セットのノウハウのない企業は，監査法人やコンサルティング会社に支援を求めた。基本的には同じコンサルティング内容であり，他社の事例の「使い回し」が効くため，上位コンサルタントが先行他社で作成した成果物を模倣し，下位のコンサルタントがコンサルティングサービスを提供できた。

著者も多数のクライアントを抱え，そのうちの1社は日本最大級の内部統制プロジェクトであった。当然，コンサルティング報酬も多額となり，コンサルティング会社（ベリングポイント）からは，アジアパシフィック地域の最多売上高賞（Top Gun Revenue）で表彰された。著者は，その絶頂期に日本大学商学部で教鞭を執ることとなり，クライアントに迷惑をかけないために，教授会

から承認を得て，非常勤のエグゼクティブアドバイザー（スペシャルアドバイザー）として，その後もコンサルティングを続けた。

　著者らのコンサルティングは，監査法人と交渉し，内部統制プロセス構築，その文書化，有効性の評価を簡素化することに重点を置いた。簡素化を追求したことが多数のクライアントから依頼を受けることができた要因であったが，監査法人から独立したコンサルティング会社として，著者の組織（World Class Finance，その後，Support Service Transformation）には，優秀な公認会計士やコンサルタントが多数在籍していたことも強みであった。情報戦もあり，他の監査法人，コンサルティング会社の情報収集にも努め，改善を図った。

　結果的に，効果的に内部統制の強化を図った企業，形式的な文書化で有効性評価に止まった企業，過度な内部統制を行って業務の効率性を阻害してしまった企業，に分かれた。J-SOX法対応は実施されたが，相変わらず，企業の不正会計の件数は減少していない。東京商工リサーチ（2022）によると，2021年に「不適切な会計・経理」を開示した上場企業は，51社だった。集計を開始した2008年以降，2019年に過去最多の70社を記録した。その後は2年連続で減少したが，2015年から7年連続で50件以上が続いているという。

　また，2021年7月〜2022年6月提出の内部統制報告書において，内部統制報告書（訂正内部統制報告書を含む）に記載された，内部統制の評価結果に「開示すべき重要な不備」があり，「財務報告に係る内部統制は有効でない」とした企業の不備の原因の調査を金融庁（2022）が実施して，結果を公表している。これによると，提出会社における開示すべき重要な不備の主な原因は，コンプライアンス意識の欠如19件，内部監査等の体制不備15件，役員への権限集中等牽制機能の無効化15件，子会社等管理体制の不備13件，その他の不備の原因30件であった。一方，子会社における開示すべき重要な不備の主な原因は，コンプライアンス意識の欠如8件，役員への権限集中等による牽制機能の無効化5件，内部監査等のモニタリングの体制不備または不十分な実施3件，その他の不備の原因8件であった。

　著者が訪問し，インタビュー調査を行った企業の中には，内部統制の有効性を高めるため，複数の者で同じデータを入力し，両者の照合を行って，誤謬，不正を防止している企業があったのには正直いってびっくりした。全体として，

J-SOX法以前に比べると，チェック，確認の回数は明らかに増加しており，これまで以上にICTを使って，内部統制の有効性と業務の効率性の両立を図ることが求められるようになった。

　著者は，内部統制において管理会計の果たす役割は大きいと考えている。1951年に産業合理化審議会が答申した「企業における内部統制の大綱」には，「内部統制の意義とは，企業の最高方策にもとづいて経営者が，企業の全体的観点から執行活動を計画し，その実施を調整し，かつ実績を評価することであり，これらを計算的統制の方法によって行うものである」と記述されている。つまり，内部統制とは，マネジメントコントロール，予算管理，さらには管理会計を意味していたのである。昨今の内部統制は，COSOモデル，COSO ERMモデルに基づいているが，戦後日本の内部統制の中心は管理会計であった。著者は，現在においても，管理会計を活用した内部統制は効果的であると考えている。実際，不正や誤謬を発見するアプローチには，仕訳伝票等と原始証憑を一件一件突合するミクロ的なアプローチの他に，標準原価と実際原価，予算値と実績値，前年度値と今年度値等を比較し，異常値を発見し，その原因にさかのぼるマクロ的なアプローチがある。後者の方法が管理会計を活用した内部統制に他ならない。最新のICTでは，AIを使って異常値の発見を自動化することも可能である。内部統制制度が定着した今となっても，不正や誤謬はなくなったわけではない。ICT，管理会計制度，内部統制プロセスが三位一体となった再構築が必要ではないだろうか。

　なお，財務報告に係る内部統制の評価及び監査の基準並びに財務報告に係る内部統制の評価及び監査に関する実施基準は，2023年に改訂が実施された。ICTについては，情報システムの開発・運用・保守等の外部委託に係る統制の重要性，クラウドやリモートアクセス等のセキュリティの確保の重要性が強調された。

(5)　新収益認識基準

　収益認識に関する会計基準及び収益認識に関する会計基準の適用指針（以下，新収益認識基準）は，2018年3月30日に公表された。しかし，新収益認識基準では，適用時期について，収益認識に関する会計処理は日常的な取引に対して

行われるものであり，本会計基準の適用により従来と収益を認識する時期又は
額が大きく異なる場合，企業において経営管理及びシステム対応を含む業務プ
ロセスを変更する必要性が生じる可能性があり，新たな会計基準又は改正され
た会計基準の公表における通常の準備期間に比して，より長期の準備期間を想
定して適用時期を定める必要があると考えられるとして，新収益認識基準は，
公表から3年後の2021年4月1日以後開始する連結会計年度及び事業年度の期
首から適用された。

　このことからも，新収益認識基準の適用に当たっては，経理・財務部門が
リーダーシップを取り，対応プロジェクトの発足，新収益認識基準の影響度調
査，プロジェクト計画策定，対応策の検討，適用準備作業，システム変更，会
計処理作業を着実に進めねばならず，大変な業務量であったことがわかる。

　新収益認識基準の基本となる原則は，約束した財又はサービスの顧客への移
転を，当該財又はサービスと交換に企業が権利を得ると見込む対価の額で描写
するように収益の認識を行うことである。新収益認識基準では，収益を認識す
るために，5つのステップを適用する。

ステップ1：顧客との契約を識別する。
ステップ2：契約における履行義務を識別する。
ステップ3：取引価格を算定する。
ステップ4：契約における履行義務に取引価格を配分する。
ステップ5：履行義務を充足した時にまたは充足するにつれて収益を認識する。

　その上で，新収益認識基準は，特定の状況または取引について適用される11
の取扱いを定めている。

---

① 財またはサービスに対する保証（ステップ2）
② 本人と代理人の区分（ステップ2）
③ 追加の財またはサービスを取得するオプションの付与（ステップ2）
④ 顧客により行使されない権利（非行使部分）（ステップ5）
⑤ 返金が不要な契約における取引開始日の顧客からの支払（ステップ5）
⑥ ライセンスの供与（ステップ2及び5）
⑦ 買戻契約（ステップ5）

---

⑧　委託販売契約（ステップ5）
⑨　請求済未出荷契約（ステップ5）
⑩　顧客による検収（ステップ5）
⑪　返品権付きの販売（ステップ3）

　また，新収益認識基準では，これまで我が国で行われてきた実務等に配慮し，財務諸表間の比較可能性を大きく損なわせない範囲で，IFRS第15号における取扱いとは別に，次の個別項目に対する重要性の記載等，代替的な取扱いを定めている。

①　契約変更（ステップ1）
②　履行義務の識別（ステップ2）
③　一定の期間にわたり充足される履行義務（ステップ5）
④　一時点で充足される履行義務（ステップ5）
⑤　履行義務の充足に係る進捗度（ステップ5）
⑥　履行義務への取引価格の配分（ステップ4）
⑦　契約の結合，履行義務の識別及び独立販売価格に基づく取引価格の配分（ステップ1，2及び4）
⑧　その他の個別事項　有償支給取引（ステップ5）

　著者は，2018年11月17日に法政大学で開催された日本会計研究学会関東部会で報告し，『會計』第195巻第3号にて，「新収益認識基準が管理会計に与える影響」（川野，2019c）と題した論文を発表している。その報告の結論は，新収益認識基準は，業界，企業により，影響の大きさが異なるが，短期的には管理会計・原価計算への影響は大きくないというものであった。

　新収益認識基準は，2021年4月1日以後開始する連結会計年度及び事業年度の期首から適用されたが，著者は，2020年度に企業が管理会計・原価計算を変更しているか否かを調査している。**図表4-6**，**図表4-7**の通り，管理会計・原価計算への影響は小さく，管理会計・原価計算の見直しは必要ないと回答した企業は54.7％で，管理会計・原価計算の見直しが必要であると回答した企業は45.3％であった。最も影響の大きかったのは，当然であるが，収益管理で

72.8%（見直しが必要であると回答した企業を母集団にした割合），続いて，予算管理や中期（経営）計画55.6%，製品群，サービス等の損益計算44.4%であった。

　一見すると，管理会計・原価計算に影響しているが，「分権化組織の責任会計/業績評価に与えた」企業は，11.1%と低い割合であったことから，新収益認識基準の影響は，財管一致の企業が多い中，管理会計や原価計算制度自体の変更よりも，財務会計に準じた計算方法の変更と，計算された数値の意味内容が異なるという点での影響に止まったと考えるのが妥当であろう。

図表4-6■新収益認識基準の影響の状況

影響の区分	2020年度
管理会計，原価計算への影響は少なく，管理会計，原価計算の見直しは必要ない	54.7%
管理会計，原価計算の見直しが必要である	45.3%
回答企業数	150社

図表4-7■新収益認識基準が影響した管理会計・原価計算分野

分野の区分	2020年度
収益管理	72.8%
予算管理や中期（経営）計画	55.6%
製品群，サービス等の損益計算	44.4%
原価計算	32.1%
分権化組織の責任会計/業績評価	11.1%
回答企業数	81社

⑹　国際会計基準

　企業会計審議会は，2009年に「我が国における国際会計基準の取扱いに関する意見書（中間報告）」を公表し，2015年または2016年から上場企業の連結財務諸表に対して国際会計基準を強制適用する流れがほぼ形成され，日本の上場企業は国際会計基準への対応を開始した。一方で，国際会計基準の強制適用に関して反対論者も多く，東日本大震災の発生や米国における国際会計基準適用判断の延期も加わって，2011年6月に当時の自見庄三郎金融担当大臣が「2015年3月期でのIFRS（国際会計基準）の強制適用は考えていない」，「強制適用の

決定から5〜7年程度の準備期間を設定する」と発言し，その後，企業会計審議会は2013年6月に「国際会計基準（IFRS）への対応のあり方に関する当面の方針」を公表し，任意適用要件の緩和，修正国際基準の制定及び単体開示の簡素化を打ち出した。

強制適用は見送りになったものの，任意適用企業は着実に増加しており，東京証券取引所（2023）のホームページによると，**図表4-8**の通り，2023年6月現在で，国際会計基準適用済会社254社，国際会計基準適用決定会社14社，合計268社であるという。国際会計基準適用会社数の推移を見ると，新型コロナウイルス感染症の影響なのか，近年，新規適用会社数が減少している。

図表4-8■国際会計基準適用会社数の推移

2010年	2011年	2012年	2013年	2014年	2015年	2016年	2017年
1社	3社	4社	10社	20社	24社	34社	36社
2018年	2019年	2020年	2021年	2022年	2023年	2024年	未定
34社	34社	20社	17社	16社	8社	3社	4社

(注)　東京証券取引所（2023a）の資料に基づき集計している。なお，3月期決算企業が第1四半期末から適用しているような場合，第1四半期が属する年で集計している。

著者は，国際会計基準が管理会計に与える影響について関心を持ち，2010年に「管理会計にIFRSが与える影響」(2010)，2014年に「国際会計基準と管理会計—日本企業の実態調査を踏まえて—」(2014a)を発表している。

日本の会計基準と国際会計基準の差異は縮小しており，新収益認識基準は，ほぼ国際会計基準に基づいて制定された。減価償却費の定額法，一定の要件を満たす開発費の資産計上，減損の戻し入れ，未消化の有給休暇の負債計上，のれんの非償却等，差異は残っているが，管理会計・原価計算に与える影響は少ない。

国際会計基準においても，標準原価計算を採用することは，標準原価が実際原価に近似する限りにおいて，簡便法として認められている。しかし，標準原価は，正常な材料費及び消耗品費，労務費，能率水準及び生産水準を前提として，標準原価は定期的に見直され，必要に応じてその時々の状態を勘案して改訂されなければならないとされ，建前論にはなるが，多額の原価差異を発生させている企業においては，標準原価が簡便法として認められないことになって

いる。

　また，国際会計基準には，固定製造間接費の配賦と変動製造間接費に分けて製造間接費の配賦に関する規定がある。固定製造間接費の加工費への配賦は，生産設備の正常生産能力に基づいて行われなければならないとしており，ここで，正常生産能力とは，計画的なメンテナンスをしたうえで生じる能力の低下を考慮して，正常な状況で期間または季節を通して平均的に達成されると期待される生産量をいう。生産水準が低下したり，遊休設備が存在したりしたとしても，生産単位当たりの固定製造間接費の配賦額は増加させず，配賦されなかった固定製造間接費は，発生した期間の費用として処理されねばならない。一方，生産水準が異常に高い期間にあっては，生産単位当たりの固定製造間接費の配賦額を減少させ，棚卸資産の評価が原価を上回らないようにしなければならない。また，変動製造間接費は，生産設備の実際使用量に基づいて，各生産単位に配賦されるとしている。

　これに対して，原価計算基準では，予定配賦を原則として，予定価格等が不適当なため，比較的多額の原価差異が生じる場合，当年度の売上原価と期末における棚卸資産に科目別あるいは指図書別に配賦するとされている。このように差異はあるが，実務に与える影響は小さい。

　著者が国際会計基準に最初に注目するようになったのは，学生時代にさかのぼる。1982年に提出した卒業論文のテーマは国際会計基準であった。著者の結婚式の際に，指導教員であった故稲垣冨士男先生から卒業論文原稿が返却されたため，手書き原稿が手もとに残っているが，参考文献が少なく，執筆に大変苦労したことを今でも覚えている。また，コンサルタントとして，会計システムの導入支援をした企業が日本における国際会計基準の適用の第1号となった企業であったことも無縁ではない。J-SOX法対応ほどではないが，国際会計基準適用のコンサルティングも多数の企業に提供させていただいた。

　国際会計基準の適用は容易ではない。多くの従業員の関与，長期間の準備，情報システム変更が必要となる。国際会計基準の理解は当然のこととして，プロジェクト管理のスキルも必要となる。多くの企業の従業員は，大規模プロジェクトの経験がなく，また，多くの企業において，プロジェクト管理の方法論を有していない。プロジェクト管理の世界標準にPMBOK（Project Management

Body of Knowledge）がある。また，日本発の手法として，著者も関与したことがあるP2M（Project & Program Management）もある。こうした方法論を活用しないと，効率的あるいは効果的にプロジェクトを運営することができない。著者は，アルプス電気で情報システム開発を担当してきたが，コンサルタントになって，自分自身のプロジェクト管理スキルの欠如，そして，方法論の重要性を認識させられた。コンサルティング会社は，PMBOKをベースにしながらも，独自の方法論を有しているので，国際会計基準のプロジェクトをコンサルティングした際にも，その方法論を採用した。

　一般に国際会計基準の適用には数年の期間を要する。プロジェクトの進め方は，新収益認識基準等の日本基準適用と進め方が異なる。日本基準は強制適用であるのに対して，国際会計基準は任意適用であるため，経営者（取締役会）の意思決定が必要であり，その意思決定のために財務諸表に対する影響金額の調査が先行する。監査法人やコンサルティング会社により若干手順は異なるが，一般的には，国際会計基準適用の金額的影響度の調査，経営者（取締役会）の意思決定，プロジェクトの発足と適用計画策定，個別課題の検討，投資意思決定と情報システムの変更，従業員教育，国際会計基準への会計処理等の変更，適用開始で進められる。

　著者が行った2020年度調査で回答のあった企業のうち，国際会計基準適用会社は9.7％で，日本基準が89.7％，米国会計基準が0.6％であった。2023年6月末の上場企業は3,889社，国際会計基準適用済会社は254社，6.5％であるので，全体平均値より高い適用率となっている。

　図表4-9の通り，国際会計基準適用会社の標準原価計算採用率は60.0％（全体平均値39.9％），直接原価計算は60.0％（42.1％），損益分岐点分析78.6％（48.0％），社内資本金制度0.0％（6.6％），連結原価計算は66.7％（41.7％），ABCは14.3％（10.1％），バランス・スコアカードは15.4％（7.4％），EVAは14.3％（4.1％），品質原価計算は14.3％（3.4％）であった。社内資本金制度を除いて，2020年度調査の平均値を上回る採用率となっている。

　なお，管理会計・原価計算の手法ではないが，管理会計・原価計算におけるICTの活用についても調査したところ，国際会計基準適用会社では，ERPパッケージソフトウエア（会計モジュール）85.7％（全体平均値51.4％），BI 42.9％

（14.9％），連結決算パッケージソフトウエア85.7％（50.7％），AI 21.4％（2.7％），RPA 50.0％（25.7％）と，全体平均値を大幅に上回る活用率を示した。

　国際会計基準適用企業は，国際会計基準の適用自体が先進的な取組みであり，新旧を問わず，様々な手法等を取り入れることにより，積極的に変革を進める企業風土を持っていると思われる。

図表4-9 ■会計基準と管理会計・原価計算，ICT

手法・ICTの種類		全体	日本基準	国際会計基準
管理会計・原価計算	標準原価計算	39.9%	37.2%	60.0%
	直接原価計算	42.1%	39.7%	60.0%
	ABC/ABM/ABB	10.1%	9.7%	14.3%
	バランス・スコアカード	7.4%	6.7%	15.4%
	連結原価計算	41.7%	38.5%	66.7%
	損益分岐点分析	48.0%	44.4%	78.6%
	EVA	4.1%	3.0%	14.3%
	品質原価計算	3.4%	2.3%	14.3%
	社内資本金制度	6.6%	7.4%	0.0%
ICT	ERPパッケージソフトウエア（会計モジュール）	51.4%	47.4%	85.7%
	BI	14.9%	11.3%	42.9%
	連結決算パッケージソフトウエア	50.7%	46.6%	85.7%
	AI	2.7%	0.8%	21.4%
	RPA	25.7%	22.6%	50.0%
回答企業数		148〜153社	133〜137社	14〜15社

（注1）米国会計基準は省略している。
（注2）ICTは，管理会計・原価計算目的に限定している。
（注3）手法，ICTの種類により，回答企業数が異なる。

4　上場市場区分と管理会計・原価計算

　著者（2014b）は，2011〜2012年度調査で，連結売上高を基準にして，1,000億円未満（小規模企業），1,000億円以上3,000億円未満（中規模企業），3,000億円以上（大規模企業）の3区分で，管理会計・原価計算手法の採用状況に違いがあるか否かを調査し，連結売上高の規模が大きいほど，より多くの管理会計・

原価計算の手法を実施し，管理水準も高い傾向にあることを明らかにした。

　類似の分析となるが，2020年度調査では，**図表4-10**の通り，東京証券取引所市場一部，二部，マザーズ＋JASDAQスタンダード＋JASDAQグロースの3市場区分での比較分析を試みた。それぞれの2019年度の平均連結売上高は，順に4,468億円，265億円，123億円である。なお，東京証券取引所は，2022年4月4日に，現在の市場区分をプライム市場，スタンダード市場，グロース市場の3つの市場区分に見直しているが，2020年度調査はその市場区分変更前の調査である。

　伝統的な管理会計・原価計算手法においては，特筆すべき差は見られなかった。伝統的な方法である標準原価計算の採用率は一部，二部，マザーズ＋JASDAQスタンダード＋JASDAQグロースの順で43.8％，40.0％，29.7％，直接原価計算は43.8％，36.8％，40.5％，予算管理は97.9％，100.0％，100.0％であった。

図表4-10■上場市場区分別の管理会計・原価計算

手法	全体	東証一部	東証二部	マザーズ＋JASDAQ
標準原価計算	39.9%	43.8%	40.0%	29.7%
直接原価計算	42.1%	43.8%	36.8%	40.5%
ミニ・プロフィットセンター	10.7%	12.8%	5.6%	8.1%
ABC/ABM/ABB	10.1%	10.6%	5.6%	10.8%
バランス・スコアカード	7.4%	8.6%	5.3%	5.4%
予算管理	98.7%	97.9%	100.0%	100.0%
連結原価計算	41.7%	45.3%	36.8%	35.1%
EVA	4.1%	6.4%	0.0%	0.0%
シェアードサービス（センター）	8.1%	12.8%	0.0%	0.0%
社内資本金制度	6.6%	8.4%	0.0%	5.4%
品質原価計算	3.4%	5.3%	0.0%	0.0%
原価企画	39.1%	39.4%	33.3%	42.9%
回答企業数（原価企画を除く）	148〜153社	93〜96社	17〜20社	37社
平均連結売上高	2,861億円	4,468億円	265億円	123億円

（注）管理会計・原価計算の手法単位で回答企業数が異なる。回答企業数の原価企画は製造業のみを対象としており，全体46社，東証一部33社，東証二部6社，マザーズ＋JASDAQ7社の回答である。

一方で，戦略的管理会計・原価計算手法において，品質原価計算，EVA，シェアードサービスは，二部，マザーズ＋JASDAQスタンダード＋JASDAQグロース共に，採用例がなかった。二部，マザーズ＋JASDAQスタンダード＋JASDAQグロースは，平均連結売上高が一部に比べると低く，2011〜2012年度調査と合わせて考察すると，企業規模が管理会計・原価計算の水準に影響を与えている可能性は高い。

5 製造業，非製造業別の管理会計・原価計算

2020年度調査では，**図表4-11**の通り，製造業，非製造業別の管理会計・原価計算の状況を比較した。伝統的原価計算である標準原価計算，直接原価計算，そしてEVAにおいては，両者に差が生じていたが，それ以外の手法では，両者の連結売上高に差がみられるにもかかわらず，著者が想定したほどの差異は見られなかった。

図表4-11■製造業，非製造業別の管理会計・原価計算

手法	全体	製造業	非製造業
標準原価計算	39.9%	62.3%	21.4%
直接原価計算	42.1%	52.2%	33.7%
ミニ・プロフィットセンター	10.7%	12.1%	9.6%
ABC/ABM/ABB	10.1%	10.6%	9.6%
バランス・スコアカード	7.4%	6.1%	8.4%
予算管理	98.7%	98.6%	98.8%
連結原価計算	41.7%	44.1%	39.8%
EVA	4.1%	7.6%	1.2%
シェアードサービス（センター）	8.1%	9.1%	7.3%
社内資本金制度	6.6%	5.9%	7.2%
品質原価計算	3.4%	4.5%	2.4%
回答企業数	148〜153社	66〜70社	82〜84社
平均連結売上高	2,861億円	4,625億円	1,424億円

（注）管理会計・原価計算の手法単位で回答企業数が異なる。

6　経理・財務部門従業員数の減少

(1)　経理・財務部門従業員数の減少状況

　フレイとオズボーン（2013）は，AIが99％の確率でTax Preparers（税務申告代行者）の仕事を奪い，98％の確率でBookkeeping, Accounting, and Auditing Clerks（簿記，会計，監査担当員），94％の確率でAccountants and Auditors（経理担当者，監査人）の仕事を奪うと予想し，日本の経済誌がAIにより，会計の仕事がなくなると騒ぎ立てた。

　その後，調査を行った野村総合研究所「ICTの進化が雇用と働き方に及ぼす影響に関する調査研究 報告書」（2016）は，AIにより代替可能性の高い職業に就く人が減る一方で，AIを導入・運用する職業や，AIの登場により新しく生まれる職業が増加することを指摘している。つまり，経理・財務部門は，付加価値の高い新しい管理会計・原価計算を生み出していかないと，従業員数は減少することを意味する。

　国勢調査（総務省統計局，2023）により，中小企業を含めた会計事務従事者の推移を見てみよう。**図表4-12**の通り，1995年以降2015年まで会計事務従事者が減少していることがわかる。しかし，2020年は増加に転じている。この解釈であるが，ERPパッケージソフトウエアや会計パッケージソフトウエア，Excel等の表計算ソフトウエア，RPA等の導入により，会計事務従事者は減少していたが，2018年に働き方改革関連法（働き方改革を推進するための関係法律の整備に関する法律）が公布され，2019年から順次施行され，経理・財務部門の一人当たり残業時間を減らし，有給休暇の取得を容易にするために，一時的

図表4-12■会計事務従事者の推移

区分	1995年	2000年	2005年	2010年	2015年	2020年
会計事務従事者数(名)	2,747,500	2,577,216	2,269,180	1,617,370	1,486,140	1,523,600
総就業者数（名）	63,904,100	63,032,271	61,530,202	59,607,700	58,890,810	57,673,630
割合（％）	4.3	4.1	3.7	2.7	2.5	2.6

（注）総務省統計局（2023）平成7年国勢調査～令和2年国勢調査の結果に基づき，著者集計。

に経理・財務部門の従事者数が増加した可能性がある。

　しかし，会計事務従事者は長期的に減少傾向にあるということは，経理・財務部門が付加価値の高い業務を創造できていないことの表れでもある。働き方改革は，労働生産性の向上を目指しているが，労働生産性は「成果（分子）÷労働時間（分母）」で算出される。つまり，経理・財務部門は，分子の成果を大きくできないため，長期の傾向としては，分母の労働時間，つまり経理・財務部門の人員削減を進めてきたことを意味するのではないだろうか。

(2)　経理・財務部門の適正人員数

　著者が，企業を訪問した際にしばしば聞かれる質問に，経理・財務部門の適正人員数がある。

　竹本（1994）は，アンケート調査に基づいて，本社経理スタッフ数は，全従業員1,000名の増加に対して9.4名増加すること，従業員1,000名当たりの本社経理スタッフ数は24.6名であると分析している。

　ネットプロテクションズ（2023）「全国の企業に勤める経理800人に聞いた『経理の業務の実態に関する調査』」によると，2022年の経理の平均人員は4.6名で，2004年の5.0名から8％の減少となっている。この調査はインターネットを通じて実施され，企業規模に関する情報がないが，中小企業の経理担当者からの回答が多いと思われる。

　産業経理協会（2018）は，経理部の実態調査を行っている。回答企業の73％が上場企業である。その基礎数字に基づいて，著者が平均経理部員数を推計すると，平均で51名，全従業員の1.4％となった。この調査では，経理部員数の増減に関する質問を設けており，10年前に比し増加4％，5年前に比し増加13％，10年前に比し減少4％，5年前に比し減少43％，増減なし25％，回答なし11％であった。すなわち，回答企業の過半数は減少していると回答している。

　経理・財務部門の従業員数の増減については，福田（2007）も東京証券取引所1部上場企業に調査を行っており，過去10年間において，経理・財務部門の人員が減少したと回答している企業が41社みられる一方で，増加したと回答している企業も25社ある。また，変化なしと回答している企業は38社であるとしているが，著者は，経理・財務部門の人員が減少したと回答している企業の方

が多い点に着目すべきであると考える。また，調査を実施した年が2007年と比較的早い時期に実施していることも影響している可能性がある。

実は，著者（2018）も小規模ながら，経理・財務部門の人員のアンケート調査を実施している。31社からの回答があり，回答企業のプロフィールは，連結売上高平均1兆173億円，国内連結子会社平均34社，海外連結子会社平均57社で，上場企業の中でも相対的に連結売上高が大きい企業からの回答が多かった。

アンケートに回答した親会社の経理・財務，経営計画，原価管理・原価企画部門の平均総人員は約62名（管理会計・原価計算担当人員未回答企業を除く）で，平均して1名当たり約123億円の連結売上高を担当している。この内，親会社の管理会計・原価計算担当の人員は，約21名で，平均して1名当たり約368億円の連結売上高を担当していることとなる。結果，いわゆる経理・財務部門人員の1/3が管理会計・原価計算に従事している。

また，現状の人員体制に対して，約2/3の企業の経理・財務部門で，人員が不足していると回答しており，この不足分の補充について，中途採用の45％，社内で育成が42％であった。中途採用募集を行っても，希望する人財の応募が得られず，社内育成を行わざるを得ないのが実態と思われる。

佐藤（1996）もアンケート調査の結果に基づき分析を行ったが，売掛債権の回収部門，情報システム部門が経理・財務部門に含まれているか等，企業組織の特徴が異なり，「自社の経理と財務部門の最適な人員はどのくらいであるか，という質問には直接に回答できる"虎の巻"はない」と結論付けている。著者は，コンサルタントして，上場企業を中心にコンサルティングを行い，また，研究者として，著者が開発した「クイックレビュー」と呼ぶ会計業務，会計制度，会計システムの評価モデルを用いて，企業へインタビュー調査を行ってきたが，佐藤と同じ見解を持っている。経理・財務部門の適正人員を一律に算出することは極めて難しい。

(3)　経理・財務部門人員数減少の要因

経理・財務部門の人員が中期的に減少傾向にあることは明らかである。会計基準等の変更により，会計業務の作業量は増加し，高度化しているにもかかわらず，減少傾向にある要因は何だろうか。

1つ目の要因は，経理・財務部門に限らず，管理・間接部門は過去から人員削減が求められてきたことである。著者も，アルプス電気で本社人員の半減に取り組んだし，コンサルタントとして，ABC/ABM，シェアードサービス等の手法を用いて，間接部門の削減に取り組んできた。競合企業との厳しい競争の中で，製造原価，一般管理販売費の削減の点から，従業員削減に取り組むことは当然の意思決定である。

2つ目の要因は，会計基準の変更，2000年問題等により，ERPパッケージソフトウエア，連結決算パッケージソフトウエアの導入が進められたが，ICTに精通していない経営者の場合，必ず問われるのが，「ICTの導入で何名従業員を削減できるのか」という質問である。企業におけるICT，いわゆるコンピュータの導入は，給与計算，一般会計業務から開始され，業務の効率化に寄与したが，未だにその古い既成概念から抜け出せない経営者が少なくない。業務の効率化を図って，労働生産性を向上させることは決して悪いことではないが，労働生産性の分母である人員数や労働時間のみに注目するのではなく，分子である成果に注目する経営者が少ない。ICTの導入は多額の投資額を伴うこともあり，人員削減ばかりに向けられ，経理・財務部門としてもICT投資の承認を受けるため，無理やり人員削減を目標として掲げざるを得なかったのである。

3つ目の要因は，経理・財務部門のコミュニケーションにある。経理・財務部門は，「攻める」というより，「待ち受ける」スタイルのコミュニケーションスタイルを採ることが多い。国際会計基準の採用においても，経営者から指示されて検討を開始した企業が少なくない。言葉は悪いが，「指示待ち」のスタイルである。福田（2009）は，東京証券取引所１部上場企業に実施したアンケート調査の分析結果から，「日本企業では管理会計担当者が他の職能担当者とともにチームの一員として意思決定へ深く関与するという側面は少なくとも今回の調査からは発見されなかった。さらに，他職能部門担当者とのコミュニケーションの頻度が低いことを考え合わせると，日本企業の管理会計担当者は自らの専門領域の枠内に留まり，管理者の要請に基づき，財務的な情報の提供を行うという比較的限定された役割を担っていると解釈すべきであろうか。」と述べている。こうした点から，経営者や他部門から経理・財務部門は評価を

得られなくなったのだ。

　4つ目の要因は，経理・財務部門が，企業や経営者に対して新たな価値の提供ができなかったことにある。この点は，本書全体のテーマの1つでもあるが，経理・財務部門が結局，「集計屋」，「計算屋」から脱却できなかったことにある。会計基準の変更や財務報告に係る内部統制の強化等に追われたことは否定しないが，それらを「隠れ蓑」にして，財政状態の健全化，経営成績の向上に寄与することを怠ったのではないか。その結果，経理・財務部門の相対的な地位低下を招いた。著者らは，前述した通り，「戦略経理」を提案したが，一部の企業の経理・財務部門を除き，旧来の経理・財務部門から脱却できず，戦略経理の役割は，経営企画部門に奪われてしまった。

　最近では，管理会計担当部門をFP&A（Financial Planning & Analysis）と呼ぶこともあるが，FP&Aは，日本企業では経理・財務部門とは限らない。ある企業では，中期経営計画策定，予算管理等の管理会計の機能も経営企画部門が担当となり，経理・財務部門では財務会計や支払の業務しか担当しなくなり，結果的に，外部企業にアウトソーシングされてしまった。自ら経理・財務部門の人員削減を招いてしまったのである。なお，FP&Aについては，池側（2022）が詳しい。

⑷　担当組織と管理会計・原価計算

　著者は，2020年度の調査で，経理・財務部門が担当している場合と，経営企画部門が担当している場合で，管理会計・原価計算の採用状況に差が生じているか否かを，**図表4-13**の通り，クロス集計している。

　標準原価計算は，経理部門が担当している場合39.4％，経営企画部門が担当している場合29.6％であった。直接原価計算は順に45.4％，33.3％，損益分岐点分析50.5％，37.0％，社内資本金制度6.5％，3.7％，連結原価計算は39.8％，44.4％，ABCは9.3％，14.8％，バランス・スコアカードは8.4％，0.0％，EVAは4.7％，0.0％，品質原価計算は3.7％，3.7％であった。経営企画部門が管理会計・原価計算を担当した場合，伝統的な原価管理の採用率は低くなる傾向にあったが，経営企画部門が担当しても，管理会計・原価計算の水準が高くなることはなく，単なる機能，役割を部門移動しても，管理会計・原価計算は変わ

らないということである。

図表4-13■担当部門と管理会計・原価計算

手法	全体	経理部門	経営企画部門	その他部門
標準原価計算	39.9%	39.4%	29.6%	58.8%
直接原価計算	42.1%	45.4%	33.3%	35.3%
ミニ・プロフィットセンター	10.7%	12.1%	7.4%	6.7%
ABC/ABM/ABB	10.1%	9.3%	14.8%	9.4%
バランス・スコアカード	7.4%	8.4%	0.0%	20.0%
連結原価計算	41.7%	39.8%	44.4%	50.0%
損益分岐点分析	48.0%	50.5%	37.0%	41.2%
EVA	4.1%	4.7%	0.0%	7.1%
品質原価計算	3.4%	3.7%	3.7%	0.0%
社内資本金制度	6.6%	6.5%	3.7%	12.5%
回答企業数	149〜153社	107〜109社	27社	15〜17社

（注）その他部門の母集団は，質問により異なるが，15〜17社程度と少ない。

7　経理・財務部門従業員の能力向上

(1)　簿記・会計及び周辺分野の検定試験

　「経理屋」というと，地味，陰気，暗い，チェックして文句をいう，計算ばかりしているというイメージが付きまとう。「経理屋」だった著者は，決してそんなことはないと思うが，社会全体ではそんなイメージが定着してしまっている。一方で，専門家という，イメージも強い。著者は，著者自身のホームページに「会計・簿記の総合サイト」(http://www.zb.em-net.ne.jp/~kawano/AccountingPortal/Portal.html) を付設し，このサイトに会計系の資格・検定試験の一覧表を掲載してきた。

　簿記・会計に関する検定試験は，読者によく知られている日本商工会議所及び各地商工会議所主催簿記検定試験，通称「日商簿記検定試験」の他，全国経理教育協会の簿記能力検定試験，全国商業高等学校協会の簿記実務検定試験の3つがある。簿記能力検定試験は専門学校の生徒向けで，簿記実務検定試験は

主に商業高等学校の生徒向けである。

　また，著者が調べた限り，簿記に限らず，会計，内部統制，会計システム等の資格，検定試験には，**図表4-14**のものがある。

図表4-14■簿記・会計及び周辺分野の資格・検定試験

分　　　類	資格・検定試験名
国家資格	公認会計士，税理士
簿記・会計実務の検定試験	日商簿記検定，簿記能力検定，簿記実務検定，ビジネス会計検定，会計実務検定，建設業経理検定，FASS検定，ビジネス・キャリア検定，連結決算実務検定，プロフェッショナルCFO資格，管理会計検定，会計ファイナンシャル検定，IFRS（国際会計基準）検定，IPO実務検定，IPO・内部統制実務士，財務報告実務検定，農業簿記検定，銀行業務検定，P/L・B/Sアナリスト検定，社会福祉会計簿記認定試験
会計システムの検定試験	電子会計実務検定，コンピュータ会計能力検定
税務の検定試験	所得税法能力検定，法人税法能力検定，消費税法能力検定
内部統制・監査の検定試験	公認内部監査人，公認リスク管理監査人，公認金融監査人，公認公的部門監査人，農業協同組合監査士

（注1）すべての資格・検定試験を網羅しているわけではない。
（注2）範囲を拡大すると，中小企業診断士，米国公認会計士（USCPA），米国税理士（EA），米国公認管理会計士（CMA），ファイナンシャルプランナー（FP），証券アナリストもある。

　多数の検定試験が存在するということは，それだけニーズがあることを意味する。インターネット上の就職や転職に有利な資格の上位に簿記が位置付けられている。一方で，検定試験は主催者のビジネスとして実施されており，受験者が少なく，事実上実施されていない検定試験も存在しているようだ。著者も民間試験の出題を担当したことがあるが，試験の開催，運営は難しい。

(2)　日商簿記検定試験

　図表4-15に基づき，日商簿記検定試験の受験者の推移を見てみよう。

　フレイとオズボーンの論文（2013）により，AIにより会計がなくなると話題になったが，その後，その誤解が解けたこともあり，日商簿記検定試験の3級，2級は堅調に推移している。むしろ，2020年12月から実施されたインターネット試験により，受験機会が増えたことから，増加している。一方で，図表4-15の通り，1級は2002年度の約半数に減少している。2022年度18,746名と，2021

図表4-15■日商簿記検定試験　実受験者数の推移

級	2002年度	2007年度	2012年度	2017年度	2022年度
1級	31,286名	29,258名	25,106名	15,389名	18,746名
2級	155,832名	162.941名	168,035名	140,217名	146,010名
3級	235,784名	264,909名	264,102名	247,440名	308,055名

（注1）　日本商工会議所（2023a）公表数字に基づく。
（注2）　インターネット試験受験者を含む。2022年度のネット試験受験者は2級105,289名，
　　　　3級207,423名である。

年度に続き，連続で増加したが，2002年度に比べると，大幅な減少となってい
る。会計基準が高度化し，より一層専門的知識を持つ者の需要が高まっている
はずなのに減少しているのだ。

　1級の合格率は2006年11月の3.5％，2017年11月の5.9％を例外として，**図表
4-16**の通り，10％前後で安定しており，合格率の低下が受験者数減少の理由
とは考えられない。推測できることは，会計基準が高度化し，難易度が向上し
ているので，そもそも1級を目指そうとする学生数，経理・財務部門の従業員
数，一般社会人数が減少していると推測される。結果的に意欲が高い者のみが
受験するので，10％前後の合格率を維持できているといえる。

　また，会計基準への対応は，外部の監査法人やコンサルティング会社に依存
することになり，経理・財務部門担当者の専門知識が絶対的には向上している
ものの，相対的には低下しているといえる。著者自身，経理・財務部門の外部
依存の恩恵を受けた身であるので，偉そうなことは書けないことは承知してい
るが，経理・財務部門の担当者は，より高い専門知識を身に付けるべく努力を
する必要がある。

図表4-16■日商簿記検定試験1級　合格率の推移

2002年度	2007年度	2012年度	2017年度	2021年度	2022年度
10.2％	11.7％	12.5％	7.2％	10.0％	10.3％

（注1）　日本商工会議所（2023a）公表数字に基づく。
（注2）　日商簿記検定試験1級は，原則として6月と11月の年2回実施される。合格率は6
　　　　月と11月の2回の加重平均合格率である。

(3) FASS検定試験

　経理・財務部門の従業員の知識のみならず，技能，能力面での標準も定められている。経済産業省（2003）は，「経理・財務業務マップ」を2003年に公表した後，2004年には「経理・財務サービス・スキルスタンダード」を開発し，FASS（経理・財務スキル）検定を2005年度下期より開始した。この背景には，経理・財務部門の定型的，非コア業務はアウトソーシングにより業務を削減し，企業の国際競争力の源泉となる非定型的業務，コア業務を担える人財に，潜在的能力を有する人財から実際のアウトプットを出せる人財に，問題なく処理するだけの人財から課題発見や解決，改善ができる人財に変革する必要があるとの問題意識があった。なお，FASS検定の2022年度受験者数は4,891名で，受験者数累計78,669名である（日本CFO協会，2023）。

　また，厚生労働省（2023）は，「職業能力評価シート」を作成しており，経理，資金財務（トレジャリー），経営管理分析（FP&A）に分けて，レベル１（エントリー，スタッフ），レベル２（シニア・スタッフ），レベル３（スペシャリスト，マネジャー），レベル４（シニア・スペシャリスト，シニア・マネジャー）に分けて，能力評価表を用意している。

　経理・財務サービス・スキルスタンダードや職業能力評価シートを使うことにより，少なくとも現時点の経理・財務部門に要求される技能，能力の水準を把握できる。しかし，これらは，現在要求されている水準であり，今後の経理・財務部門に要求される技能，能力等ではない。

(4)　経理・財務部門の今後のあるべき姿，必要となる人財

　経理・財務部門の今後のあるべき姿，必要となる人財については，監査法人，コンサルティング会社の調査，分析，提案が参考となる。その一部を紹介する。

　PwCコンサルティングは，「デジタル時代における財務経理の新しい形　デジタル化が進んだ時代に求められる役割をひも解く」（2017）の中で，企業の経理・財務部門の進歩を，経理・財務部門によりもたらされる価値とビジネスパートナーとしての役割に重きが置かれる度合いから４段階（取引と統制，統制と報告，連携と分析報告，デジタル対応の戦略的連携）で定義している。デジタ

ル対応の戦略的連携の段階では，経理・財務部門及びその人財は，デジタルツールを用いた将来予測による経営サポートを実現し，経営判断の参画者になるべきであると提言している。

　また，PwCコンサルティングの最新のホームページ（2023）を見ると，次世代の経理・財務部門には，「洞察力，効率性，統制力のバランスが求められ，従来のコンプライアンスを重視する統制型から，意思決定支援など洞察力の強化，さらなる効率性の推進へ，舵を切る傾向」があるとし，「会計知識はもちろんのこと，論理的な思考力とコミュニケーション能力，分析力，そして行動力を兼ね備えた財務経理人材の確保と育成が喫緊の課題」としている。

　桑原（2015）は，「経理・財務部門のグローバル人材育成モデル」を提唱し，トップマネジメントが経理・財務部門の重要性を認識するためには，テクニカルスキル（財務会計や税務会計の知識，グローバル経営管理，国際会計基準，国際税務，CMS（Cash Management System）），ソフトスキル（語学，リーダーシップ，交渉力，コミュニケーション力，表現力等），ビジネス洞察力（ビジネス理解力，改善すべき点を数字に落とし込む能力），戦略立案・評価スキル（戦略を数字に落とし込む能力，企業価値向上の観点からの客観的評価能力）の向上が不可欠であり，それらのスキル向上を支える仕組みとして，公平・透明な人事評価制度，グローバル採用制度，育成・選抜，ローテーション制度を整備する必要があると提言している。

　また，米国のInstitute of Management Accountants（IMA）は，IMA Management Accounting Competency Frameworkとして，職業倫理と価値，リーダーシップ，戦略・計画策定と業績管理，報告と統制，事業洞察力と業務理解，テクノロジーと分析，の6つのドメインに分けて，管理会計担当者のコンピテンシーを定義している（IMA，2023）。

　同じく米国のChartered Global Management Accountants（CGMA）のGlobal Management Accounting Principle（GMAP）は，CGMA Competency Framework 2019 editionで，管理会計担当者のスキルとして，テクニカルスキル，ビジネススキル，リーダーシップスキル，人的スキル，デジタル（ICT）スキルを挙げ，それらを倫理・誠実さ，プロフェッショナリズムが支えるとしている（CGMA，2023）。

　本書の執筆に当たり，改めて監査法人，コンサルティング会社の経理・財務部門の変革，人財教育に関する報告書や提案を見たが，各社に共通していたのは，「集計屋」，「計算屋」からの脱却であり，デジタル技術の活用，データ分析，経営者のビジネスパートナー，意思決定への参画者，コンプライアンスというキーワードである。しかし，これは決して新しい提案ではない。

　著者らは，当時，所属していたアーサーアンダーセンビジネスコンサルティング名で『戦略経理マネジメント』[2]を1999年に著しているが，この本で，著者らは，経理・財務部門が事務処理に72％の時間を費していることを明らかにしたうえで，その事務処理を削減し，経理・財務部門が，経営戦略立案に参画し，経営者の頼もしきビジネスパートナーとして，「戦略経理」への組織及び人財を変革することを提唱した。

　20年以上が経過して，同じような提案がなされ続けられていることには驚きだが，現役の4名コンサルタント（パートナークラス）に質問を投げかけたところ，経理・財務部門の変革に関して，20年前と提案していることは，基本的に変わっていないとの回答であった。これは社会の変化以上に経理・財務部門が変革を進めることができていないことを示している。

　著者は，**図表4-17**の通り，会計の変化を整理した上で，**図表4-18**の通り，経理・財務部門の人財に要求される能力，知識等の変化を4つの視点から提案

図表4-17■会計の変化

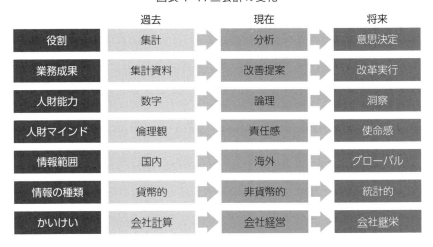

	過去	現在	将来
役割	集計	分析	意思決定
業務成果	集計資料	改善提案	改革実行
人財能力	数字	論理	洞察
人財マインド	倫理観	責任感	使命感
情報範囲	国内	海外	グローバル
情報の種類	貨幣的	非貨幣的	統計的
かいけい	会社計算	会社経営	会社継栄

している。経理・財務部門の人財に要求される能力，知識等に，高い専門性のみならず，多様性，協調性，そして俯瞰（ふかん）的視野等を加えている。

図表4-18■経理・財務部門の人財に要求される能力，知識等の変化

Knowledge

・日本の会計基準
・財務会計や法人税法
・内部統制

・国際会計基準（IFRS）
・各国の税法や移転価格税制
・周辺業務に関する知識
・管理会計（基礎，自社の制度）
・ファイナンス，資金管理
・AI，ICTの知識と活用能力
・統計学
・自社事業の理解
・常識や教養

Skill

・パソコン入力
・仕訳チェック

・俯瞰的視野に基づく論理展開力
・全体最適を目指した問題解決力、実行力
・数字を使った意思決定力
・リスクマネジメント
・プレゼンテーション能力
・プロジェクトマネジメント

Communication

・内向き
・話は苦手

・ビジネス英語
・リーダーシップ
・対外折衝力
・ダイバーシティ，多様性，文化の違いの理解
・協調性

Mind

・形式主義
・保守的
・根気強い

・高い倫理観
・挑戦する意欲

8　日本企業の管理会計・原価計算の停滞のもう1つの要因

　本書では，日本企業の管理会計・原価計算実務の現状について考察してきた。繰り返しにはなるが，日本企業の管理会計・原価計算実務は進歩しておらず，ジョンソンとキャプランが主張した「レレバンス・ロスト」が依然として続いているといってよい。その要因を，著者は，財務会計の優位性，経理・財務部門の業務負荷の増加，経理・財務部門従業員数の削減圧力，経理・財務部門従業員の相対的能力低下という，日本企業の経理・財務部門の問題として整理した。

　しかし，もう1つの本質的な要因がある。それは，管理会計研究者，会計コンサルタント側の問題である。戦略的マネジメントシステムとして提案されたABC，バランス・スコアカードについて，ABCは間接費の増加に伴う適正な間接費割付方法であり，バランス・スコアカードは既存のデュポンツリーチャートや方針管理に源がある。また，カンパニー制は欧米型の事業部制であるし，EVAはGEが採用した残余利益（Residual Income）である。

　つまり，これらの管理会計・原価計算の手法は，本質的には決して新しい考え方ではなく，あるいはシンプルな手法であるが，キャプラン，クーパー，ノートン等により，新しい手法として提案されると，コンサルティング会社やコンサルタントがそれに飛びつき，高い報酬を得るために，高度かつ難解な手法に仕立て上げたのである。これは，ABCやバランス・スコアカードを提案したキャプランが，管理会計・原価計算の歴史に名を残す研究者であると共に，一流のコンサルタントであることと無縁ではないだろう。

　ABCは間接費の製品への負担方法を突き詰めれば，容易に行き着く方法である。実際に，著者らは，アルプス電気の新原価計算システムで，クーパーとキャプランのABCの発表に先立ってABCを採用していた。また，著者は，アルプス電気からコンサルティング会社に転職し，高い報酬を得て，ABCのコンサルティングを行った「戦犯」ではあるが，アルプス電気在籍時に，数社から支援依頼があり，許可を得てABCの導入を支援した際には，交通費のみの無報酬，2日程度の支援で完了していた。しかし，コンサルティング会社に

ABCの導入支援を依頼すると，少なくとも数人のコンサルタントが，数カ月以上は常駐して導入作業を行い，数千万円のコンサルティング報酬を請求する。

このように，コンサルティング会社が，戦略的マネジメントシステムに分類される新しい管理会計・原価計算の手法を，高度な，難解な手法＝高付加価値の手法にしたことにより，日本企業への導入のハードルが高くなってしまったのではないか。その結果，これらの手法を導入する「旬（しゅん）」の時機を逸してしまった。

また，管理会計・原価計算の研究者，教員は，これらの手法の理論化，実証に取り組んだが，これもコンサルティング会社，コンサルタントの高度化＝高付加価値，高報酬化に加担することになった。日本の管理会計・原価計算の研究者，教員は，実務に精通している者が少ない。従って，理論面，実証面の研究に注力することになってしまった。また，管理会計・原価計算の研究者，教員の中には，未だに原価計算基準に「拘り」を持っている者が少なくない。原価計算基準は，大きな役割を果たしたが，すでに役割を終え，今や管理会計・原価計算進歩の阻害要因になっている。

このように，日本企業の経理・財務部門の問題，コンサルティング会社やコンサルタントの問題，大学等の管理会計・原価計算の研究者，教員の問題がアナジー（負の相乗効果）となって，日本企業の管理会計・原価計算は進歩を止めてしまったのだ。

この状況を打破するには，日本企業の経理・財務部門と大学等の管理会計・原価計算の研究者，教員の関係性を深め，共同プロジェクトを組成して，日本企業の企業価値増大のために必要な手法は何かを改めて追求する必要がある。実務家は学修が足りないし，研究者は実務を知らない。これを補完し合い，多くの企業で共同プロジェクトが組成されれば，日本企業の管理会計・原価計算の進歩のきっかけになるのではないか。つまり，もっと研究者，教員がコンサルティングを行えばよいのだ。コンサルティング会社は，利益を追求し，高い給料を支払うために高い報酬を要求せざるを得ないが，研究者，教員ならば，高い報酬は不要であるし，研究のための実務調査として取り組むことも可能である。こうした実務家と研究者を繋ぐ仕組み，非営利の組織体を新たに創設する必要があるだろう。

●注 ─────────────────

1　2023年の第211回通常国会にて，防衛費増額の財源確保法の審議が想定より長引いた影響で，改正金融商品取引法は，衆議院で可決されたが，参議院で審議入りできず，継続審議となった。従って，本書執筆時点（2023年6月22日）では，四半期報告書の廃止は決定していない。

2　『戦略経理マネジメント―業務処理から経営参謀部門への変革』は，2003年にベリングポイント名で『戦略経理マネジメント―ワールドクラス・ファイナンスへの経営革新』として新版を出版している。新版では，経理・財務部門が事務処理に72％の時間を費している旨の記載は削除している。

第5章

日本の会計学教育の現状

　第4章にて，経理・財務部門従業員の能力向上について提案した。著者は，既存の会計学（簿記・会計）教育に問題意識を持っている。本章では，日本企業の経理・財務部門の従業員教育に止まることなく，範囲を拡大し，日本の会計学教育について考えてみたい。

1　商業高等学校における会計学教育

　文部科学省のデータによると，**図表5-1**の通り，2022年5月現在，商業学科で学ぶ高等学校の生徒数は165,648名，商業学科を設置している高等学校は588校で（文部科学省，2023），1998年5月の337,228名から，約25年間で生徒数が50.9％減少している。時期はズレるが，1995年国勢調査から2020年国勢調査の25年間において，15～19歳人口が8,557,958名から5,706,306名へと33.3％減少に止まる。商業学科で学ぶ生徒数は人口減少を上回る減少を示しており，少子化のみが原因ではない。

　一方で，商業学科からの大学・短大等への進学率は30.4％，専修学校・公共職業能力開発施設等への進学率は31.6％で，両者を合わせると，過半数の62.0％が進学している（文部科学省，2023）。大学進学に当たっては，簿記検定試験合格による推薦入学が多い。2024年1月の大学入試共通テストを最後に，簿記・会計の試験が廃止されるので，この傾向は強まることはあっても，弱まることはないだろう。

図表5−1■高等学校商業学科で学ぶ生徒数の推移

1989年	1998年	2006年	2008年	2018年	2022年
588,741名	337,228名	247,432名	228,789名	190,675名	165,648名

（注）学校基本調査（文部科学省，2023a）に基づく。

　商業高等学校では，珠算・電卓実務検定試験，簿記実務検定試験，ビジネス文書実務検定試験，英語検定試験，情報処理検定試験（ビジネス情報），情報処理検定試験（プログラミング），商業経済検定試験，会計実務検定試験，ビジネスコミュニケーション検定試験等の検定試験合格を目指した教育を重視しており，簿記実務検定試験対策として計算問題を多数解く簿記・会計技術としての教育が重視されている。端的にいえば，会計学の理論の理解よりも，検定試験問題を解くことを重視した教育である。商業高等学校の教諭及び商業高等学校から日本大学商学部に進学した学生へのインタビューの結果，簿記・会計＝計算と誤解してしまい，簿記・会計を嫌いになる生徒が少なくないことがわかっている。

　著者は，簿記・会計の学修において計算問題演習が重要であり，必須であることを否定しないが，理論的な背景も理解せずに問題だけを解けるようにする教育については，企業に入社して，会計実務を担当した場合に，結局は単純業務しか担当できない人財となってしまうため，疑問を感じざるを得ない。

　結局，商業高等学校では，日商簿記検定試験2級合格，全国商業高等学校協会の簿記実務検定試験1級合格を，大学等への進学希望者の推薦入学のための受験勉強と位置付けており，その結果，大学進学後は簿記・会計の学修を止めてしまう学生も少なくない。また，商業高等学校で簿記・会計技術として能力を伸ばしてきた生徒の中には，大学に入学後も簿記・会計の学修の意思はあるものの，会計学を理論として学ぶに至り，理解が充分に進まず，簿記・会計の学修を止めてしまう学生も少なくない。

　しかし，商業高等学校から大学に入学し，簿記・会計，税法等の学修を続け，公認会計士や税理士の貴重な人財輩出の場となっている点で，商業高等学校は重要な地位にある。岐阜県立岐阜商業高等学校は，日商簿記検定試験1級，税理士試験に高校在学中に合格する生徒も多い。ホームページによると，2022年度は税理士試験簿記論7名（3年生4名，2年生3名），財務諸表論6名（3年

生4名，2年生2名）が合格したという（岐阜商業，2023）。著者は，校務にて1回，調査にて1回，岐阜商業高校学校を訪問しているが，生徒たちの潜在能力を引き出す教諭の熱心な教育には頭が下がる思いがした。

　また，日本商工会議所は，「日商簿記全国大会　日商簿記-1　グランプリ」（2023b）を開催しているが，2022年の上位20チームの中に，前述の岐阜商業高等学校（17位）の他，八幡商業高等学校（2位），高知商業高等学校（11位）が入っている。2023年度からは税理士試験の制度が変わり，会計科目については受験資格がなくなる。日商簿記検定試験1級に合格していない高校生でも税理士試験を受験できるようになり，工業簿記，原価計算を学修しなくても，税理士試験の会計科目が受験できるので，商業高等学校の科目合格者が増える可能性があるだろう。

2　大学における会計学教育

　現在，会計学科を設置している大学は，著者の所属する日本大学商学部の他，専修大学商学部，拓殖大学商学部，中央大学商学部，名古屋商科大学商学部，明治大学経営学部，近畿大学経営学部，高崎商科大学商学部の8大学に減少している。この中で，高崎商科大学商学部会計学科の設置が最も新しく2017年に設置されている。この他にも，簿記・会計が学べる学部は多く，商学部，経営学部，経済学部，法学部のほとんどで簿記・会計の授業科目が設置されているし，生物資源科学部や農学部でも農業簿記が学べる授業科目が用意されている。

　しかし，日商簿記検定試験1級，公認会計士試験，税理士試験に合格しようとすると，大学の授業だけでは合格することは困難である。**図表5-2**の通り，慶應義塾大学の同窓会組織である「公認会計士三田会」が公認会計士試験（論文式）合格者の出身大学の上位10校を発表しているが，入学偏差値の高い大学が並ぶ。しかし，これらの公認会計士試験合格者数の上位大学であっても，ダブルスクールで大原学園，TAC，CPA会計学院，東京リーガルマインド（LEC），あるいは大学が授業とは別に設置している経理研究所に通学したり，遠隔授業を受講したりしているのが現状である

図表 5 - 2 ■2022年度公認会計士試験合格者数上位大学

1位	2位	3位	4位	5位	6位	7位	8位	9位	10位
慶應	早稲田	明治	東京	中央	立命館	神戸	京都	同志社	一橋
187名	109名	86名	57名	54名	54名	50名	47名	44名	38名

（注1） 2022年度合格者。
（注2） 公認会計士三田会（2023）に基づく。

　税理士試験の制度が変更となり，大学1年生でも簿記論，財務諸表論が受験できるようになったため，受験機会が増え，学生の税理士試験の合格者増加が期待される。
　一方，公認会計士や税理士を目指さない学生の場合，大学で会計学を学修したとしても，経理・財務部門で業務に従事するとは限らない。企業が総合職として大学卒業予定者の採用活動を行っており，会計職としての募集数は極めて少ない。企業は，学生の潜在能力に期待して，新卒採用を行っており，本音では，企業は，大学で修得した会計学の知識に期待していない。

3　大学院における会計学教育

　会計学（簿記・会計分野）で大学院に進学する目的は，大きく3つに大別される。公認会計士試験，税理士試験を目指す場合，会計学の研究者を目指す場合，企業等への就職を目指す場合である。
　公認会計士試験の場合，会計専門職大学院いわゆるアカウンティングスクールで所定の科目の単位を修得して，修了すると，公認会計士の短答式試験3科目（財務会計論，管理会計論，監査論）が免除され，受験科目が企業法のみとなる。しかし，公認会計士試験は，短答式試験に合格しても，論文式試験があるので，免除された3科目の学修を怠ることができない。
　現在，アカウンティングスクールは，北海道大学 大学院，東北大学 大学院，兵庫県立大学 大学院，千葉商科大学 大学院，青山学院大学 大学院，大原大学院大学，明治大学 大学院，早稲田大学 大学院，関西大学 大学院，関西学院大学 大学院，熊本学園大学 大学院，LEC東京リーガルマインド大学院大学の12校である。最多18校がアカウンティングスクールを設置していたが，2/3に減

少した。著者が教えていた法政大学 大学院は，2015年にアカウンティングスクールを廃止している。

　アカウンティングスクールに通っていても，大学と同じように公認会計士論文式試験に合格するためにはダブルスクールが必要となる。会計大学院協会（2022）『会計大学院協会ニュース』によると，2021年度大学院在学生1年生9名，2年生6名，2020年度大学院修了生9名，2019年度以前修了生25名，合計49名が合格しているという。2021年度の公認会計士試験合格者総数は1,360名であり，総数に占める割合は3.6％である。

　税理士試験の場合には，必要な単位を修得した上で，修士論文が国税審議会の審査で認定されると，税法関連の論文であれば税法2科目，会計学関連の論文は会計学1科目が免除される。この試験免除制度を用いて，税法2科目の免除を受け，簿記論，財務諸表論，税法1科目で税理士になる人は多い。今や5科目合格で税理士に新規登録する人は全体の1/4にすぎず，公認会計士や弁護士の登録が1/5，その他の5割強が大学院修了，国税従事者の免除制度による科目免除を受けて税理士登録する人である。税理士となる主流のルートが大学院進学による税法試験科目の一部免除である。

　もう1つは，大学等での研究者を目指す場合である。日本の大学の会計学研究者は，自大学院修了者を除くと，早稲田大学 大学院，一橋大学 大学院，神戸大学 大学院出身者の占める割合が多い。もちろん，他大学院修了者で素晴らしい業績を残している教員も多いが，3大学院の修了者が多いことは事実であろう。

　そして，最後は，企業等への就職を目指す場合である。著者はコンサルティング会社に所属していたが，大学院を修了したコンサルタントは少なくなかった。大学院に通うという授業料と時間を投資した以上，平均給料が高いコンサルティング会社や総合商社への入社を希望するのは当然であろう。しかし，少なくとも，著者が所属したコンサルティング会社では，大学院修了者が特別に優れていることはなかったと認識している。

4 企業における簿記・会計実務教育

(1) 企業における簿記・会計実務教育の状況

　著者は，2017年に関西大学で開催された日本原価計算研究学会第43回全国大会の統一論題「原価計算・管理会計教育の現状と将来」において，報告させていただく機会を得て，『原価計算研究』第42巻第1号に「原価計算・管理会計教育の現状と将来—企業と商業高等学校の視点から—」（2018b）を発表している。多少古い記述ではあるが，本節は，上記論文の記述の一部を加筆修正の上，再掲する。

　2017年の日本原価計算研究学会での報告に当たり，31社からアンケート調査の回答を得た。回答企業の約半数に当たる48％の企業が経理職のキャリアモデルを確立していた。しかし，そのモデルの単位（職位，経験年数，職能資格）は企業により異なっていた。

　日商簿記検定等の検定試験は，実務を担当する者が合格しておくべき試験として，ニーズに合致しているかの質問には61％が日商簿記検定2級水準以上で合致していると回答している。しかし，これらの検定試験を昇進，昇格時の要件としている企業は10％に止まっている。

　経理職の知識や能力向上を図るための研修制度（財務会計，税務会計，内部統制，会計情報システム，財務等を含む）を設けている企業は全体の約58％であり，その企業の約72％において，従業員が研修の講師を務めている。しかし，企業の研修の中で最も重視している分野を，財務会計と回答した企業は65％に上り，管理会計は13％に止まった。

　経理職の知識や能力向上を図るための研修として，臨時開催，随時開催を問わず，管理会計・原価計算教育を実施していない企業は全体の約58％で，実施している企業の研修内容は，業績管理，原価計算，網羅的に実施等，企業によりバラつきがあった。法的制約がないゆえにバラつきが生じるのは当然かもしれない。なお，管理会計・原価計算の研修制度を設けるに当たっての阻害要因として，48％の企業が社内の講師を手当てできないことを挙げている。

　経理・財務部門の課長（マネージャー）クラスに昇格昇進するために必要な管理会計・原価計算分野の知識の内，重要と思われるテーマとしては，原価計算，業績管理，予算管理の回答が相対的に多かった。一方で，優秀な管理会計・原価計算の担当者，管理者に必要な知識技術，経験（管理会計・原価計算を除く）等としては，事業や製品の知識，子会社での経験，語学の回答が多かった。

　経理・財務部門以外の担当者，管理者向け（経営者向けを除く）に対する研修は，45％の企業で実施しているが，経営者向けとなると10％の企業でしか実施されていない。さらに深刻なのは，海外で採用された経理・財務部門の担当者，管理者向けの研修が13％の企業でしか実施されていない点である。日本企業は製品や事業のグローバル化は進行しているが，それを支える人財の教育がそのスピードに追いついていないことを示している。

(2)　簿記・会計実務教育の事例

　簿記・会計実務教育が充実している企業として有名なのがパナソニック（現パナソニック ホールディングス）であろう。パナソニックでは，「経理は経営管理の略」とされており，経理・財務部門の教育体系が整備されている。パナソニックでは「スキルランク」と呼ばれるスキル評価が取り入れられている。2007年時点で，経理・財務部門の場合，テクニカルスキル，プロセススキル，ヒューマンスキルという3つのスキルで評価し，そのスキルの向上，個々人のキャリアパス，育成計画から，基礎実務研修（決算事業計画，資金管理等），専門スキル育成研修（税務，連結決算，法務，監査，ICTスキル等），責任者育成研修（CFO育成，グローバルマネジメント等）等の研修を受講する制度が設けられている（川上・金児，2007）。

　また，花王では，原価計算や予算編成の実務を中心とした工場配属1年目向けの「経理グループ広域研修プログラム」，経理入社2年目及び他部門の経理関連業務にかかわる従業員向けの基礎講座である「FBP（Finance Basic Program）」，経理・財務を担当する従業員向けの専門性を高める応用講座である「FAP（Finance Advanced Program）」がある（吉田・花王，2020）。

　東レでは，経理管理系の人財育成策の1つとしてローテーション制度があり，

課長昇格までに，経理・財務・工場経理分野，事業企画管理分野，国内外関係会社経理分野のうち，最低2分野3部署を経験し，専門知識に加えて実務能力を身に付けることを目安としている。また，こうしたローテーションによる育成に加え，研修による教育制度があり，経理管理系JUNIOR研修（入社3年目）とSENIOR研修（入社6年目）が年に1回，1週間，研修所に泊まり込みで開催されている。財務会計，管理会計，資金会計，税務会計の各分野について，JUNIOR研修は入門編，SENIOR研修は応用編という位置づけで開催している。研修終了後は達成度テストが実施され，点数が高い者を表彰して，合格した者には合格証が交付される（内田他，2011）。

　TDKの経理・財務部門の教育プログラムは，本社は入社から2〜3年目，事業部は入社3・4年目〜5年目，海外・子会社は入社8〜10年目の3段階で実施しており，経理・財務サービス・スキルスタンダードに基づく経理・財務スキル検定であるFASS（経理・財務スキル）検定を取り入れ，係長級でBランク以上の合格を求めている点が特徴である（松崎，2017）。

　このように高い収益性を持続している企業においては，管理会計・原価計算を含めた会計に関する教育制度が充実しており，優秀な人財の育成が収益性に寄与している可能性が高い。しかし，会計に関する教育制度が充実しているのは，上場企業でも一部の企業にすぎない。

5　会計離れ

　著者は，簿記や会計を学ぼうとする若者（25歳未満or以下）が減少していること，高度な会計知識を目指す者が減少していることを「会計離れ」と呼んでいる。

　2010年頃から会計離れが始まったと考えられる。日商簿記検定試験，税理士試験，公認会計士試験のいずれも2010年を境に受験者数の減少に転じている。その原因は，複数の要因が作用して，「会計離れ」が生じたと考えられる。

　1つは公認会計士試験制度の変更である。2003年に公認会計士法が改正し，2006年1月から公認会計士試験が新制度に改められた。2008年度には21,168名が受験し，3,625名が合格したが，その約1割が監査法人等に就職できず，業

務補助等の実務経験要件を満たせない状況となってしまった。そのことがマスコミで報道され，公認会計士試験に合格しても就職できないという認識が社会に広まってしまった。新試験制度により，合格率が急上昇（2008年度は17.1％）し，合格しやすくなったという理解がなされていただけにその期待ギャップは大きかった。その後，公認会計士・監査審議会は2011年度には合格率を旧制度並みの6.5％まで絞り込んだだめ，今度は逆に公認会計士試験は難しいという認識が広まることとなった。

　2つ目として，大きな会計不祥事が発生したことも無関係ではない。2011年に元社長の告発によって粉飾決算が明らかになったオリンパス，2015年春には東芝で不適切会計不正が発覚した。会計不祥事は直接的な要因ではないが，会計離れを加速させた要因の1つである。過去のカネボウ，ライブドアの粉飾決算以降，監査に対する期待が高まっていただけに，期待ギャップが生じ，会計，経理，税務に関係する最難関資格としての公認会計士の信頼が失墜することとなり，生徒，学生及びその保護者がこれに反応した。

　もう1つの要因は，AIにより公認会計士や税理士の仕事がなくなるという論文の発表である。前述の通り，フレイとオズボーンは，AIが99％の確率でTax Preparers（税務申告代行者）の仕事を奪い，98％の確率でBookkeeping, Accounting, and Auditing Clerks」（簿記，会計，監査担当員），94％の確率でAccountants and Auditors（経理担当者，監査人）の仕事を奪うと予想した論文（2013）を発表した。この論文やこの論文を根拠にした経済誌の記事により，これから会計，経理，税務の学修を開始しても，将来，仕事がなくなってしまうという不安が広がったと考えられる。

　そして，2000年からの「会計ビッグバン」，国際会計基準により，会計基準，会計処理が複雑化したことも4つ目の要因として指摘できる。日商簿記検定試験1級，税理士試験，公認会計士試験の簿記・会計を学修しようとすると，範囲が拡大，難易度が上昇するので，最初から簿記・会計の学修を諦めてしまう者，途中で諦めてしまう者が増えている。また，2016年度から日商簿記検定試験の出題範囲が見直しされ，2級に連結決算や税効果会計等，高度な会計処理が含まれることとなった。加えて，2022年度から，1・2級のみならず，3級においても，新収益認識基準の適用により，商品販売時に売手が送料を支払っ

た場合（商品等の出荷及び配送活動）の仕訳が変更となった。

　しかし，**図表5-3**，**図表5-4**，**図表5-5**の通り，近年の数字を見る限り，会計離れも下げ止まり，受験者（願書提出者）数が増加傾向にあるようだ。新聞等で公認会計士不足が報道されたこと，AIによっても高度な会計専門職は生き残って行くことの認識が進んだこと，そして，新型コロナウイルス感染症の流行により，先行きの不透明感があり，資格志向が強まったことが要因であると思われる。

　しかし，まだ楽観視すべきではないと思う。公認会計士試験においては，2022年の公認会計士試験の合格率が低かったこと，短答式試験においても合格

図表5-3■公認会計士試験受験者数と合格者数の推移

区分	2000年	2005年	2008年	2010年	2015年	2020年	2022年
願書提出者数	11.058名	15,322名	21,168名	25,648名	10,180名	13,231名	18,789名
合格者数	838名	1.308名	3,625名	2,041名	1,051名	1,335名	1,456名
合格率	7.6%	8.5%	17.1%	8.0%	10.3%	10.1%	7.7%

（注）合格者数は論文式試合格者数である。公表されている合格率の分母が願書提出者数であるためである。

図表5-4■税理士試験受験者数の推移

区分	2000年	2005年	2008年	2010年	2015年	2020年	2022年
受験者数	52,567名	56,314名	51,863名	51,468名	38,175名	26,673名	28,853名
25歳以下	11,291名	12,145名	9,320名	8,464名	4,840名	3,716名	4,929名
25歳以下割合	21.5%	21.6%	18.0%	16.4%	12.6%	13.9%	17.1%

（注）税理士試験は，公認会計士と異なり，願書提出者数ではなく，受験者数を掲載した。25歳以下のデータが受験者数しか公表されていないためである。

図表5-5■日商簿記検定試験受験者数の推移

級	2000年度	2005年度	2008年度	2010年度	2015年度	2020年度	2022年度
1級	34,198名	30,312名	28,932名	32,394名	17,195名	14,904名	18,746名
2級	152,019名	144,008名	172,710名	203,275名	177,683名	75,728名	146,010名
3級	236,695名	249,877名	288,308名	321,526名	253,187名	124,402名	308.055名

（注1）日本商工会議所（2023a）公表数字に基づく。
（注2）2021年度からネット試験が実施されている。
（注3）日本商工会議所の年度は4月1日から3月31日であり，6月，11月，2月の試験及びネット試験の集計である。

水準が高まったことがリスク要因として挙げられる。一方，税理士試験は，会計学に属する科目（簿記論・財務諸表論）については，受験資格の制限がなくなり，公認会計士試験と同じく年齢に関係なく受験可能となったことから，25歳以下を中心に確実に受験者数が増加するだろう。

6　会計学教育の変革に向けて

著者は，会計離れに危機感に持ち，2017年に会計関連団体，大学会計教員，企業の経理・財務部門の管理者，公認会計士等の参画を得て，会計・税務人財養成推進協議会を立ち上げて，会計離れに対して，統一した提言書，統一した施策の実践を試みた。

しかし，第1回から各団体の思惑，利害が対立してしまい，最終的に会計・税務人財養成推進協議会「会計・税務人財育成に関する提案書〜「会計離れ」を超えて〜」を取りまとめることはできたが，提案書に参画団体名称，参画者の名前を掲載することができず，統一施策の実践も行うことができなかった。この報告書は，2023年8月現在もインターネット（http://www.zb.em-net.ne.jp/~kawano/ATHRG/ATHRGindex.html）にアップロードされている。この協議会を通じて，会計離れという課題に対する認識は一致していたものの，その対応については，行政が介入しない限り，一枚岩になれない現実に直面してしまった。また，たとえ行政が介入したとしても，各団体の所轄が金融庁，国税庁，経済産業省等と異なるため，容易ではないだろう。

会計・税務人財養成推進協議会のとん挫により，著者は，組織，団体を超えて，資格試験受験者の増加施策に取り組むことを断念した。もちろん，著者は2022年3月まで日本大学商学部会計学研究所長を務めていたため，商学部内の学生たちに対して，日商簿記検定試験，税理士試験，公認会計士試験，国税専門官，財務専門官の受験指導を積極的に実施した。

しかし，現実問題として，公認会計士試験合格者上位大学であっても，総学生数に占める資格試験受験者は一部にすぎない。そこで，著者は資格指向の学生ではなく，会計学を学修する一般学生に目を向けることにして，会計学のゼミナールに所属している学生たちを対象としたアカウンティングコンペティ

ション（以下，アカコン）を企画した。アカコンは，ゼミナール所属の学生た
ちが会計学及び周辺分野に関するテーマについて研究した成果を発表するプレ
ゼンテーション大会である。学生たちは，目標を明確にすれば学修する。資格，
検定試験合格を目指す学生の意欲が高いのは，合格という目標が明確だからで
ある。そこで，資格，検定試験指向でない学生に会計学を学修する上での目標
としてほしいと考え，単なる報告大会ではなく，順位を付けるコンペティショ
ン（競争）方式を採用した。

　第1回のアカコンは，2016年12月18日に開催され，13大学，23ゼミナール，
38チームの参加を得て開催した。その後，新型コロナウイルス感染症流行の中
でも中止することなく，遠隔方式に切り替えて継続的に開催しており，2022年
のアカコンには，全国24大学，31ゼミナール，75チームが参加する大会に拡大
した（**図表5-6**参照）。2017年にはU18アカコンとして，高校生を対象とした
アカコンを開催したことがあったが，高等学校の場合，年間の学事スケジュー
ルが詳細に定められており，半年前の開催公表でも対応できない高校が多く，
13チームの参加に止まったため，2018年以降開催していない。

図表5-6 ■アカウンティングコンペティションの参加状況

回	方式	参加大学数	参加ゼミ数	参加チーム数
第1回（2016）	対面	13	23	38
第2回（2017）	対面	13	20	51
第3回（2018）	対面	15	22	53
第4回（2019）	対面	18	26	63
第5回（2020）	遠隔	20	29	54
第6回（2021）	遠隔	25	31	68
第7回（2022）	ハイブリッド	24	31	75

　アカコンの研究成果，プレゼンテーションの質は年々向上しており，昨今は
大学研究者の研究テーマと同じく，実証系の研究テーマが増加傾向にある。一
方で，コロナ禍でフィールドスタディが実施できない状況が続いていたが，
ウィズコロナ，アフターコロナとなり，実践系のプレゼンテーションも復活し
つつある。著者としては，今後もアカコンを継続したいという意思は持ってい
るが，著者も間もなく日本大学商学部を定年退職となるので，アカコンを継続

的に開催できる組織体制を構築する必要に迫られている。

7　会計学教育の分類

　坂口（2007）は，管理会計の教育方法を，計算技法の学修，計算技法の利用局面の学修，管理会計の研究動向の把握の３つに分類した上で，伝統的な管理会計の教科書においては計算技法が主要な対象範囲とされ，計算技法の学修のみに傾倒してしまうことについて疑問を投げかけている。

　この計算技法の学修を中心とした教育の最大の問題点は，計算問題を解くことが目的化してしまい，計算を成り立たせる本質的な理論の理解が進まない点である。日商簿記検定試験の２級や１級の合格者であっても，会計の本質的な理解ができていないと感じることが少なくない。この傾向は，商業高等学校の教育において顕著であり，前述の通り，日商簿記検定の２級に合格させるために，計算問題を繰り返し解かせて，解法を覚えることに注力している。その結果，大学進学後，商業高等学校を卒業した学生が上級の会計学や管理会計論，原価計算論に進むと伸び悩む傾向が見られる。

　坂口による管理会計教育方法の分類は，教育する立場からの分類であるが，著者は，「管理会計教育の現状と今後に関する一考察－経営シミュレーションゲームの活用」（2012）で，生徒，学生に興味を持たせ，より教育効果を上げるためには，教育を受ける生徒，学生の立場から会計学教育方法を分類し，対応策を実践して行くべきであると主張した。生徒，学生の立場からの会計学教育の分類として，著者は，会計情報の生成教育と会計情報の利用教育に大別し，会計情報の生成教育を計算技法の教育と理論教育，会計情報の利用教育を分析手法の教育，意思決定の教育に区分した。

　計算技法の教育は，公認会計士試験等の資格試験や日商簿記検定等の検定試験を目指す生徒，学生向けの教育である。しかし，正規の授業のみでは資格試験や一定水準以上の検定試験に合格することは難しいのが現状であり，専門学校に依存している。その意味で，現状の技法教育は中途半端であるといえる。

　理論教育は，教育者や研究者，あるいはコンサルタント等の会計の専門家を目指す生徒，学生向けの教育で，会計の歴史や理論的背景を理解させることに

より，企業等において実際に発生する会計に関する課題に対して対応する能力，技能を養っていく。単なる暗記した知識，繰り返しにより修得した計算技術を有するだけでは，AI時代に会計専門職は生き残って行けない。この点から理論教育も決して欠かすことができない。

　分析手法の教育は，財務諸表，原価計算書等の会計情報の活用の教育であり，財務諸表等の作成者，すなわち経理・財務部門等の会計情報の生成者の育成ではなく，会計情報の利用者の育成を目指すのが分析手法の教育である。この会計情報の読み方や活用方法に関する社会のニーズが高いことは，財務諸表の読み方等に関する本が非常に多く出版され，また，経済誌が頻繁に特集していることが証明している。

　そして4つめの教育は，意思決定の教育である。会計情報を分析，説明，伝達できることが最低限の要件だとすれば，意思決定の教育とは，企業経営の意思決定に会計情報をより積極的に活用する実践的な教育である。

　AI，ICTの活用が進むと，単純な会計業務は淘汰されるだろう。スマートフォンのカメラを使って，請求書や領収証を撮影すれば，OCR（Optical Character Recognition：光学的文字認識）による文字認識，AIを使って仕訳を生成，財務諸表を作成するICTはすでに実用化されている。また，企業内の日報，週報等の経営レポート，業績データを蓄積して，AIを使って，有価証券報告書等の「事業の状況」の記述を行うことすら可能となるだろう。

　これまでの会計学教育は，坂口の分類では計算技法の学修，著者の分類では計算技法の教育に重点が置かれてきたが，すべてICTが計算し，財務諸表を作成する時代が間もなくやってくる。そうなると，経理・財務部門の担当者には，財務諸表や原価計算書を「活用する」能力が求められるだろう。もし，財務諸表のデータ，原価データを分析して，意思決定し，経営成績，財政状態の向上に結び付けることができないならば，経理・財務部門は縮小し，組織としての存在意義を失い，廃止されるだろう。

　著者は，故稲盛和夫氏の著書名と同じく，会計学は「実学」であり，大学は企業等に対する人財の供給機関として，企業のニーズに応えていかねばならないと考える。もちろん，大学は理論的，学術的教育や研究を行う場であり，実学の教育は，専門学校，企業内教育等で実施すればよいとの考えもあることは

承知している。しかし，会計学，特に管理会計・原価計算は，過去の歴史をさかのぼると，実務が常に先行している。従って，実務を無視して，成立しないと考える。

著者は，伝統的な計算技法の教育も会計学の学修の基盤として否定しないが，生徒，学生が指向するキャリアに応じて，分析手法の教育，意思決定の教育を重視した会計学教育に転換が必要であると考える。この点から著者が着目したのが経営シミュレーションゲームの活用である。

8　経営シミュレーションゲームの活用

(1)　経営シミュレーションゲームと会計学教育

経営シミュレーションゲームは，マネジメントゲーム，ビジネスゲーム，デシジョンゲーム，経営体験ゲーム等とも呼ばれているゲーム形式を取り入れた企業経営の擬似体験型教育方法の総称である。一般に経営シミュレーションゲームは，擬似会社等を設立し，ゲーム参加者がその会社等の経営者や管理者となって，ルールやカードに基づいて意思決定を行い，その経営成績を競うゲームを指す。シミュレーションゲームの起源は戦争ゲームに求めることができるが，教育研修目的の最初の経営シミュレーションゲームは，アメリカンマネジメントアソシエーション（American Management Association）が開発したTop management decision simulationといわれており（Ricciardi, 1957），大型電子計算機を使った大掛かりな教育教材として誕生している。

昨今では，店舗営業シミュレーションゲーム，農場・牧場シミュレーションゲーム，街づくり・都市開発シミュレーション等，専用ゲーム機器あるいはスマートフォン向けの経営シミュレーションゲームも多数登場しているが，これらは主として娯楽，すなわち遊びを目的とした経営シミュレーションゲームであり，これらと教育目的の経営シミュレーションゲームとは異なる。娯楽を目的とした昨今のスマートフォン等向けの経営シミュレーションゲームは，「アイテム」と呼ばれる「装備」や「道具」等を購入することにより，ゲームを有利に進行することが可能になることが一般的であり，知恵ではなく，お金で

ゲームを有利に展開できる点で教育目的には適さない。

　経営シミュレーションゲームは，使用する器具等により，カード型，ボード型，コンピュータ型，クラウド型に大別できる。また，経営シミュレーションゲームの対象となる会社を構成する参加者数により，個人型とチーム型という分類もできる。個人型は参加者が1名で，会社の社長としてすべての意思決定を行うが，チーム型では参加者が社長，営業担当，経理担当といった役割を分担し，合議により意思決定を行っていく。さらに参加者1名でも実施できる単体型と，競合と市場で競争するために複数参加者（チーム）が必要な対戦型という分類もある。

　著者が初めて体験した経営シミュレーションゲームは，現在，日本大学商学部の授業でも採用している戦略MGマネジメントゲームである。正確には覚えていないが，アルプス電気入社1年目あるいは2年目に体験する機会があり，良好な成績を収めたこともあり，翌年からは研修講師を務めた。その後，コンサルティング会社で，コンサルタント教育に活用したり，直接原価計算の採用を提案した企業に対して，直接原価計算による意思決定を体験してもらう目的で活用したりしたこともある。教員になって，戦略MGマネジメントゲームを活用した授業「マネジメント・ゲーム」[1]を開講し，現在はより会計学教育を重視して「会計実践演習」として開講している。また企業からの依頼を受けて，簿記・会計実務教育としても活用してきた。

　しかし，戦略MGマネジメントゲームは対面方式を前提としていたため，新型コロナウイルス感染症で授業が遠隔方式になると，戦略MGマネジメントゲームを実践できなくなってしまった。すでにリモート戦略MG，クラウド戦略MGも開発されていたが，費用面のみならず，履修者数に対して，教員1名での運用が困難であると判断されたことから，代替的なゲームを探す必要に迫られ，Excelで開発されていた経営シミュレーションゲームBG21を改造したBG21 improved by KKを開発し，遠隔授業で採用した。

　著者は，これらの経営シミュレーションゲームを用いながら，簿記・会計の仕組みの全体像，経営の意思決定と財務諸表の関連，差別化の重要性，キャッシュ・フローと利益の違い，意思決定の経済性評価（いわゆる費用対効果，投資対効果）等を教育している。何よりも楽しく学修できる点が好評であるが，

授業の継続出席が必須となるので,「欠席癖」,「遅刻癖」のある学生にはつらい授業であるようだ。

(2)　戦略MGマネジメントゲーム[2]

戦略MGマネジメントゲームは,1976年に西順一郎らが,従業員教育を目的としてソニー 人材開発室を母体に創業したキャリア・デベロップメント・インターナショナル(現ソニーピープルソリューションズ)で開発したボード型経営シミュレーションゲームである。現在では,戦略MG研究所は「戦略MGマネジメントゲーム」,マネジメント・カレッジは「マネジメントゲームMG」,西研究所は「MQ戦略ゲーム」と呼んでいる。

戦略MGマネジメントゲームは,1名が社長として,製品の製造販売あるいは販売を行い,その取引を帳簿に記帳して,財務諸表(貸借対照表・損益計算書・キャッシュ・フロー計算書)にまとめる。財務会計のみならず,管理会計・原価計算の要素を取り入れている点が特徴で,ゲームに影響のある会計基準の変更があると,ルールやその専用用紙の改訂が行われる。ルールは,初級者向けのジュニアルールと中上級者向けのシニアルールがあり,製造業版,流通業版の基本版のみならず,飲食業や理容室,美容室,農業経営等の戦略MGマネジメントゲームも開発されている。管理会計・原価計算としては,直接原価計算,損益分岐点分析を取り入れている点が最大の特徴である。

また,日本戦略MG教育学会も設立されており,著者も2022年まで2代目の会長を務めていた。学会活動の成果として,別に述べるバランス会計MFLACや戦略MGマネジメントゲーム グループ経営版(連結決算版と呼ぶこともある)の開発,『強い会社を作るバランス会計入門』の出版,戦略MGマネジメントゲームの全国大会「MG-1」開催を行った。

なお,著者が開発したグループ経営/連結決算版[3]は,連結決算重視の開示制度に変更となったことに対応して開発したルールで,以下の特徴を持つ。

● 単体の製造業版とグループ経営/連結決算版との最大の違いとして,グループ経営/連結決算版はチーム型とした。
● 製造業版の考え方を継承し,細かな連結決算処理を学修するのではなく,グループ経営を学修するツールとして,基本的な連結調整の会計処理に止めてい

る。
- グループ経営に欠くことのできないM&A（企業買収），グループのシナジー（相乗効果）をルールに取り入れている。
- グループ経営/連結決算版専用用紙を除いて，戦略MGマネジメントゲームの製造業版のゲーム盤が３台以上あれば，新たにゲーム盤，チップ等の機材を購入する必要がないようにして，導入コストを抑えた。
- ルールも製造業版，ジュニアルールの延長線上に位置付けている。一方で，グループ経営/連結決算版は，製造業版の上に成り立つ追加ルールであり，製造業版の利用なしでは実施できない。
- Excelを用いて連結調整は自動化している。

図表５-７ ■ グループ経営/連結決算版の実施風景

　なお，戦略MGマネジメントゲームの製造業版の準備（購入）は必須であるが，グループ経営/連結決算版の専用シート，連結決算用のExcelシート（**図表５-８**はExcelシートの一部）は，大学教員，高校教諭に限り，無償提供している。

図表5-8 ■戦略MGマネジメントゲーム　グループ経営/連結決算版のシートの一部

持株会社（単体）決算シート

期		グループ名		会社名	

損益計算書（単体）

売上高（製品）		
売上高（経営指導）		
変動費		
一般管理費		
販売費		
研究開発費		
支払利息		
受取利息		
受取配当金		
のれんの償却費	0	
子会社株式売却損益	0	マイナスで書く
特別損益		マイナスで書く
税引前当期純利益	0	
未払法人税		
当期純利益	0	
前期繰越利益剰余金		マイナスで書く
前期配当金		
次期繰越利益剰余金	0	

貸借対照表（単体）

現金		借入金	
固定資産（のれん）	0	未払法人税等	0
子会社株式		資本金	
子会社貸付金		次期繰越利益剰余金	0
総資産	0	負債・純資産	0

企業買収

購入金額	
被買収企業の資産	0
被買収企業の負債	0
のれん	0

被買収企業の資産前期末簿価

現金	
材料	
仕掛品	
製品	
固定資産（設備）	
資産合計	0

被買収企業の負債の前期末簿価

親会社借入金	
未払法人税等	
負債合計	0

のれん勘定

前期繰越		償却費	
		売却	
新規	0	次期繰越	0

企業売却

売却金額	
子会社の資産	0
子会社の負債	0
子会社株式売却益	0

売却子会社の資産の前期末簿価

現金	
材料	
仕掛品	
製品	
固定資産（設備）	
資産合計	0

売却子会社の負債の前期末簿価

親会社借入金	
未払法人税等	
負債合計	0

著者は，戦略MGマネジメントゲームを使った授業「マネジメント・ゲーム」の受講者に対して，大学が実施している授業アンケートとは別に，無記名のアンケート調査を継続的に行っていた。回答学生数は，設問により異なるが，264～274名である。その集計，分析結果を要約すると，以下の通りである（川野，2017）。

- 99.3％の学生が授業に満足しているあるいは大変満足していると回答した。
- ゲームを実施した時間は全授業時間の約1/4にすぎないが，99.7％の学生が面白いあるいは大変面白かったという回答をしている。面白いから，学生の満足度も高い。両者の相関は0.98と極めて高い。
- 簿記・会計の知識水準（日商簿記検定試験1級以上，2級，3級，簿記・会計知識なし）と満足度の関係性はみられなかった。
- 99.3％の学生が学ぶことがあった，多くのことを学んだと回答した。0.7％の学生が学ぶことがないと回答しているが，いずれも公認会計士を目指して学修の進んでいる学生であった。
- 学んだこととして，会計面では計画策定や予算編成（58.4％），経営面では経営戦略策定と実行（74.5％）に関して学びを与えられたようだ。当然であるが，

> 簿記・会計の知識が乏しくなるほど，簿記・会計の仕組みが学べたとの回答が
> 増えており，日商簿記検定試験1級合格者は0.0％であったが，2級合格者
> 20.0％，3級合格者26.4％，簿記の知識なし38.6％であった。
> - ゲームという遊びの要素を取り入れているが，遊びか，授業なのかという率直
>   な質問に対して，96.7％の学生が授業であると回答していた。
> - うまく経営できなかったと回答している学生が35.6％おり，経営の厳しさを理
>   解した学生が多かったようだ。
> - 日商簿記検定試験1級合格者，公認会計士短答式試験合格者，税理士試験科目
>   合格者は，ゲーム中の印象では会計知識を生かし，強い印象はあったが，全体
>   では簿記・会計知識の水準と経営の結果（当期純利益及び繰越利益剰余金）の
>   関係性はみられなかった。

　これらの結果からも，戦略MGマネジメントゲームを用いた会計学（簿記・会計）教育は有効性が高いことがわかる。

⑶　BG21 improved by KK

　BG21は，野々山・高橋・柳田・成川（2002）がExcelで開発した経営シミュレーションゲームである。戦略MGマネジメントゲームがボード型，個人型，主として製造業であるのに対して，BG21及びBG21 improved by KKは，コンピュータ型，チーム型，小売業である点が特徴である。

　BG21開発のコンセプトは，実践的経営学教育ツール，シンプル，オープン&拡張性であり，シンプルであるが故に，会計学の専門教育科目として活用するためには，ルールの難易度が高いとはいえず，提供される情報も不足していた。一方で，野々山らは，オープンなソフトウエアとして，機能を追加開発することを妨げていない。そこで，著者が遠隔授業用にBG21を大幅に改造したのが，BG21 improved by KK（**図表5-9**，**図表5-10**，**図表5-11**参照）である。BG21に比べて，BG21 improved by KKは，最新の会計基準に準拠していること，意思決定項目を増やしていること，ルールを高度化し，より企業経営に近づけていること，提供する会計情報を充実させ，会計情報を次期の意思決定に結び付けることができるようにしたこと等の改良を行っている。

　経営シミュレーションゲームとしてのBG21 improved by KKの特徴は，以下の点である。

> ●Excelで開発しているが，マクロ等は使用しておらず，基本は関数等を用いており，パラメータを変更することで，条件の変更が可能であり，難易度の調整ができる。
> ●遠隔授業でも活用できるアクティブラーニング授業である。
> ●意思決定の結果が財務諸表等の会計情報に反映されるので，分析，意思決定能力の向上に結び付く。仕訳帳や精算表も用意しており，簿記・会計仕組みも理解できるが，主として会計情報の活用面を重要視している。
> ●複数の学生で協議して意思決定を行うため，学生間のコミュニケーションスキルの向上にもつながる。

　BG21 improved by KKは，大学で実施している学生の授業満足度調査で，学修効果の検証を行っている。「この授業を通じて考える力が伸びたと思いますか」という問いに対して，「強くそう思う」「そう思う」が2021年前学期83％，2021年後学期94％となった。また，授業以外に，上場企業の新人教育，幹部従業員研修でもBG21 improved by KKを実施し，企業の簿記・会計実務教育でも活用できる水準のゲームであることの検証を行っている。

　なお，BG21 improved by KKも，BG21のオープンの思想を受け継ぎ，BG21 improved by KKの活用を希望する大学教員，高校教諭に限り，Excelのファイルを無償提供している。

図表5-9■主たるバージョンアップ履歴

Ver.	年月	内容
0.0	2020年5月	オリジナル版BG21の授業での活用　追加開発なし
1.0	2020年9月	最初の追加開発バージョン　最新会計基準対応
2.0	2021年4月	意思決定項目に借入金借入返済追加，損益分岐点分析・財務諸表分析・MFLAC分析（グラフを含む）等の管理会計機能追加
3.0	2021年9月	キャッシュ・フロー計算書の表示等の資金管理機能追加
4.0	2022年1月	意思決定に設備投資・従業員採用を追加し，広告宣伝の効果変更，従業員自己都合退職，減価償却費計算，制約条件等の機能追加，Google Forms連動
5.0	2022年2月	仕訳，精算表・固定資産増減表・借入金増減表表示等の会計学教育機能充実

（注）マイナーバージョンアップは除く。最新はバージョン5.1。

図表 5-10■BG21 improved by KKのExcelシートの一部

BG21 improved by KK Version 5.1

この意思決定入力は川野が行いますので，入力は不要です。
※現在ゲームを実施している期より前や先の期の意思決定値を入力することはできません。

意　思　決　定　値　入　力　欄				
A社				
	第Ⅰ期	第Ⅱ期	第Ⅲ期	第Ⅳ期
目標順位					←入力欄
受注予想数量（台）					←入力欄
仕入数量（台）					←入力欄
販売価格（円）					←入力欄
採用人数（人）					←入力欄
広告費（円）					←入力欄
設備投資（円）10万円単位					←入力欄
借入金の借入（円）					←入力欄
借入金の返済（円）					←入力欄

このゲームオリジナルは，愛知産業大学経営学部元教授，元経営学部長，横浜市立大学名誉教授の野々山隆幸先生
らが開発した「BG21」です。「BG21」はオープンなソフトウェアであるため，無料かつ改造が自由になっています。
この「BG21」を日本大学商学部川野克典が改造したのが，「BG21 improved by KK」です。

採用人数は整数値です。採用すると，会社都合退職はできません。
設備投資は100,000円単位で入力してください。

損益計算書				
	A社	B社	C社	D社
売　　上　　高	800,000	30,200,000	41,599,480	16,800,000
売　上　原　価	400,000	15,100,000	26,000,000	10,500,000
給　　　　　料	4,500,000	5,400,000	9,000,000	4,500,000
広　　告　　費	0	1,000,000	350	1,000,000
支　払　家　賃	500,000	500,000	500,000	500,000
減　価　償　却　費	331,250	181,250	1,000,000	31,250
支　払　利　息	300,000	1,500,000	0	2,750,000
当　期　純　利　益	−5,231,250	6,518,750	5,099,130	−2,481,250
警告メッセージ	当期赤字！			当期赤字！

注）変動費＝売上原価，固定費＝給料＋広告費＋支払家賃＋減価償却費＋支払利息

貸借対照表				
	A社	B社	C社	D社
現　　　　　金	−20,090,000	7,360,000	-8,000,920	21,850,000
商　　　　　品	14,900,000	9,650,000	0	0
機　械　装　置	4,950,000	2,581,250	14,437,500	406,250
総　資　産　合　計	-240,000	19,591,250	6,436,580	22,256,250
借　　入　　金	3,000,000	15,000,000		27,500,000
資　　本　　金	5,000,000	5,000,000	5,000,000	5,000,000
繰越利益剰余金	−8,240,000	−408,750	1,436,580	−10,243,750
負債・純資産合計	−240,000	19,591,250	6,436,580	22,256,250
警告メッセージ	累積赤字！ 倒産!	累積赤字！	倒産！	累積赤字！ 借入金発生！

注）純資産＝資本金＋繰越利益剰余金

図表5-11■BG21 improved by KK機能一覧

Excelのシート名称	機　能
入力画面	意思決定入力，期別計画実績比較表
計画実績対比表	損益計算書，貸借対照表，現金増減表，キャッシュ・フロー計算書，商品在庫数量増減表，商品在庫金額増減表，機械装置増減表，借入金増減表，マーケットシェア
企業別業績表	損益計算書，貸借対照表，現金増減表，キャッシュ・フロー計算書，商品在庫数量増減表，商品在庫金額増減表，機械装置増減表，借入金増減表，マーケットシェア，仕訳帳，精算表
意思決定パターン図表・経営実績パターン図表	意思決定パターン図表，経営実績パターン図表
期別業績表	損益計算書，貸借対照表，現金増減表，キャッシュ・フロー計算書，商品在庫数量増減表，商品在庫金額増減表，機械装置増減表，借入金増減表，マーケットシェア，財務諸表分析，MFLACレーダーチャート
意思決定結果グラフ	仕入数量の推移，販売価格の推移，広告費の推移
業績結果グラフ	当期純利益の推移，繰越利益剰余金の推移，マーケットシェアの推移
設定	条件（難易度）設定項目

⑷　ERPシステム

　もう1つの経営シミュレーションゲームを紹介しておきたい。産業能率大学の岩田安雄，斎藤文，坂本祐司，長屋信義，松村有二が開発した「ERPシステム」である（岩田他，2012）。ExcelとAccessのマクロを使って飲料を扱う卸売業の経営を行うゲームで，コンピュータ型，個人型に分類できる。著者も，産業能率大学を訪問し，授業での活用方法等の指導を受けたうえで，ゼミナールの授業で活用している。唯一の弱点がApple社のMacのExcel，Accessではマクロがエラーとなる点であろうか。大学設置のWindowsのパソコンでは問題が生じなかったが，コロナ禍で，遠隔授業として実施した際には，学生所有のパソコンにおいてエラーが多発してしまい，その時は原因が不明だったので，混乱してしまった。ERPシステムは，BG21 improved by KKよりはルール，機能が高度である。

　会計情報を意思決定に結び付ける能力の向上を図るツールとして，経営シ

ミュレーションゲームは極めて有効であり，従来の会計学の授業を変えるポテンシャルを有していると著者は確信している。

●注 ────────────────────────
1　日本大学商学部における授業科目名称は，旧カリキュラム「マネジメント・ゲーム」，新カリキュラム「会計実践演習」である。経営シミュレーションゲームの名称は，「戦略MGマネジメントゲーム」であり，「マネジメント」と「ゲーム」の間に「・」（中黒）がない。
2　日本大学商学部では戦略MG研究所の戦略MGマネジメントゲームを活用しているため，本書でも戦略MGマネジメントゲームの名称を用いる。なお，戦略MGマネジメントゲームを使った授業については，川野（2012, 2017）に詳しく掲載している。
3　戦略MGマネジメントゲームのグループ経営版の開発経緯，ルールについては，川野（2021a）に詳しく掲載している。

第**6**章

日本企業の国際競争力回復に向けた
管理会計・原価計算の提案

1　管理会計・原価計算の変革の必要性

　本書では，アンケート調査，ヒヤリング調査，加えて著者自身の実務家，コンサルタントとしての経験に基づいて，日本企業の管理会計・原価計算の現状と問題点を明らかにしてきた。著者は，「経理」は「経営管理」を略した言葉であると信じて，経理・財務の実務を担当し，また経理・財務部門の変革を支援してきたが，この視点から見ると，日本企業の国際競争力は低下を続けるのではないかと危惧せざるにはいられない。外部の企業環境は，大きく変化している。しかし，内部の管理会計・原価計算が変化しないのでは，結局は外部の変化に対応して，経営者，管理者，一般従業員の行動が変わらないということだ。

　ダーウィンの進化論は，「変化したもののうち，たまたま環境に適合していたものが生き残った」と主張した。進化論の中核を占める自然淘汰は，強者の論理ではなく，適者生存を指す言葉でもない。進化論は，「進歩」を論じているわけではなく，生物の「進化」について論じているだけである。進化とは人の意思や価値基準とは無関係に，突然変異によって遺伝子レベルで変化することであるのに対し，進歩とは，人の意思や価値基準に基づいて，よいと判断される方向に改善，変革（改革）が進むことである。日本企業が目指すべきは，進歩であって，進化ではない。進化と進歩の違いは，人の意思や価値観の介入

の有無であるが，変化という点では同じであり，変化が結果的に生き残りをもたらす点では変わりがない。しかし，その時の環境にたまたま適合した進化，進歩しか生き残れない。すなわち，企業は意思を持って変化に挑戦し，その変化が環境に適合しないとわかれば，速やかに次の変化を開始し，こうした変化の中から環境適合を模索しなければならない。いわゆる仮説検証経営ではあるが，仮説設定，実行，検証というサイクルから進歩は生まれるので，企業はまずは進歩を目指して変化しなければならないのだ。

　しかし，進歩を主張すると，「継続は力なり」と同じ管理会計・原価計算手法を継続的に活用し続けるべきとの反論がありそうだ。著者は，学生に対して，「問題を問題と思わないことが一番の問題だ」といっている。進歩は，環境変化が生じて問題が発生していると認識するところから始まる。問題であると認識できなければ，進歩する必要性も認識することができないのだ。同じ手法を継続して採用している日本企業では，既存の方向からしか経営を眺めることができず，隠れている問題点を「視える化」することができていない。隠れてしまっている問題点を「視える化」するためには，積極的に新しい手法を取り入れていくべきである。違った方向（視点）から眺めれば，隠れていた問題点が見えてくるからである。

　しかし，著者はむやみやたらに違った手法を採用すべきといっているのではない。そのために著者は，後述の通り，管理会計・原価計算手法の棚卸と体系化を提案する。その上で，新しい管理会計・原価計算の導入には，プロトタイプ（試行錯誤）アプローチを採用し，試行を行い，有効と診断されれば，本格的に導入を図るべきであると考える。

　本章では，日本企業の進歩を目指した管理会計・原価計算の変革の方向性について提案する。予めご了承いただきたいが，提案する管理会計・原価計算の変革の方向性は，新たな提案は乏しいと思われるかもしれない。本書でも考察した通り，経理・財務部門は保守的な特徴を持つので，既存と全く異なる新しい仕組みを提案しても，単なる提案となってしまい，採用してもらえない。それは，ABCやバランス・スコアカードの採用率が低いことで証明されている。従って，採用してほしいと思うからこそ，既存の管理会計・原価計算の延長線での大きな飛躍を提案するのだ。

2　会計の本質の再確認

釈迦に説法となるかもしれないが，会計の本質を振り返りたい。

日本語の「会計」を示す英語である「accounting」は，「account」に「ing」を付けて動名詞にした単語である。辞書でaccountを調べると，名詞，自動詞，他動詞の意味があり，自動詞の意味には，〜の理由，原因を説明する，〜の割合を占める，責任を取る，釈明をする，支出報告をする，と記載されている。つまり，accountには，重要な根拠，理由を説明するという意味があり，単に計算し，財務諸表を説明することを意味するのではなく，財務諸表の結果に至る重要な理由，原因，根拠を記すことが会計の本質的な意味となる。

また，複数の説がある[1]が，日本語の「会計」の語源は，中国の歴史書『史記』（夏本紀）にある「計は会なり」が語源という説がある。「計」は「言」に「十」が合成されているが，「言」は伝えることであり，「十」は東西南北を示している。つまり，他国から情報を集め，君子にその情報を正確に伝えれば，君子が適切な意思決定を行うことができ，結果的に国の利益が増え，国が繁栄するという意味になるそうだ。

American Accounting Association（AAA）は，accounting（会計）を情報の利用者が，情報に基づいた判断と意思決定を行えるようにするために，経済的な情報を識別，測定，及び伝達するプロセスと定義している。

いずれの例も示す通り，会計の本質は計算することではなく，内外の利害関係者に伝える，説明することである。管理会計は内部の会計であるため，経営者や管理者に対して説明し，経営者や管理者の適切な意思決定を導くプロセスとなる。従って，経営者や管理者の適切な意思決定を導くことができなければ，管理会計はその目的を果たしていないことになる。

accountabilityについても確認をしておきたい。accountabilityはaccount+abilityの合成語であり，説明責任と訳されることが多い。会計責任と訳されることもあるが，accountの語源が示す通り，説明責任と訳する方が適切である。しかし，日本語で同じ「責任」を意味するresponsibilityと対比した時，accountabilityは結果責任，responsibilityは行動責任と理解した方がよいだろう。株式会社

の経営者は，株主から経営を受託しており，与えられた裁量権の範囲内で行動する責任（responsibility）と，会計期間が終了した時，あるいは会計期間の途中でも，その結果を説明しなければならない責任（accountability）を負う。しかし，実際の経営においては，経営者は，組織階層に基づいて，管理者，時に担当者に権限を委譲しており，管理会計[2]は，経営者自身のresponsibilityとaccountabilityを果たすための会計であると同時に，経営者が管理者，担当者のresponsibilityとaccountabilityを評価する会計ということもできる。

このように考えた時，管理会計は，企業の理念，社是，使命（mission）に基づき，変えてはいけない部分と，結果を生み出すために，企業環境や経営者の経営方針，企業戦略に応じて，変えて行くべき部分がある。著者が問題視しているのは，後者の変えるべき部分が変わっていない点にある。

会計に使われる「道具」は変化している。日本企業の会計において，最初の道具はそろばんであろう。著者が1982年にアルプス電気に入社した時には，まだそろばんを使って計算をする従業員がいた。その後，そろばんは電卓に，さらにはオフコン，パソコン，クラウドと進歩し，最近ではAIも登場している。経理・財務部門は，こうした道具を活用して，会計の果たすべき機能を発揮することが求められている。AIは使うものであり，決してAIに使われる経理・財務部門になってはいけないのだ。

管理会計は，組織体内部の経営者や管理者のために，戦略の策定，伝達，実行，評価を支援するとともに，企業経営を行う上での意思決定や業績評価を目的とする会計である。しかし，単に意思決定や業績評価を行えばよいのではなく，経営成績や財政状態の向上に寄与できなければ意味がない。財務会計は，主として過去情報に重点が置かれ，客観性，検証可能性が重視されるのに対して，管理会計は，過去情報のみならず，現在情報，将来情報にも重点が置かれ，意思決定に対する有効性，迅速性が重視される。

著者がアルプス電気に勤務していた時，事業部長から頻繁に利益シミュレーション（利益計画策定）の依頼があった。事業部長から「1億円単位でよいからすぐ結果がほしい」といわれた。新規案件の受注において早期に意思決定しないと，競合に受注を奪われる可能性がある。一方で，収益性を考慮せず，受注を優先してしまうと，利益が減少，あるいは赤字になってしまう恐れがある。

計算を間違えると，将来の業績に影響してしまうため，迅速性を重視しつつも，慎重にかつ慎重に，事業部長の視点に立ち，前提条件を変えてシミュレーションを繰り返したことを覚えている。管理会計に携わる者は，常に経営者と同じ視点を持たねばならない。

　そもそも，「management」は「manage」という動詞から来ているが，manageは，鞭ではなく，手で馬を訓練するということが語源であり，大変なことを何とかやりくりすることを意味する。つまり，management accounting=管理会計は，経営者や管理者が大変なこと（変革）を何とかやりくりして成し遂げるために，経営者や管理者に必要な情報を伝達することを意味する。時には，経営者，管理者に苦言を述べ，経営者，管理者を経営目標達成に向けて，動機付ける（モチベートする）ことも管理会計の役割に他ならない。

3　管理会計・原価計算の体系化と手法の選択

　日本企業では，管理会計・原価計算手法，より広義に経営管理手法の体系化ができていない。それぞれの部門で，様々な手法を導入し，時には，対立した手法を導入している企業もある。そこで，著者は，支援した企業で，企業内の管理手法の棚卸を行うことを推奨してきた。後述の連結決算ベースのバリュードライバー（パフォーマンスドライバー）を用いて，**図表6-1**のように，企業価値に結び付く戦略，施策のツリーを作り，企業内の管理会計・原価計算の手法をマッピングする。そして，手法間の矛盾や重複が生じていないかを確認して，手法のシナジー（相乗効果）を追求できるようにする。

　さらに，IoTやERPパッケージソフトウエアにより収集されたビッグデータとAIを活用して，企業価値向上に結び付くドライバーの優先順位付けを行って，管理会計・原価計算手法の選択と集中も必要である。過去からの伝統的な管理会計・原価計算手法を漠然と使い続けるのではなく，企業価値増大に結び付く管理会計・原価計算手法，欠落しているドライバーに対する関係する手法を積極的に取り入れていくべきであると考える。過去においては，ドライバーの体系化は概念にすぎなかったが，今やIoT，AI等を活用すれば十分に可能である。経理・財務部門が挑戦しないだけである。

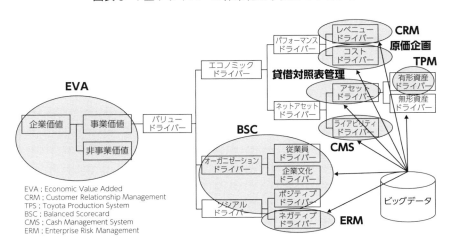

図表6-1 ■ドライバーの体系化と手法のマッピング

EVA ; Economic Value Added
CRM ; Customer Relationship Management
TPS ; Toyota Production System
BSC ; Balanced Scorecard
CMS ; Cash Management System
ERM ; Enterprise Risk Management

『企業会計』2021年6月号（第73巻第6号）の特集として，「業務改善のヒントを発掘　管理会計10のエビデンス」が掲載され，混雑コスト，販売費及び一般管理費，コストドライバー，目標設定，ラチェット効果，脱予算経営，業績バイアス，インタラクティブ・コントロール，起業家的ギャップ，創造性に関する新しい知見が実務家に対して紹介された。これらは，いずれもエビデンスに基づく知見であり，日本企業においても，こうした最新の知見を活用して行くべきだろう。

　しかし，著者は，これら外部のエビデンスだけではなく，自らの企業内部で，統計やAIを用いて，新たな問題点を発見することが必要であると考えている。経営の問題点は，「隠れやすい」。隠れている問題点を，統計やAIを用いて明らかにするのだ。真の問題点が明らかになれば，日本企業は問題点をカイゼンしていく能力を有している。しかし，既存の管理会計・原価計算手法では，真の問題点が明らかにならない。ビッグデータの入手が可能となり，その分析が可能になった今こそ，企業価値増大の観点から，ドライバーを探索し，そのドライバーに対する適切な管理会計・原価計算を定義し，真の問題点を浮き彫りにして，適切な経営資源を投入することが必要なのである。

　著者は，管理会計・原価計算手法の棚卸と体系化を行った上で，日本企業の

管理会計・原価計算の変革の方向性として，**図表6-2**の通り，「ACE」（エース）を主張している。advance, autonomyの頭文字の「A」，consolidation, competitivenessの頭文字「C」，extensionの頭文字の「E」である。つまり，「A」は，日本企業を進歩させるために，管理会計・原価計算の先進手法を取り入れ，事業の自律経営を支援する管理会計・原価計算の実施という意味である。「C」は，本社集計，財務会計中心の連結決算から，国際競争力に結び付く事業中心の連結管理会計・連結原価計算へ変革という意味である。そして，「E」は，管理会計・原価計算上のボトルネックを無くすために，管理会計・原価計算のノウハウを，親会社，本社から全関係会社・全事業に拡大・展開するという意味である。

図表6-2■ACE

以下，著者が研究の成果として，他の著作で提案してきた手法，指標を含めて，新しい管理会計・原価計算を提案して行きたい。

4　ネットワーク型連結管理会計・原価計算

2000年3月期の会計ビッグバン以降の連結管理会計・原価計算は，本社中心のピラミッド型連結管理会計・原価計算であった。単体財務諸表や連結パッケージと呼ばれる連結決算のためのデータを本社に送付し，本社経理・財務部

門にて連結決算を行い，本社から経営者，事業責任者に伝達される。この方法は，情報伝達が一方的で，本社に情報が集中し，事業の壁が生じやすくなる。

　これから目指すべき新世代の連結管理会計・原価計算は，**図表6-3**に示した事業中心のネットワーク型連結管理会計・原価計算である。情報伝達が速く，組織階層，壁が生じず，事業間の連携も密にできる。事業の自律経営により，経営環境の変化に迅速に対応することもできる。

　この経営を実現するためには，連結決算においても，月次で，事業単位，いわゆる「サブ連結」，事業別連結原価計算を行って，その結果を本社の経理・財務部門に提出する仕組みへの変更が必要となり，連結決算システムの再構築の必要性も生じる。

　ネットワーク型連結管理会計・原価計算の実現には，ICT，デジタルの力が必要で，また，従業員のICTリテラシーの向上が必須である。ICT，デジタルを使って，一層の「視える化」を実現し，事業が中心，一方で，事業間のシナジーを追求できる管理会計・原価計算を推し進める必要がある。

図表6-3■本社中心のピラミッド型から
事業中心のネットワーク型連結管理会計・原価計算へ

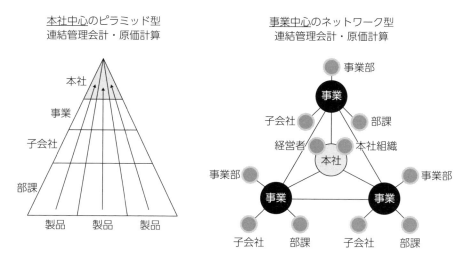

218

5　ドライバーの管理

　減損会計においては，中期（経営）計画等に基づいた将来キャッシュ・フローの見積りが必要となる。また，資産除却債務においても資産除却費用が見積りとなる。このように財務会計においても将来予測の要素が多くなった。

　一方，日本企業の管理会計・原価計算は，結局は経営者あるいは内部組織の評価を主たる目的としてきたため，取得原価主義，実際原価による測定の客観性，適正性が重視されてきた。その結果，日本企業においては見積りや予測を適時，適切に行うための試算（シミュレーション）モデルや情報システムの整備が遅れてしまった。実際，著者が企業を訪問した際にも，業績予想の方法について問われることが少なくない。決算短信でも業績予想の開示が求められており，いかに精度の高い将来予測を行うかは，日本企業の大きな課題となっている。将来予測の管理会計・原価計算は，迅速性，予測精度を両立する必要があるが，毎回，予算編成のように大がかりに実施することもできない。また，財務会計にも活用されることがあるため，CVP分析（損益分岐点分析）のように簡便的に実施することもできないし，日本企業は財務会計と数字が一致した財管一致の管理会計を採るので，内部統制面の整備も必要である。

　これらの将来予測を迅速かつ適正に行うためには，レベニュードライバー，コストドライバーを含めたバリュードライバー（あるいはパフォーマンスドライバー）を把握して，バリュードライバーの変動から見積りや業績予想が行えるようにする。

　ドライバーとは，配賦（配分）基準という意味でも用いられることがあるが，ここでの意味は作用因（変化させる要因）という意味である。言葉の大きさを整理すると，バリュードライバー（企業価値や株主価値に影響を与える作用因）⊃パフォーマンスドライバー（企業業績に影響を与える作用因）⊃レベニュードライバー（収益に影響を与える作用因），コストドライバー（原価や費用に影響を与える作用因）となる。

　そのためには，ドライバーと業績の因果関係の把握を行い，確率を用いた試算（シミュレーション）モデルとAI，ICTを用いた情報システムの整備，そして，

経営データの蓄積を進めておく必要がある。あるいは，バランス・スコアカードを採用している場合も，戦略目標間の因果関係を把握するためにデータが必要である。しかし，ドライバー（先行指標），戦略目標，業績の因果関係を正確に把握できている日本企業は少ない。

　昨今では，統合報告の価値創造プロセスにより，戦略や施策とその目標値と経営目標の関係を図示している企業も増えているが，この価値創造プロセスは，利害関係者に戦略，施策の有効性をわかりやすく示した図であり，著者が提案しているドライバーと業績等の因果関係とは異なる。

　相関関係とは一方の数値ともう一方の数字に一定の関連性があることをいう。一方が増加すると，もう一方も増加する場合を正の相関，一方が増加するともう一方が減少する場合を負の相関という。しかし，相関関係は偶然を排除していない。しばしば取り上げられる例として，チョコレートの消費量とノーベル賞の受賞数には相関関係があるという意見がある。しかし，この例では，チョコレートの消費がノーベル賞の受賞につながったのではなく，経済的に豊かな国では，高級な食料品であるチョコレートが消費され，また，教育水準，研究水準が高くなるので，ノーベル賞の受賞数が増えると考えられている。チョコレートの消費量とノーベル賞の間には経済的な豊かさという別の要因が介在している。

　これに対して，因果関係は，因果の「因」は原因から来ており，「果」は結果から来ている通り，原因と結果の関係が明確なことをいう。気温が高いと清涼飲料水の消費量が増えることは，気温が高いと汗をかき，清涼飲料水を飲みたくなるので，この場合は因果関係があるといえる。つまり，なんとなく影響があると推測するのではなく，ドライバー間の因果関係を回帰分析等により把握しておく必要がある。これまでは必要となる経営データが入手できなかったため，机上の理論でしかなかったが，今やPOS（Point Of Sales：販売時点情報管理）やIoT，ERPパッケージソフトウエアを通じてビッグデータが取得可能となってきている。業績等の経営データを取得することで満足するのではなく，そのデータ間の因果関係を把握して，業績向上，財務体質の強化に効果的なドライバーを探し，そのドライバーを統制して行く必要がある。

　また，将来予測に結び付くドライバーの把握ができるならば，伝統的な

フィードバック型管理からフィードフォワード型管理への転換も可能になる。フィードバック型管理とは，目標値と実績値を対比し，事後的に評価して，是正を行う経営管理サイクルをいう。伝統的な予算管理制度や標準原価計算制度が該当する。

　一方，フィードフォワード型管理とは，目標値と予測値を対比して，事前的に評価を行い，会計期間が完了する前に是正を行う経営管理サイクルをいい（丸田，2003），原価企画が該当する。フィードバック型の管理は，事後的に是正措置を行うことになるため，対応が遅れるという欠点を持つ。これに対して，フィードフォワード型の管理は，目標値と将来予測値を比べるので，活動が実施される前あるいは実施中に是正措置を講じることが可能となり，迅速な対応が可能となる。

　しかし，予測精度が確保されていないと，誤った数字あるいは故意に歪められた数字が報告され，不適切な意思決定を導くことがある。また，将来予測といっても実績値が出る直前では何ら意味がなく，将来予測には迅速性も必須である。

　日本企業は，この将来予測重視のフィードフォワード型経営管理（管理会計・原価計算）に転換することができなければ，ますます変化が激しい市場や環境の中で，迅速な対応を講じて，生き残って行くことは難しいのではないだろうか。

　このようにビッグデータやAIは，管理会計・原価計算に革新をもたらすだろう。データの蓄積が進めば，過去や現在の情報を将来の情報として活用できるようになる。コストドライバーやレベニュードライバーの確率に基づいて，モンテカルロシミュレーション等を用いた業績予想モデルを構築することもできる。すなわち，天気予報のように企業業績を正確に予測できるようになれば，その対策がこれまで以上に効率的，効果的，迅速的に行うようにできる。

　しかし，企業業績のシミュレーションが天気予報と異なるのは，競合あるいは新規の参入者による破壊的イノベーションが発生することである。彗星と地球の衝突により地球上の気候が突如として大きく変わってしまい，恐竜が死滅したような非連続的な変化である破壊的イノベーションが発生すると，過去や現在のデータをベースとしたモデルは崩れてしまう。これら破壊的イノベー

ションを促進する管理会計・原価計算が求められるが，現状において，試行錯
誤はされているものの，その方法は確立されていない。

6　Cから始まるPDCAサイクル

　日本企業において経営管理の基本は，PDCA，すなわちPlan（計画），Do（実
行），Check（評価），Act（ion）（是正）とされている。PDCAは，デミング
（Deming, W. Edwards）が継続的品質改善の手法として提唱したサイクルであ
る（シューハートの説あり）。経営学で用いられていたPDS（Plan-Do-See）のSee
をCheckとActに分け，すぐにできることは次の計画を待たずに是正すること
を強調した。もともとは製造現場の品質改善の手法であったが，現場から企業
全体の手法として，日本企業に広く定着している。
　しかし，この手法は，計画策定時に問題点が明らかになっていることを前提
としているので，Planからスタートしている。PDCAサイクルでは計画（P）
されたことしか評価（C）されないので，計画段階で問題視されていない問題
を発見することができない。一方，日本企業の品質に対抗するために米国で開
発されたシックスシグマで用いられるDMAIC（Define -Measurement-Analyze
-Improve-Control）では，最初のDで，範囲を決め，その範囲内の問題点（経営
課題）を定義して，解決すべき問題点を明確にする。また，最近では，OODA
の経営管理サイクルを導入する企業も少なくない。OODA（Observe-Orient-
Decide-Act）は，観察して，状況を把握して，すぐ実行する点がPDCAと異な
る。OODAは，状況に合わせて臨機応変な対応ができるが，計画，評価，是
正のプロセスがないため，業務改善や中長期的な改善の場合は，PDCAの方が
適している。
　著者は，まず全体を評価（C）して問題点を抽出してから，次の計画（P）
に進んでいこうという経営管理サイクル「Cから始まるPDCA」を提唱してい
る（川野，2018a）。Cから始まるPDCAでは，全体を評価（C）し，分析（A）
を行って，問題点を抽出して，その改善策を計画（P）して行くというサイク
ルである。
　既存の管理会計・原価計算は，PDCAサイクルにより，計画あるいは予算と

実績を対比することを重視していた計画統制型である。しかし，今後の管理会計・原価計算は問題発見型に移行して必要がある。問題発見型の管理会計・原価計算は２つの発見機能を持つ。

　１つは，仮説検証による計画自体の問題発見機能である。バランス・スコアカードのみならず，デュポンチャートシステム，ドライバーのチャート（体系図）においても，計画実行と成果の因果関係を重視している。顧客訪問回数を増やせば，売上高が増えるといった因果関係である。しかし，顧客訪問を増やしても売上高が増えなくなって来ているかもしれない。インターネットでの発注が増えて，顧客訪問がレベニュードライバーではなくなっているといったケースである。顧客訪問は意味がなくなったといった計画実行自体の問題点を発見する機能が必要である。

　２つ目は，全体点検の機能である。全体点検といっても，全従業員，全取引，全作業を点検することは，これまでは現実的でなかった。しかし，ERPパッケージソフトウエアが導入され，発注といった「簿記上の取引」に該当しない取引を含めて，１つのデータベースにデータが集約され，かつAIを用いれば，不自然な取引を発見して，不正や誤謬を自動的に，かつ早期に検出できるようになった。Cにより問題を発見し，そしてその解決を図るためにPを策定し，PDCAを循環させていくのだ。

7　貸借対照表重視の管理会計

　貸借対照表重視の管理会計は，著者の『管理会計の理論と実務』初版（2012年）から主張している。

(1)　貸借対照表重視の背景

　債権者保護を目的とした財産計算思考に基づく静態論会計から，損益計算を目的とした動態論会計への転換を推し進めたのが，1919年に『動的貸借対照表論』を著したシュマーレンバッハ（Schmalenbach, Eugen）と，1940年に『会社会計基準序説』を著したペイトン（Paton, William Andrew）とリトルトン（Littleton, Analias Charles）である。シュマーレンバッハは，財産計算を目的と

して作成される貸借対照表を「静的貸借対照表」と呼び，損益計算を主目的として作成される貸借対照表を「動的貸借対照表」と定義した。

　国際会計基準は，日本の会計基準と異なり，資産負債アプローチを採用していることから貸借対照表に再び注目が集まるきっかけとなった。しかし，資産負債アプローチ・収益費用アプローチは，前述の静態論・動態論と異なり，収益と費用の差額を利益とするのか，資本取引以外の純資産の増加額を利益とするかの利益観の違いを示したものである。なお，会計には財産法・損益法という考え方もあるが，これは利益の計算方法であり，資産負債アプローチ・収益費用アプローチより限定した考え方である。

　国際会計基準が採用する資産負債アプローチは，資産，負債，純資産に係わる評価額が反映される貸借対照表（正確には財政状態計算書）を重視する立場を採っているのに対して，日本の会計基準は主として収益費用アプローチを採用し，経営活動の成果である利益が表示される損益計算書を重視してきた。その結果，日本企業は，損益計算書を重視し，売上原価を計算するために原価計算を重視してきた。

　著者が2020年度に実施した調査で，**図表6-4**の通り，連結決算ベースで予算実績対比を行っている財務諸表の調査を行っているが，連結損益計算書と連結貸借対照表の間には明らかな差がみられた。全社合計で連結損益計算書の予算実績管理を実施している企業は97.3％であったのに対して，全社合計で連結貸借対照表の予算実績管理企業は21.8％に止まった。また，事業別の連結損益計算書の予算実績管理は37.3％，事業別の貸借対照表の予算実績管理は4.5％であった。この質問は，予算実績対比を行っている財務諸表に関する質問であり，財務諸表を作成している単位の質問ではない。従って，予算では作成していないが，実績の貸借対照表のみを作成している企業もあることが想定される。そもそも，複式簿記の原理からすると，損益計算書を作成するということは，帳簿組織を利用する限り，不完全ではあっても，貸借対照表は作成されているはずである。しかし，損益計算書による管理が重視されていることはこの調査結果からも明らかであろう。

図表6-4　連結決算ベースの予算実績対比の現状

計算書の種類	2020年度
連結損益計算書（全社合計）	97.3%
連結貸借対照表（全社合計）	21.8%
連結事業別損益計算書	37.3%
連結事業別貸借対照表	4.5%
回答企業数（複数回答あり）	110社

（注）損益計算書，貸借対照表以外の財務諸表の調査も行っているが，省略している。

　著者は，貸借対照表重視の管理会計を主張してきたが，この主張には，損益計算書より貸借対照表を重視するという誤解も生じた。著者が主張しているのは，損益計算書偏重から脱却し，損益計算書管理と貸借対照表管理のバランスが必要である点である。損益計算書偏重を脱却し，貸借対照表も重視した管理を主張しているのである。

(2)　貸借対照表の月次予算管理と細分化

　管理会計として実施される月次決算として，原価差異の棚卸資産への配賦，棚卸資産の低価法（収益性の低下による簿価の引き下げを含む），固定資産の減損会計，金融資産の時価評価，企業年金会計等の主として貸借対照表の帳簿価額の確定を目的とする会計処理を実施している企業は少ない。さらには，月次ベースで貸借対照表の予算実績管理となると，極めて少なくなる。

　しかし，著者は，月次決算においても，重要性の高い決算修正仕訳は実施して，四半期決算と同等の貸借対照表を作成して，貸借対照表の予算実績管理を行うべきであると考える。

　河田（2019a）は，著者の月次貸借対照表をさらに進めて，リアルタイム貸借対照表を提案している。リアルタイム貸借対照表は，いわゆる日次決算ではなく，IoTの本質であるモノの流れをリアルタイムトラッキングして，これをカネの流れに基づいて自動仕訳して作成する。また，リアルタイム貸借対照表では，すべての資産負債項目を取得原価で評価した純粋貸借対照表という財務会計としては求められていない貸借対照表を作成する。

　さらに，河田（2019b）は，下記の算出式による「貸借対照表の質」を主張

した。この算式では，値が小さいほど，流れ創りのオペレーションが進歩していることを意味する。すなわち貸借対照表の質は，流れ創りによるリードタイムの短縮効果を会計値で正確に評価し，企業や社会の短期利益偏重傾向を是正し，企業の収益力，生産性の向上に対する判断能力を高める効果が期待されるとしている。

$$\text{貸借対照表の質} = (\text{営業資産} / \text{総資産}) + (\text{流動負債} / \text{負債・純資産})$$

　第4章でも記述した通り，著者がアルプス電気に在籍していた時，上司であった事業部の経理課長は，毎月，固定資産，棚卸資産の帳簿価額を把握し，遊休となっていた固定資産，長期在庫となっていた棚卸資産等の処分を徹底した。当然，処分に当たっては多額の処分損が発生したが，事業部の業績は依然として赤字ではあったものの，好転して行った。この時，著者は貸借対照表管理の重要性を知った。

　また，事業部や工場等，会社内の内部組織単位，あるいは事業単位で貸借対照表を作成し，その予算管理を行うことも必要である。カンパニー制や内部資本金を持つ事業部制を採用している企業では，カンパニーや事業部の単位で貸借対照表を作成しているが，売掛金や買掛金の分割といった技術的な困難性もあり，損益計算書と同じ単位で貸借対照表を作成している企業は多くない。しかし，今後は，ICTを活用し，勘定科目別の残高を完全に有する貸借対照表の作成は無理でも，簡便的な貸借対照表を企業内部組織単位で作成し，業績評価を行うべきであろう。

　貸借対照表管理の細分化とは，月次決算において，事業部別，事業別，製品群別，地域別等，粒度の細かい単位で貸借対照表を連結決算ベースで作成することである。棚卸資産在庫のみならば，IoT，ERPパッケージソフトウエアを活用すれば，リアルタイム更新も可能である。

　ある電子部品メーカーでは，**図表6-5**の通り，連結—報告セグメント—Business Company（BC）—Business Group（BG）—Business Division（BD）—Cashflow Business Unit（CBU）—Strategic Business Unit（SBU）—機種コード—品番とい

う製品管理体系を持ち，BDは減損判定の単位，CBUが貸借対照表作成の最小単位，SBUが月次連結決算の最小単位，勘定を絞った貸借対照表管理の最小単位となっていて，細分化した単位での貸借対照表管理を実現している。

図表6-5■貸借対照表の細分化の例

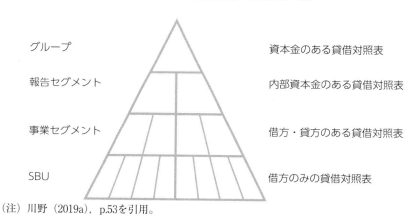

(注) 川野 (2019a)，p.53を引用。

　以上のように貸借対照表重視の管理会計の第一歩は，貸借対照表の月次決算での作成と，作成単位の細分化である。

(3)　取得日別貸借対照表

　著者 (2019a) は，貸借対照表管理の発展形として，取得日別貸借対照表の作成を主張している。貸借対照表は一定時点の財政状態を示す表であり，いわばスナップショット写真でそれに至る動画＝過程を見ることはできない。しかし，現金や有価証券等の現金同等物を除いて，資産は流動資産であっても，固定資産であっても，取得時から時の経過に伴って，陳腐化してしまうリスクが伴う。棚卸資産については収益性の低下に伴う簿価の引き下げが，そして固定資産には減損会計が導入され，将来の損益に与える影響が貸借対照表にも反映されている。しかし，それらの会計処理は将来のキャッシュ・フローに影響を与えるような非常事態に至ってしまった場合の会計処理であり，管理会計（・原価計算）としてはそれらを防止することが必要である。

　そこで，著者は取得日を基準として，**図表6-6**の通り，貸借対照表の勘定

科目別に年齢区分の内訳を記載する「取得日別貸借対照表」を提案している。これにより，貸借対照表にも時間の概念を取り入れることができる。有形固定資産の場合，減価償却があるので年齢を重ねるほど帳簿価額は安くなるのが一般的である。従って，年齢を重ねた有形固定資産の帳簿価額の割合が大きいということは新規の投資を実施していない可能性がある。棚卸資産においても，IoT，ICチップ，センサー，RFIDや製造指図書別原価計算の実施により，棚卸資産の流れが把握でき，最終の入出庫日を基準にして，年齢が把握可能となっている。棚卸資産の場合には多くの場合，日齢となるであろうが，日齢を把握すれば，長期滞留在庫の把握も容易であるし，製造リードタイムの短縮の成果も把握しやすくなるであろう。

図表6-6■取得日別貸借対照表

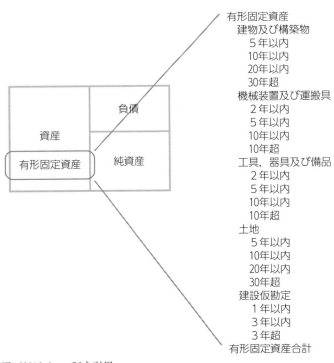

(注) 川野 (2019a)，p.56を引用。

8 回収期間別損益計算書

　著者（2019a）は，資金に着目した損益計算書として，回収期間別損益計算書を提案している。

　「黒字倒産」「勘定合って銭足らず」という言葉があるように，企業の持続可能性の維持に最も直接的な要因は資金（キャッシュ）である。歴史を振り返れば，利益は配当や税金の計算をするために誕生しており，資金の面からは先行指標にすぎない。

　トヨタ生産方式（カンバン方式）は，企業の材料，仕掛品，製品，商品の在庫を削減するが，通常の損益計算書では借入金等の返済により，支払利息が削減されるのみの影響しか現れない。むしろ，在庫を削減すると，在庫に含まれている固定費が費用化されるので，一時的には損益が悪化してしまう。この誤解により，トヨタ生産方式を止めてしまう企業もある。

　回収期間別損益計算書は，受注から，原材料が調達され，原価要素の工場への投入，製造途上品としての仕掛品在庫，製品としての完成（製品倉庫への入庫），製品在庫，納入・請求（売上），売上債権回収（入金）までの資金回収予定期間別の損益計算書である。いわば，利益と資金のハイブリッド（を統合した）の計算書である。

　図表6-7のように，回収期間損益計算書においては，回収予定期間1カ月以内，1カ月超3カ月以内，3カ月超6カ月以内，6カ月超といった区分を設けて，損益計算書を作成する。同じ利益であれば，回収予定期間が短い方が望ましいので，顧客との売買契約時においてより短い回収条件での契約に誘導して行く。また，製造リードタイムの短縮も回収期間の短縮に寄与するので，損益計算書を使って，棚卸資産在庫の削減や製造リードタイムの短縮を動機付けることができる。

　回収期間損益計算書の実現もICTの発達によりビッグデータの処理が可能となったことが大きい。著者がコンサルタントだった時，実はこの回収期間別損益計算書の作成に挑戦したことがあるが，必要なデータをそろえることができず，「アイディア倒れ」で失敗してしまった。しかし，現在では，トレーサビ

リティやERPパッケージソフトウエア，MES，IoTの発達により，顧客からの受注データから生産計画に基づく個別製造指図書，売上高データ，売上債権の回収データを結び付けることが可能となりつつある。材料倉庫の入出庫，工場の仕掛品在庫，物流センターの製品在庫の入出庫を個別に把握し，売上債権を顧客別に区分すれば，回収までの予定期間を把握することは可能である。特に受注生産の企業は，仕掛品への原価要素の投入から，製品の完成，売上債権の回収までの期間を個別に把握することは容易である。見込み生産の企業でも，事業別に原価要素の工場への投入から製品完成までの標準的製造リードタイムを求めて，トータルの資金回収予定期間を設定すればよい。

　回収期間別損益計算書の作成により，資金と利益の関係を視える化できる。

図表6-7■回収期間別損益計算書

	1ヵ月以内回収	3ヵ月以内回収	6ヵ月以内回収	6ヵ月超回収	合計
売上高					
売上原価					
販管費					
営業利益					
営業外損益					
経常利益					
特別損益					
税引前当期純利益					

（注）川野（2019a），p.59を引用。

9　MFLACとiMFLAC

　「MFLAC」[3]は，著者が日本戦略MG教育学会の会長であった時に開発した管理会計手法である。Money-Focused Lucrative Accounting（資金重視の儲かる会計），Marginal Profit，Fixed Cost，Liability，Asset，Cash（限界利益，固定費，負債，資産，資金）の頭文字をとった。戦略MGマネジメントゲームで採用している損益計算書の分析手法「STRAC」と語呂合わせもして命名した。

　MFLACを開発する出発点になったのが，長寿命企業の研究である。日経ビジネス（1984）は，日本企業の平均寿命は30年と主張したが，最近の日本企業

の平均寿命は，帝国データバンク（2023）によると37.48年，日経ビジネス（2018）によると36.2年であるという。経営管理の手法が高度化した結果，その平均寿命は2割強延びている。

　一方で，東京商工リサーチ（2023）によると，2022年に倒産した企業の平均寿命は23.3年であるという。世界で最も長寿の企業は大阪にある金剛組で，西暦578年創立である（金剛組，2023）。また，日本企業は，他国の企業に比べて長寿企業が多い（日経BPコンサルティング・周年事業ラボ，雨宮健人，2023）。

　著者は，日本における長寿企業を分析し，長寿企業は，資金を有効活用し，本業を重視して，大きな失敗を避ける経営を続けてきたとの結論を得た。そこで，収益性に偏ることなく，資金，資産，負債のバランスを常に把握しながら，身の丈に合った経営を支える管理会計をバランス会計と呼ぶことにし，MFLACを開発した（川野，2018a）。

　MFLACの特徴は，MFLACで管理する業績評価指標は5指標のみに厳選したこと，「バランス」を表現するために，レーダーチャートを用いたこと，総合的な評価点数を算出できることである。

　業績評価指標については，貸借対照表重視，キャッシュ・フロー重視の観点から，最適な業績評価指標の組み合わせのシミュレーションを繰り返して，5つの業績評価指標を厳選した。その5つの業績評価指標は，限界利益率，損益分岐点比率，有利子負債対キャッシュ・フロー比率，総資産回転率，運転資金比率である。

　会計の初心者でもわかりやすい管理会計手法とするため，**図表6−8**のように，5つの業績評価指標をレーダーチャートで表現し，さらに業績評価指標の数字により5段階の評価を行って，全体のバランス度も算出できる仕組みとしている。

図表6-8 ■MFLAC

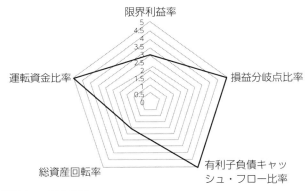

（注）川野（2018a），p.64を修正。

【MFLACの5つの業績評価指標】
①　限界利益率
　　限界利益率＝（限界利益÷売上高）×100
②　損益分岐点比率
　　損益分岐点＝固定費÷（1−変動費率）
　　損益分岐点比率＝（損益分岐点÷売上高）×100＝（固定費÷限界利益）×
　　　100
③　有利子負債対キャッシュ・フロー比率
　　有利子負債対キャッシュ・フロー比率＝｛（短期借入金＋社債・転換社債等
　　　＋長期借入金）÷（（親会社に帰属する）当期純利益＋減価償却費）｝×100
　　有利子負債対キャッシュ・フロー比率は，債務償還年数と同じである。
④　総資産回転率
　　総資産回転率＝（売上高÷総資産の期首期末の平均値）×100
⑤　運転資金比率
　　運転資金比率＝（現預金＋有価証券−短期借入金）÷（売掛金＋受取手形＋
　　　契約資産＋未収入金＋棚卸資産−買掛金−支払手形−契約負債）×100

　これらの5つの業績評価指標のバランスを維持することで，持続可能な企業
を実現できるモデルが，MFLACである。しかし，MFLACは持続可能性を重
視し，成長性については十分な検討が行われていなかった。また，MFLACは，
日本戦略MG教育学会で議論してきた関係で，戦略MGマネジメントゲームで

の実践可否の影響を受けている。

　成長性の要素を取り入れ，MFLACの発展版として提案するのが，iMFLAC（improved MFLAC）である。一般に企業の経営資源は，ヒト，モノ，カネといわれるが，現在は無形資産，知的資本の重要性が認識されており，ヒト，モノ，カネ，ムケイ（製造業の場合カイハツ）の観点から，管理すべき業績評価指標を5つから8つに増やしている。

【iMFLACの業績評価指標】
＜ヒト＞
① 人件費生産性＝（営業利益＋減価償却費＋労務費＋人件費＋福利厚生費）÷（労務費＋人件費＋福利厚生費）　新規追加
＜モノ＞
② 総資産回転率＝（売上高÷総資産の期首期末の平均値）×100
③ 固定資産投資効率＝（営業利益＋減価償却費＋受取配当金）÷（前5年間の固定資産取得価額＋前5年間の支払リース料総額）　新規追加
④ 損益分岐点比率
　損益分岐点＝固定費÷（1－変動費率）
　損益分岐点比率＝（損益分岐点÷売上高）×100＝（固定費÷限界利益）×100
＜カネ＞
⑤ 運転資金比率＝（現預金＋有価証券－短期借入金）÷（売掛金＋受取手形＋契約資産＋未収入金＋棚卸資産－買掛金－支払手形－契約負債）
⑥ 有利子負債対キャッシュ・フロー比率＝｛（短期借入金＋社債・転換社債等＋長期借入金）÷（（親会社に帰属する）当期純利益＋減価償却費）｝×100
⑦ OCFOA[4]（Operating Cash Flow On Assets；総資産対営業キャッシュ・フロー比率）＝（営業キャッシュ・フロー÷総資産の期中平均）×100　新規追加
＜ムケイ（カイハツ）＞
⑧ 研究開発費効率＝5年間売上高増加額÷前5年間の研究開発費合計　新規追加
　研究開発を実施していない企業の場合，広告宣伝費効率で代用も可能である。

　著者は，会計をよりわかりやすくする必要性があると考えている。内外の利害関係者にわかりやすく説明するために，レーダーチャートを用いたiMFLACの活用が有効であると考える。

●注

1 『史記』（夏本紀）を由来とする説の他，西周の「四会」という官職に由来するという説，戦国時代に「会」の字が多く登場し，練り上げられたという説がある。ご教授いただいた日本大学商学部・髙久保豊先生に感謝を申し上げたい。

2 本書では，原則として「管理会計・原価計算」と記述しているが，本章においては，文脈上，原価計算を含む意味で，「管理会計」と記述している箇所がある。

3 MFLACは，著者が考案し，命名したが，戦略MGマネジメントゲームを販売している株式会社戦略MG研究所が登録商標を取得している。

4 OCFOAは，『ものづくりの生産性革命』（川野，2019a）にて著者が提案した指標である。

5 本章は，新しい管理会計の提案の記述の一部は，既刊の『管理会計の理論と実務』第2版，『ものづくりの生産性革命』から転載している。

おわりに

　著者は，日本企業の競争力の低下に危機感を持っている。かつては「Japan as No.1」，「ものづくり大国，日本」といわれたが，今やそれは過去の姿にすぎない。この「おわりに」を執筆した日（2023年3月28日）にも，パナソニックホールディングスとソニーグループの有機EL事業を2015年に統合して発足したJOLED（ジェイオーレッド）が民事再生法を申請したことが報じられた。半導体，液晶テレビ，スマートフォンと，自動車や電子部品等の一部の産業を除き，日本の産業は「病気」を患い，世界的に負け続けている。

　著者は，日本企業のこの「病気」を治療する「薬」が管理会計・原価計算であり，日本企業の管理会計・原価計算の進歩の停滞が世界的競争力低下に結び付いていると考えている。この点から，本書では，日本企業の管理会計・原価計算の状況を明らかにして，その停滞の要因，そして，新しい管理会計・原価計算の方向性を示した。しかし，方向性を示しただけでは，日本企業は重い腰を上げることはないだろう。そもそも，管理会計・原価計算を進歩させるべき役割を担う日本企業の経理・財務部門は，欧米とは異なり，保守的な人財の集まりなのだ。自ら変革を成し遂げようとはしないだろう。財務会計が，国際会計基準とのコンバージェンスを「トリガー」（きっかけ）として，会計ビッグバンを推し進めたように，管理会計・原価計算の変革を成し遂げるためにも，トリガーが必要である。

　日本企業の管理会計・原価計算の水準を高めたのが，原価計算基準であることに異論はないだろう。また，日本企業の企業価値重視経営を定着させたのが，「『持続的成長への競争力とインセンティブ～企業と投資家の望ましい関係構築～』プロジェクト」の最終報告書であり，最近では，コーポレートガバナンスコードにより，日本企業の統治の質は向上した。一方で，国際会計基準適用，統合報告書開示は，管理会計・原価計算においても先進的な取組みを行っている優良企業はすぐ飛び付いたが，それらの企業の適用・開示が終わると，「任

意」である以上，その後は停滞してしまうだろう。

　日本企業，特に経理・財務部門は，「真面目」である。「強制」，「強い要請」があると，着実に進めていく。この傾向を利用すべきであり，著者は原価計算基準の改訂を主張してきた。しかし，原価計算基準の対象範囲に限定してしまうと，バランス・スコアカード等の管理会計手法が漏れてしまう。そこで，原価計算基準の改訂ではなく，新たに「管理会計・原価計算ガイドライン」を制定し，有価証券報告書等でもその適用状況の開示を義務付けると，一挙に管理会計・原価計算の変革が進むと考えている。

　米国では，Institute of Management Accountants（IMA）が，管理会計のベストプラクティスをまとめたStatements on Management Accounting（SMA）を発表している。また，中国では，2016年に「管理会計基本指針」が公表されている。この指針は，第1章総則，第2章適用環境，第3章管理会計活動，第4章ツールと手法，第5章情報と報告，第6章附則の全6章から構成されている。さらに，2017〜2018年には，全34号から成る「管理会計適用指針」及び全10号から成る「財政部管理会計ケーススタディ索引」も公表されている。（根本・新江，2021）中国では，国家を挙げて，企業の管理会計・原価計算の水準を引き上げようとしているのだ。日本及び日本企業は危機感を持つべきである。

　繰り返す。このままでは，日本企業の競争力は低下する一方である。その「病気」を治療する「薬」である管理会計・原価計算の変革が不可欠である。

　立ち上がれ，経理・財務部門。変えろ，管理会計・原価計算。

川野　克典

〈参考文献・引用文献一覧〉

アーサーアンダーセン（1999）『株主価値重視の企業戦略—SVAの考え方と実践』東洋経済新報社。

アーサーアンダーセン ビジネスコンサルティンググループ（1997）『ABCマネジメント理論と導入法』ダイヤモンド社。

アーサーアンダーセン ビジネスコンサルティング（1997）『ミッションマネジメント—価値創造企業への変革』生産性出版。

アーサーアンダーセン ビジネスコンサルティング（1999a）『戦略経理マネジメント—業務処理から経営参謀部門への変革』生産性出版。

アーサーアンダーセン ビジネスコンサルティング（1999b）『グループ経営マネジメント—連結シナジー追求戦略の構築』生産性出版。

アーサーアンダーセン ビジネスコンサルティング（2001）『業績評価マネジメント』改訂版，生産性出版，川野克典全著。

アカウンティングコンペティション準備委員会（2023）「会計学の研究発表大会 アカウンティングコンペティション2022」，http://accocom.com/，2023年4月10日閲覧。

淺田孝幸・鈴木研一・川野克典編著（2005）『固定収益マネジメント』中央経済社。

新井康平（2021）「業務改善のヒントを発掘 管理会計10のエビデンス ③コストドライバー」『企業会計』第73巻第6号，pp.28-32。

新江孝（2014）「日本企業の管理会計・原価計算実務に関する調査結果の分析 – 先行調査研究との比較—」『商学研究』（日本大学商学部商学研究所・会計学研究所・情報科学研究所）第30号，p.105-124。

アンダーセン（2001）『バランス・スコアカードのベストプラクティス』東洋経済新報社。（André de Waal & Morel Fourmanの"Managing in the New Economy"の翻訳を含む。）

池側千絵（2022）『管理会計担当者の役割・知識・スキル—ビーンカウンターからFP&Aビジネスパートナーへの進化』中央経済社。

池田まさみ・高比良美詠子・森津太子・宮本康司（2023）「バイアスの心理学」『Newton』2023年2月号，pp.62-63。

一般社団法人日本医療バランスト・スコアカード研究学会研究委員会（2020）「医療バランスト・スコアカード用語集（基礎編）」，「医療バランスト・スコアカード用語集（応用編）」，http://www.hbsc.jp/BSCcertified/BSCyougo.html。

稲盛和夫（2023）「第6条 値決めは経営」『稲盛経営12ヵ条』，https://www.kyocera.co.jp/inamori/management/twelve/twelve06.html，2023年3月13日閲覧。

岩田安雄・斎藤文・坂本祐司・長屋信義・松村有二（2012）『ビジネスゲームで鍛える経営力』カットシステム，2020年に第2版が出版されている。

上東正和（2020）「わが国企業の企業規模と管理会計実践の実態」『富大経済論集』（富山大学）第66巻第1・2・3合併号，p.195。

内田章・金児昭（2011）「東レの財務・経理組織とIFRS対応」『週刊経営財務』第3013号，pp.42-47。

MM総研（2021）「RPA 国内利用動向調査2021」，https://www.m2ri.jp/release/detail.html?id=474，2023年2月14日閲覧。

エヌ・ティ・ティ・ビジネスアソシエ（2023）「会社概要」，https://www.ntt-ba.co.jp/company/profile.html，2023年4月9日閲覧。

大槻晴海・﨑章浩（2015）「実務におけるBSCの有用性—協和発酵キリン株式会社の事例研究—」『産業経理』第75巻第2号，pp.151-175。

岡部滋（2011）「企業人から見た会計教育のあり方」『経理研究』（中央大学経理研究所）第54号。

岡本清（2000）『原価計算』六訂版，国元書房，pp.28-29，pp.359-362，pp.472-474，pp.933-946。

岡本清・廣本敏郎・尾畑裕・挽文子（2003）『管理会計』中央経済社，pp.12-14。

荻原啓佑（2021）「業務改善のヒントを発掘　管理会計10のエビデンス　④目標設定」『企業会計』第73巻第6号，pp.33-37。

小倉昇（2018）「原価計算方法の選択と原価の正確さ」『会計プロフェッション』（青山学院大学大学院会計プロフェッション研究学会）第13号，pp.165-175。

尾畑裕（2011）「標準仕様化が原価計算・原価管理に対して有する意義」『企業会計』第63巻第6号，pp.21-22。

オムロン（2015）『統合レポート2015』，pp.32-36，https://www.omron.com/jp/ja/ir/irlib/pdfs/ar15j/ar2015j.pdf，2023年2月17日閲覧。

会計・税務人財養成推進協議会（2017）「会計・税務人財育成に関する提案書～「会計離れ」を超えて」，http://www.zb.em-net.ne.jp/~kawano/ATHRG/FinalReport.pdf，2023年3月9日閲覧。

会計大学院協会（2022）『会計大学院協会ニュース』第34号。

花王（2023）「EVA経営」，https://www.kao.com/jp/corporate/investor-relations/management-information/economic-value-added/，2023年2月19日閲覧。

川上徹也・金児昭（2007）「松下における経理社員制度と経理・財務教育」『週間経営財務』No.2815，pp.11-19。

河田信（2019a）「流れ創り/日本企業のものづくり再興に向けて」河田信ほか編著『ものづくりの生産性革命—新たなマネジメント手法の考え方・使い方』中央経済社，pp.167-189。

河田信（2019b）「『貸借対照表の質』がものづくりを変える」河田信ほか編著『ものづくりの生産性革命—新たなマネジメント手法の考え方・使い方』中央経済社，pp.63-83。

川野克典（1995）「アルプス電気におけるABC」『企業会計』第47巻第10号，pp.57-62。

川野克典（1996）「管理会計の新しい動向について—実務の側から」『企業会計』第48巻第10号，p.90。

川野克典（1997a）「アルプス電気におけるABC」『日本型ABCマネジメント』生産性出版，pp.23-51。

川野克典（1997b）「生産革新と原価管理」『原価計算研究』（日本原価計算研究学会）第21巻第2号，pp.73-83。

川野克典（2004）「経営環境の変化と「原価計算基準」—「原価計算基準」改訂の論点」『原価計算研究』（日本原価計算研究学会）第28巻第1号，pp.23-34。

川野克典（2010）「管理会計にIFRSが与える影響」『企業会計』第62巻第6号，pp.24-31。

川野克典（2011）「BSC経営の失敗—企業での経験から」髙橋淑郎編著『医療バランスト・スコアカード研究　実務編』生産性出版，pp.106-119。

川野克典（2012）「管理会計教育の現状と今後に関する一考察–経営シミュレーションゲームの活用」『経理研究』（中央大学経理研究所）第55号，pp.253-265。

川野克典（2014a）「国際会計基準と管理会計—日本企業の実態調査を踏まえて」『商学論纂』（中央大学商学研究会）第55巻第4号，pp.41-65。

川野克典（2014b）「日本企業の管理会計・原価計算の現状と課題」『商学研究』（日本大学商学部商学研究所・会計学研究所・情報科学研究所）第30号，pp.55-86。

川野克典（2015）「管理会計と理論と実務の乖離」『経理研究』（中央大学経理研究所）第58号，pp.371-386。

川野克典（2016）『管理会計の理論と実務』第2版，中央経済社，pp.72-86，pp.191-199，pp.279-297。

川野克典（2017）「経営シミュレーションゲーム活用による会計教育の実践事例」『会計教育研究』（日本会計教育学会）第5号，pp.63-72。

川野克典（2018a）「バランス会計MFLAC」堀田友三郎・川野克典・小林静史編著『強い会社をつくる「バランス会計」入門』中央経済社，pp.37-68。

川野克典（2018b）「原価計算・管理会計教育の現状と将来―企業と商業高等学校の視点から」『原価計算研究』（日本原価計算研究学会）第42巻第1号，pp.34-44。

川野克典（2019a）「経営管理の進歩を目指せ」河田信・川野克典・柊紫乃・藤本隆宏編著『ものづくりの生産性革命―新たなマネジメント手法の考え方・使い方』中央経済社，pp.41-61。

川野克典（2019b）「財管一致の現状と課題―管理会計からの考察―」『国際会計研究学会 年報2018年度 第1・2合併号』（国際会計研究学会）第43・44合併号，p.91。

川野克典（2019c）「新収益認識基準が管理会計に与える影響」『會計』第195巻第3号，pp.232-246。

川野克典（2021a）「バランス会計MFLACとグループ経営版の開発について」『戦略MG研究』（日本戦略MG教育学会）第2号，pp.24-36。

川野克典（2021b）「農業協同組合の管理会計実務の現状と今後の課題」『商学集志』（日本大学商学部）第90巻第4号，pp.1-16。

川野克典（2022a）「遠隔方式による経営シミュレーションゲーム授業」『ICT利用による教育改善研究発表会』2022年8月，公益社団法人 私立大学情報教育協会，pp.30-33。

川野克典（2022b）「日本企業の管理会計・原価計算 2020年度調査～『レレバンス・ロスト』は今なお続いている」『商学集志』（日本大学商学部）第92巻第1号，pp.13-48。

川野克典（2023a）「日本企業の管理会計・原価計算2020年度調査報告―ICTにより管理会計・原価計算は進歩しているのか―」『メルコ管理会計研究』（牧誠財団）第14号－Ⅰ，pp.61-76。

川野克典（2023b）「長期的，基礎的研究開発の費用，支出の管理～日本原子力研究開発機構を中心として～」『商学研究』（日本大学商学部商学研究所・会計学研究所・情報科学研究所）第39号，pp.143-159。

川野克典・佐々木教雄・井上明・工藤高嗣（2004）「決算早期化―その真のメリットを探る」『旬刊経理情報』第1063号（2004年10月10日号），pp.45-48。

川野克典・田中大・佐藤洋明（2004）「公表データからわかった経理業務改革手法と導入と活用の実態 第2回カンパニー制」『旬刊経理情報』第1064号（2004年10月20号），pp.49-53。

川野克典・中島健一・山本大介・村田圭弘・高野里子（2004）「連続報告 業革手法の実態 公表データからわかった経理業務改革手法の導入と活用の実態 第4回シェアードサービス」『旬刊経理情報』第1066号（2004年11月10日号），pp.49-52。

川野克典・酒井秀樹・竹中幹雄・加藤良甲（2004）「連続報告 業革手法の実態 公表データからわかった経理業務改革手法の導入と活用の実態 第3回 SVA（株主付加価値）―徹底した実践こそが成功の鍵」『旬刊経理情報』第1065号（2004年11月1日号），pp.51-54。

企業財務委員会企業会計検討ワーキンググループ（2010）「会計基準の国際的調和を踏まえた我が国経済および企業の持続的な成長に向けた会計・開示制度のあり方について～企業財務委員会中間報告～」，https://www.sn-hoki.co.jp/snh-cms/contents/tamaster/e13/kigyouzaimu4.pdf，2023年4月10日閲覧。

企業予算制度研究会（2018）『日本企業の予算管理の実態』中央経済社，p.20。

木島淑孝（1992）『原価計算制度論』中央経済社，p.22。

岐阜商業高等学校（2023）「【会計科】税理士試験　簿記論・財務諸表論に13名が合格！」，http://kengisho.ed.jp/2212.html，2023年4月8日閲覧。

清松敏雄・渡辺智信（2017）「我が国上場企業における財管一致に関する調査」『経営情報研究』（多摩大学経営情報学部）第21号，p.6。

金融庁（2022）「企業会計審議会第22回内部統制部会　事務局資料（内部統制報告制度について）」https://www.fsa.go.jp/singi/singi_kigyou/siryou/naibu/20221013/1.pdf，2023年3月17日閲覧。

桑原清幸（2015）「日本企業の経理・財務部門におけるグローバル人材育成への取り組み」『会計教育研究』（日本会計教育学会）第3号，pp.59-67。

経済産業省（2014）「『持続的成長への競争力とインセンティブ～企業と投資家の望ましい関係構築～』プロジェクト」の最終報告書「伊藤レポート」。

経済産業省商務情報政策局サービス政策課委託　野村総合研究所（2003）『『平成14年度サービス産業競争力強化調査研究　サービス部門（経理財務分野）の職能評価制度に係る基本調査研究』調査報告書』。

経済産業省デジタルトランスフォーメーションに向けた研究会（2018）「DXレポート～ITシステム『2025年の崖』の克服とDXの本格的な展開～」。

公認会計士三田会（2023）「公認会計士第2次試験及び公認会計士試験　大学・年度別合格者数一覧表」，http://cpa-mitakai.net/keio_pass.html，2023年3月9日閲覧。

厚生労働省人材開発統括官能力評価担当参事官室（2023）「職業能力評価基準」，https://www.mhlw.go.jp/stf/seisakunitsuite/bunya/koyou_roudou/jinzaikaihatsu/ability_skill/syokunou/index.html，2023年3月4日閲覧。

KOSKA（2023）「Genkan」，https://www.koska.jp/，2023年4月9日閲覧。

金剛組（2023）「金剛組　飛鳥から未来へ　西暦578年創業　世界最古の企業」https://www.kongogumi.co.jp/，2023年3月9日閲覧。

坂口順也（2007）「管理会計における教育方法の課題」柴健次編著『会計教育方法論』関西大学出版部，pp.183-190。

佐久間智広（2021）「業務改善のヒントを発掘　管理会計10のエビデンス　⑩創造性」『企業会計』第73巻第6号，pp.63-67。

櫻井通晴（2019）『管理会計』第7版，同文舘出版，pp.863-905。

佐藤康夫（1996）「経理・財務部門の最適規模―日本企業の実態調査」『経営志林』（法政大学経営学会）第32巻第4号，pp.81-97。

産業経理協会（2018）「『経理部の実態』に関するアンケート調査結果」，https://www.sangyoukeiri.or.jp/pdf/chousa2017-12.pdf，2023年3月2日閲覧。

産業構造審議会管理部会（1967）「コスト・マネジメント―原価引下げの新理念とその方法」。

産業合理化会議（1951）「企業における内部統制の大綱」。

敷田禮二（1993）「連産品の原価計算における諸問題―経済学部最終講義より」『立教經濟學研究』（立教大学）第46巻第3号，pp.1-14。

清水孝（2013）『戦略実行のための業績管理：環境変化を乗り切る「予測型経営」のススメ』中央経済社，p.124。

清水孝（2014）『現場で使える原価計算』中央経済社，pp.86-87，pp.200-201。

清水孝（2016）「わが国企業における予算管理実務改善に関する調査」『早稲田商学』（早稲田大学）第446号，p.107。

清水孝（2022）「わが国原価計算実務の現状」『早稲田商学』（早稲田大学）第462号，pp.99-

145。

清水孝・町田僚太・上田巧（2019）「わが国企業における予算管理の改善に関する動向：脱予算管理の観点から」『早稲田商学』（早稲田大学）第455号，pp.1-31。

千住鎮雄・伏見多美雄（1994）『新版 経済性工学の基礎―意思決定のための経済性分析』日本能率協会マネジメントセンター。

戦略MG研究所（2023）「戦略MGとは」，https://www.smg-gr.jp/mg-kyozai/，2023年4月10日閲覧。

総務省統計局（2023）「平成7年国勢調査」～「令和2年国勢調査」，https://www.stat.go.jp/，2023年2月16日閲覧。

高橋賢（2008）『直接原価計算論発達史―米国における史的展開と現代的意義』中央経済社。

髙橋史安（1988）「我が国における原価計算の構造と課題」『会計学研究』（日本大学商学部会計学研究所）第3号，p.27。

髙橋史安（2009）「『原価計算基準』研究：『原価計算基準』改正の方向性について（2）」『商学集志』（日本大学商学研究会）第79巻第1号，pp.46-49。

髙橋史安（2014）「製造業原価計算における「レレバンス・ロスト」の解明」『商学研究』（日本大学商学部商学研究所・会計学研究所・情報科学研究所）第30号，pp.125-180。

竹本達廣（1994）「わが国経理スタッフ数の調査と分析」『企業会計』第46巻第10号，pp.55-60。

谷守正行（2018）「管理会計へのAI適用可能性に関する一考察」『専修商学論集』（専修大学学会）第106号，pp.135-148。

谷守正行（2019a）「AI管理会計に関する理論的研究―将来予測とフィードフォワードへのAIの適用―」『会計学研究』（専修大学会計学研究所）第45号，pp.75-101。

谷守正行（2019b）「管理会計へのAIの適用可能性」『企業会計』第71巻第2号，pp.29-36。

谷守正行（2020）「AI意思決定会計の研究：AIによる行動経済学と意思決定の統合化」『専修商学論集』（専修大学学会）第110号，pp.135-146。

帝国データバンク（2023）「帝国データバンクの数字で見る日本企業のトレビア」，https://www.tdb.co.jp/trivia/index.html，2023年3月9日閲覧。

ディスクロージャー & IR総合研究所ESG/統合報告研究室（2022）「統合報告書発行状況調査2021」最終報告，https://www.dirri.co.jp/res/report/uploads/2022/03/7d4de39930d33d523a8a107e44014e30eba1be97.pdf，2023年1月16日閲覧。

東京商工リサーチ（2022）「不適切な会計・経理の開示をした企業は51社，最多は製造業の17社【2021年】」，https://www.tsr-net.co.jp/news/analysis/20220121_04.html，2023年3月2日閲覧。

東京商工リサーチ（2023）「平均寿命23.3年～2022年 業歴30年以上「老舗」企業の倒産～」，https://www.tsr-net.co.jp/news/analysis/20230216_02.html，2023年3月9日閲覧。

東京証券取引所（2018）「コーポレートガバナンス・コード～会社の持続的な成長と中長期的な企業価値の向上のために～」（2018年6月改訂版），p.12，p.23。

東京証券取引所（2019）「コーポレートガバナンス・コードへの対応状況（2018年12月末日時点）」，p.5。

東京証券取引所（2023a）「IFRS（国際財務報告基準）への対応」，https://www.jpx.co.jp/equities/improvements/ifrs/02.html，2023年8月4日閲覧。

東京証券取引所（2023b）「2023年3月期決算発表状況の集計結果について」，https://www.jpx.co.jp/news/1023/cg27su0000008zga-att/cg27su0000008ziv.pdf，2023年6月11日閲覧。なお，2023年3月期のみならず，各年の決算発表状況の集計結果も参照，引用している。

東芝第三者委員会（2015）『調査報告書』。

長屋信義・山浦裕幸・平井裕久（2015）「わが国企業の会計システムの実態に関する調査（平成26年度）」『産業経理』第75巻第2号，pp.143-167。

西本光希（2022）「コロナ禍における持株会社化の動向」大和総研。

西澤脩（1985）『研究開発費の会計と管理』三訂版，白桃書房，pp.271-278。

日経BPコンサルティング・周年事業ラボ，雨宮健人（2023）「世界の長寿企業ランキング。創業100年企業，日本企業が50％を占める」，https://consult.nikkeibp.co.jp/shunenjigyo-labo/survey_data/I1-06/，2023年3月9日閲覧。

日経ビジネス（1984）『会社の寿命―盛者必衰の理』日本経済新聞社。

日経ビジネス（2018）「147万社調査　開業なら香川県，社長のピークは40代 日本企業の新事実」『日経ビジネス』第1960号（2018年10月1日号），日経BP，p.40。

日本管理会計学会・予算管理専門委員会（2005）『わが国企業における予算制度の実態報告書』財団法人産業経理協会，p.34。

日本経済新聞（2017）「あみやき亭・会計士『毎日が決算』」日本経済新聞2017年12月20日朝刊17面。

日本経済新聞（2020）「HOYA，投資規律を堅持　東芝とのTOB合戦　あっさり撤退　資本コスト基準，事業売却辞さず」2020年1月23日朝刊。

日本経済新聞（2021）「〈市場と企業〉第3部 財務力を磨く（中）3度目の資本効率重視　『ROIC』を指標に現場浸透狙う，環境投資と両立が課題」，2021年3月12日朝刊。

日本経済新聞（2022）「広がるROIC経営」，2022年12月22日〜24日朝刊。

日本経済新聞（2023a）「金利高，投資基準を厳格に　大和ハウス，IRR8.5→10％に」2023年2月23日朝刊。

日本経済新聞（2023b）「花王，背水のEVA経営　原材料高・資本コスト増重荷　ROIC併用，改革急ぐ」，2023年3月4日朝刊。

日本CFO協会（2023）「一般社団法人日本CFO協会2022年度事業報告書」。

日本商工会議所（2023a）「受験者データ」，https://www.kentei.ne.jp/bookkeeping/candidate-data，2023年3月3日閲覧。

日本商工会議所（2023b）「日商簿記-1グランプリ」，https://links.kentei.ne.jp/boki-1/，2023年3月3日閲覧。

ネットプロテクションズ（2023）「全国の企業に勤める経理800人に聞いた『経理の業務の実態に関する調査』」，https://prtimes.jp/main/html/rd/p/000000281.000022451.html，2023年3月2日閲覧。

根本萌希・新江孝（2021）「中国における管理会計の研究動向」『商学集志』（日本大学商学部）第91巻第2号，pp.25-45。

野村総合研究所（2016）『ICTの進化が雇用と働き方に及ぼす影響に関する調査研究　報告書』，https://www.soumu.go.jp/johotsusintokei/linkdata/h28_03_houkoku.pdf，2023年2月16日閲覧。

野々山隆幸編著，高橋司・柳田義継・成川忠之（2002）『ビジネスゲーム演習』ピアソン・エデュケーション。

PwCコンサルティング（2017）「デジタル時代における財務経理の新しい形　デジタル化が進んだ時代に求められる役割をひも解く」，p.19。（原典　PwC Finance benchmark data, Performance surveys－finance feedback）。

PwCコンサルティング（2023）「グループ財務経理業務の最適化」，https://www.pwc.com/jp/ja/services/consulting/finance-accounting/optimaization.html，2023年3月4日閲覧。

福田淳児（2007）「日本企業における管理会計担当者の役割・知識・経験についての実態調査」『経営志林』（法政大学経営学会）第44巻第3号，pp.75-84。

福田淳児 (2009)「日本企業における管理会組織業績への会計担当者の役割と貢献の知覚」『会計プログレス』(日本会計研究学会) 第10号, pp.68-83。

フュージョンズ (2023)「アメーバ経営管理」, https://fusions.co.jp/amoeba/, 2023年4月9日閲覧。

BlackLine (2022)「花王株式会社 スモールスタート＆クイックウィンで, 決算業務プロセスのリモートワーク化を実現」, https://www.blackline.jp/customers/kao.html, 2023年2月13日閲覧。

ベリングポイント (2002a)『図解コストマネジメント』東洋経済新報社, pp.212-215。

ベリングポイント (2002b)『株主価値マネジメント—日本型SVA経営の基本と応用』生産性出版。

ベリングポイント (2003a)『戦略経理マネジメント—ワールドクラス・ファイナンスへの経営革新』生産性出版。

ベリングポイント (2003b)『スピード決算マネジメント—四半期開示時代のスピード経営の実現』生産性出版。

ベリングポイント・川野克典・山本浩二・中島健一 (2005)『減損会計マネジメント』中央経済社。

ベリングポイント・野村直秀・待島克史・川野克典 (2004)『内部統制マネジメント—コーポレートガバナンスを支える仕組みと運用』生産性出版。

堀田友三郎・川野克典・小林静史編著 (2018)『強い会社を作る「バランス会計」入門』中央経済社。

松崎光明 (2017)「わが社のFASS活用術」, http://www.cfo.jp/fass/fass_exam/casestudy_tdk.html, 2023年月10日閲覧。

丸田起大 (2003)「原価企画と原価改善のフィードフォワード構造」『原価計算研究』(日本原価計算研究学会) 第27巻第1号, pp.28-29。

三田慎一・金児昭 (2008)「花王のEVA経営を支える経理・財務と人材教育」『週刊経営財務』第2860号, pp.48-56。

三矢裕・谷武幸・加護野忠男 (1999)『アメーバ経営が会社を変える』ダイヤモンド社, p.28。

諸井勝之助 (2002)『私の学問遍歴』森山書店, pp.160-161。

文部科学省 (2023a)「学校基本調査」『e-Stat 統計で見る日本』, https://www.e-stat.go.jp/stat-search/files?page=1&toukei=00400001&tstat=000001011528, 2023年3月10日閲覧。

文部科学省 (2023b)「高等学校学科別生徒数・学校数」, https://www.mext.go.jp/a_menu/shotou/shinkou/genjyo/021201.htm, 2023年3月9日閲覧。

安酸建二 (2021)「決算早期化が財務業績へ与える影響」『会計プログレス』(日本会計研究学会) 第22号, pp.1-16。

安酸建二他 (2021)「業務改善のヒントを発掘 管理会計10のエビデンス」『企業会計』第73巻第6号, pp.18-72。

柳田仁・山田英俊他 (2005)「原価管理と環境原価—コスモ石油㈱の事例を中心として」『国際経営論集』(神奈川大学) 第29巻, pp.29-49。

横田絵理・妹尾剛好 (2011)「日本企業におけるマネジメント・コントロール・システムの実態—質問票調査の結果報告—」『三田商学研究』(慶応義塾大学) 第53号第6号, pp.58-59。

吉川武男・ベリングポイント (2003)『バランス・スコアカード導入ハンドブック—戦略立案からシステム化まで』東洋経済新報社。

吉田栄介・岩澤佳太・徐智銘・桝谷奎太 (2019a)「日本企業における管理会計の実態調査 第1回 調査概要と原価計算編」『企業会計』第71巻第9号, pp.125-126。

吉田栄介・岩澤佳太・徐智銘・桝谷奎太（2019b）「日本企業における管理会計の実態調査 第2回原価管理編」『企業会計』第71巻第10号，p.129，p.131。

吉田栄介・岩澤佳太・徐智銘・桝谷奎太（2019c）「日本企業における管理会計の実態調査 第3回 業績・予算管理編」『企業会計』第71巻第11号。

吉田栄介・岩澤佳太・徐智銘・桝谷奎太（2019d）「日本企業における管理会計の実態調査 第4回 設備投資予算と総括」『企業会計』第71巻第12号，p.110。

吉田栄介・花王株式会社会計財務部門（2020）『花王の経理パーソンになる』中央経済社，p.17，pp.52-55，pp.130-137。

吉田栄介・徐智銘・桝谷奎太（2015）「わが国大企業における業績管理の実態調査—予算の厳格さ，客観・主観的業績評価，財務・非財務指標の観点から」『産業経理』第75巻第2号，pp.68-78。

渡辺岳夫（2010）「ミニ・プロフィットセンター・システムに関する実証研究(1)―導入促進要因の探索的分析」『企業会計』第62巻第7号，p.89。

Arthur Andersen, Player, Steve, Lacerda, Roberto（1999）*"Arthur Andersen's Global Lessons in Activity-Based Costing"*, John Wiley & Sons Inc.（アーサーアンダーセン訳（2000）『ABMのベストプラクティス』東洋経済新報社）

Chartered Global Management Accountants(2023)*"CGMA COMPETENCY FRAMEWORK 2019 EDITION"*, https://www.cgma.org/resources/tools/cgma-competency-framework.html，2023年4月9日閲覧。

Christensen, Clayton M.（1997）*"The Innovator's Dilemma"*, Harvard Business School Press.（玉田俊平太監修，伊豆原弓訳（2001）『イノベーションのジレンマ』翔泳社）

Clark, John M.（1923）*"Studies in the Economics of Overhead Costs"*, Chicago: The University of Chicago Press, p.181.

Frey. Carl Benedikt and Osborne, Michael A.（2013）*"The Future of Employment：How Susceptible are Jobs to Computerisation?"*, https://www.oxfordmartin.ox.ac.uk/downloads/academic/The_Future_of_Employment.pdf, pp.69-72, 2023年3月4日閲覧。

Glover, Jonathan C. and Ijiri, Yuji（井尻雄士）（2002）"Revenue Accounting in the Age of E-Commerce: A Framework for Conceptual, Analytical, and Exchange Rate Considerations", *Journal of International Financial Management & Accounting, Volume 13 Issue 1*, pp.32-72.

Hope, Jeremy and Fraser, Robin（2003）*"Beyond Budgeting – How Managers Can Break Free From the Annual Performance Trap"*, Boston. MA: Harvard Business School Press.（清水孝監訳（2005）『脱予算経営』生産性出版）

Hronec, Steven M. and Arthur Andersen & Co.（1993）*"VITAL SIGNS"*, American Management Association.（アーサーアンダーセン ビジネスコンサルティング訳（1994）『バイタルサインズ 企業変革のための業績評価基準』産能大学出版部）

Institute of Management Accountants（2023）*"Management Accounting Competency Framework"*, https://mc-69e30ef4-758e-4371-ac6f-2657-cdn-endpoint.azureedge.net/-/media/IMA/Files/Home/Career-Resources/Management-Accounting-Competencies/IMA-Framework_2022.ashx?rev=439d78d76cff493b98cbd470c676bb11，2023年4月9日閲覧。

International Integrated Reporting Council（2013）*"The International Integrated Reporting Framework"*, https://integratedreporting.org/resource/international-ir-framework/.

244

2021年9月20日ダウンロード。現在では2021年1月改訂版が掲載されている。

Johnson, H. Thomas and Kaplan, Robert S.（1987）"*Relevance Lost – The Rise and Fall of Management Accounting*", Harvard Business School Press.（鳥居宏史訳（1992）『レレバンス・ロスト―管理会計の盛衰』白桃書房，pp.10-16）

Kaplan, Robert S. and Norton, David P.（1992）"*The Balanced Scorecard – Measures that Drive Performance*", Harvard Business School Press.（本田桂子訳（1992）「新しい経営指標"バランスド・スコアカード"」，『DIAMONDハーバード・ビジネス』1992年5月号，ダイヤモンド社）

Kaplan, Robert S. & Norton, David P.（1996）"*The Balanced Scorecard – Translating Strategy Into Action*", Harvard Business School Press.（吉川武男訳（1997）『バランス・スコアカード―新しい経営指標による企業変革』生産性出版）

Kaplan, Robert S. and Norton, David P.（2001）"*The Strategy – Focused Organization, - How Balanced Scorecard Companies Thrive in the New Business Environment*", Harvard Business School Press.（櫻井通晴監訳（2001）『戦略バランスト・スコアカード』東洋経済新報社）

Kaplan, Robert S. & Norton, David P.（2008）"*The Execution Premium: Linking Strategy to Operations for Competitive Advantage*", Harvard Business School Press.（櫻井通晴 & 伊藤和憲監訳（2009）『バランスト・スコアカードによる戦略実行のプレミアム』東洋経済新報社）

Ricciardi, Franc M.（1957）"*Top management decision simulation : the AMA approach*", American Management Association, New York.

索　引

<著者紹介>

川野　克典（かわの　かつのり）

日本大学商学部　大学院商学研究科　教授

1982年青山学院大学経営学部を卒業後，アルプス電気株式会社（現アルプスアルパイン株式会社），朝日アーサーアンダーセン株式会社（アーサーアンダーセン　ビジネスコンサルティング，現PwCコンサルティング合同会社）等を経て，2008年日本大学商学部准教授，2014年から現職。日本企業の管理会計・原価計算実務，会計情報システム，経営シミュレーションゲーム，農業協同組合（JA）の経営管理，企業の儲けの仕組み（ビジネスモデル）等の研究を行っている。学生たちの研究発表大会「アカウンティングコンペティション」，「アグリカルチャーコンペティション」を主催している。

[主要著書]

『管理会計の理論と実務』第2版，全著，中央経済社，2016年

『業績評価マネジメント』改訂版，全著（アーサーアンダーセン　ビジネスコンサルティング名），生産性出版，2001年

『固定収益マネジメント』共編著，中央経済社，2005年

『強い会社をつくる「バランス会計」入門』共編著，中央経済社，2018年

『ものづくりの生産性革命―新たなマネジメント手法の考え方・使い方』共編著，中央経済社，2019年

管理会計・原価計算の変革―競争力を強化する経理・財務部門の役割

2023年11月20日　第1版第1刷発行

著　者　川　野　克　典
発行者　山　本　　　継
発行所　㈱中　央　経　済　社
発売元　㈱中央経済グループ
　　　　パ ブ リ ッ シ ン グ

〒101-0051　東京都千代田区神田神保町1 - 35
電話　03 (3293) 3371(編集代表)
　　　03 (3293) 3381(営業代表)
https://www.chuokeizai.co.jp
印刷／㈱堀内印刷所
製本／㈲井上製本所

© 2023
Printed in Japan

ものづくりの生産性革命

―新たなマネジメント手法の考え方・使い方

河田信・川野克典・柊紫乃・藤本隆宏 (編著)

<A5判・228頁>

ものづくりの生産性を劇的に向上させる，財務エンジン，取得日別・リアルタイム貸借対照表，回収期間マネジメント，貸借対照表の質，カイゼンの評価，CTR等の手法を提示。

●Contents

中央経済社

管理会計の理論と実務

〈第2版〉

川野克典 （著）

＜A5判・316頁＞

理論と実務の両方に精通する著者が，最新の研究成果をもとに，理論と実務を橋渡しした管理会計の全体像を提示。

●Contents

中央経済社